张 宗 磊 ／著

中 国 历 史 名 人 选 录

往事越千年

知识产权出版社

全国百佳图书出版单位

—北 京—

图书在版编目（CIP）数据

往事越千年：中国历史名人选录 / 张宗磊著 . —北京：知识产权出版社，2019.11
ISBN 978-7-5130-6467-5

Ⅰ.①往… Ⅱ.①张… Ⅲ.①历史人物—列传—中国—古代 Ⅳ.① K820.2

中国版本图书馆 CIP 数据核字（2019）第 206402 号

内容提要

本书分为名君篇、名相篇、名将篇，从不同社会角色选取中国古代史上的重要人物，梳理他们的故事并加以点评。书中有对秦皇、汉武、唐宗、宋祖这些千古帝王开疆拓土、治理江山之功过评析；有对商鞅、诸葛亮、戴胄、狄仁杰、王安石这些治国良相敢于碰硬、革除旧弊之钦佩赞许；也有对吴起、韩信、岳飞、孙承宗这些悲情将星陨落之无限惋惜。

责任编辑：李 婧　　　　　　　责任印制：刘译文

往事越千年——中国历史名人选录
WANGSHI YUE QIANNIAN——ZHONGGUO LISHI MINGREN XUANLU
张宗磊　著

出版发行：知识产权出版社有限责任公司	网　　址：http://www.ipph.cn
电　　话：010-82004826	http://www.laichushu.com
社　　址：北京市海淀区气象路 50 号院	邮　　编：100081
责编电话：010-82000860 转 8594	责编邮箱：laichushu@cnipr.com
发行电话：010-82000860 转 8101	发行传真：010-82000893
印　　刷：北京嘉恒彩色印刷有限责任公司	经　　销：各大网上书店、新华书店及相关专业书店
开　　本：720mm×1000mm　1/16	印　　张：13.5
版　　次：2019 年 11 月第 1 版	印　　次：2019 年 11 月第 1 次印刷
字　　数：200 千字	定　　价：49.00 元

ISBN 978-7-5130-6467-5

有人说，历史是人类镜子，以史为镜，可知兴替；

有人说，历史是智慧典籍，知古晓今，开卷有益；

有人说，历史是古今大戏，世间百态，流漫陆离；

有人说，历史是英雄传奇，感心动耳，回肠荡气；

有人说，历史是赢家笔记，真伪难辨，诡怪多谜……

历史的长河奔流不息，时而波澜不惊，悄然静寂；时而微风徐徐，泛起涟漪；时而惊涛骇浪，汹涌湍急；时而辗转反侧，回流逆袭。翻阅浩如烟海的历史典籍，一个个栩栩如生的鲜活人物尽收眼底：历史中有英雄豪杰的丰功伟绩；历史中有仁人志士的凛然正气；历史中有跳梁小丑的荒诞滑稽；历史中也有奸佞小人的斑斑劣迹……细阅之，深思之，明辨之，或令人掩卷常思，或令人敬佩不已，或令人瞋目裂眦，或令人扼腕叹息……

历史是寻常百姓的历史，也是英雄豪杰的历史，但史籍记载更多的还是王侯将相之名人传记：霸气帝王指点江山，威服四夷；治国良相运筹帷幄，辅佐社稷；沙场名将纵横驰骋，所向披靡。鲁迅先生这段"中华民族自古以来，就有埋头苦干的人，就有拼命硬干的人，就有为民请命的人，就有舍身求法的人——他们是中国的脊梁"之经典名语一直铭刻在笔者心里。正是有了这些英雄儿女，才撑起了中华民族傲然耸立之脊：他们或为信仰真理而舍生取义；他们或为百姓疾苦而宵衣旰食；他们或为弘扬正气而威武不屈；他们或为国格尊严而肝脑涂地……他们为中华文明之发展延续留下了浓墨重彩的一笔，他们的优秀品质已经融入中华民族的骨髓里。

历史如此瑰丽！历史如此魅力！基于对中国历史名人之浓厚兴趣和多年来对历史知识积累之点点滴滴，笔者工作之余，不讳粗浅之笔，历时两千余昼夜更替，终于筛选并汇集了这本"中国历史名君、名相、名将"之生平传记。书中有对秦皇、汉武、唐宗、宋祖这些千古帝王开疆拓土、治理江山之功过评析；有对商鞅、诸葛亮、戴胄、狄仁杰、王安石这些治国良相敢于碰硬、革除旧弊之钦佩赞许；也有对吴起、韩信、岳飞、孙承宗这些悲情将星陨落之无限惋惜……书中还对"商鞅变法""王安石变法"之时代背景进行了系统阐释；对"韩信之死""岳飞之死"之来龙去脉进行了综合剖析；对"玄武门政变""陈桥兵变""斧声烛影"之谜底真相进行了猜测推理……

历史是文字记载的历史，故难免误录失实，切不可全盘接受，不作辨析。

历史是特定时空的历史，故难免时局限制，切不可求全责备，吹毛求疵。

历史是绵绵不息的历史，故难免顾此失彼，切不可以偏概全，断章取义。

历史是繁剧纷扰的历史，故难免多闻阙疑，切不可人云亦云，拾人唾涕。

历史是有血有肉的历史，故难免感情用事，切不可任己好恶，随心所欲……

品古往人生之哲理，悟现实人生之真谛。以上是笔者对历史本身和研究历史方法之浅薄认识，受个人学力、精力和能力限制，书中观点评析还难免有些不合时宜，书中演绎推理还难免有些纰漏之地，书中言语表达还难免有些不尽如人意，但笔者已是倾尽洪荒之力，尽量以尊重史料、尊重史实为前提，尽量以对仗工整、活泼诙谐的文字讲述笔者心中之历史，只期能与痴迷于文史的广大读者朋友们磨砻淬砺……

以此为序。

目 录

名君篇

不怜苍生恋长生

——解读秦始皇的多重面庞

千古一帝，中国始皇。金戈铁马，并吞六邦。设郡置县，集权中央。统一文字，均衡度量。规范货币，便利通商。车马同轨，驰道宽广。北却匈奴，南拓边疆。万里长城，铁壁戍防。雄才大略，威震八方。一统华夏，情膨欲胀。凿山修陵，筑建阿房。巡游无度，高调铺张。焚书坑儒，禁言止谤。酷刑峻法，黔首惶惶。求仙问药，徐福远航。穷奢极欲，民劳财伤。暴虐无道，二世而亡。大功始皇，大过始皇。大誉始皇，大毁始皇……怀着对千古一帝丰功伟绩的崇高景仰，带着对二世而亡的流星王朝之疑惑迷惘，接下来，笔者就结合《史记》《资治通鉴》等史料记载带大家一起解读千古一帝秦始皇的多重面庞。

一、惨遭遗弃的灰暗童年

说来也是奇缘，嬴政之所以能够荣登大秦宝殿，得益于其曾祖父的高寿和其祖父的高产，更得益于其生父和仲父的邯郸奇缘。如果不是秦昭王（嬴政曾祖父）高寿在位五十六年，秦孝文王（嬴政祖父）就不会因为其太子哥哥被熬死而接班；如果不是秦孝文王"高产"❶，作为排行第十以后的嬴政父亲也就不会降临人间，嬴政的父亲异人和母亲赵姬自然也就没机会相

---

❶ 秦始皇的祖父秦孝文王一共生了二十多个儿子，秦始皇的父亲排行中间，非嫡，亦非长。

见；如果不是嬴政的仲父吕不韦这位高参在异人和华阳夫人之间穿针引线，嬴政的父亲就不可能顺利接班，千古一帝秦始皇也只能成为梦谈（具体细节详见本书名相篇《疯狂的商人》）。

通常而言，王子大多拥有养尊处优的童年：衣则绫罗绸缎，食则美餐盛宴，入则豪华宫殿，出则随从相伴，然而这只是通常而言，例外情形偶尔也会出现，嬴政的童年就过得十分凄惨，而要了解嬴政的童年，还得先从嬴政的生父异人（后改名子楚）的人质生涯开始谈。

战国时期，为了确保履行美其名曰的"睦邻友好"之诺言，国与国之间互派王孙为人质的现象非常普遍，常理而言，只有最无足轻重的王孙才会"光荣入选"，在秦国诸多王孙中，非嫡非长又不受宠的异人最不受待见，于是乎，嬴政的父亲就作为人质被派往邯郸。人质生涯本身就十分凶险，更何况秦赵之间战事不断。秦昭王五十年（公元前257年），秦军再次发兵攻打邯郸，眼看赵国命悬一线，异人全家的生死也命悬一线，吕不韦只顾携带异人狼狈逃窜，不得已将年仅两岁的嬴政和其生母赵姬抛弃在邯郸。为了避免被赵国官兵撞见，可怜的孤儿寡母只能东躲西窜，生活上窘迫凄惨，精神上提心吊胆，饥寒、逃难成了儿时嬴政挥之不去的梦魇。史书没有详细记载嬴政的不幸童年，只是记载了嬴政离开赵国后的二十余年，大将军王翦率军攻陷邯郸，嬴政亲自前往邯郸将昔日的仇怨者全部杀完❶。大家想想，什么样的罪人非得劳驾一国之君不远千里亲自监斩？据此微妙细节可以推断，嬴政对赵国之仇恨可见一斑，嬴政童年之不幸遭遇亦可见一斑。

自古英雄多磨难，从来纨绔少伟男。童年经历的艰辛磨难对嬴政坚韧刚毅的性格培养无疑是一种历练，诚如孟老夫子所言："天将降大任于斯人也，必先苦其心志，劳其筋骨，饿其体肤，空乏其身，行拂乱其所为，所以动心忍性，增益其所不能。"但从心理学角度而言，自幼怀有被抛弃感，缺乏完整家庭所带来的温暖，还要无端遭受众人的嘲讽和白眼，如此缺乏

---

❶ 《史记·秦始皇本纪》记载：秦王十九年，王翦、羌瘣尽定取赵地东阳，得赵王。引兵欲攻燕，屯中山。秦王之邯郸，诸尝与王生赵时母家有仇怨，皆阬之。

温情的环境很容易造成一个人的心灵阴暗。应该说嬴政后来孤僻、猜忌、冷漠、暴虐的性格很大程度上与其童年的不幸遭遇有关，当然，嬴政的这种性格也为他缔造的暴虐帝国之悲剧埋下了隐患。

二、初露锋芒的隐忍少年

也许是冥冥中自有天意，公元前251年，在位五十六年的秦昭王终于驾鹤西去，继位不足一年的秦孝文王很快撒手人寰。在吕不韦的巧妙运作下，成为太子的异人顺利登基，历经艰辛磨难的赵姬和嬴政也被迎回咸阳。公元前247年，在位仅三年的秦庄襄王英年早逝，年仅十三岁的嬴政正式继承王位成为秦王。

从一个衣食无着的流浪少年一跃成为虎视天下的超级大国君王，并且上天还赐予了一个精明强干的仲父辅佐，应该说少年嬴政非常幸运，但是很多时候幸运并不代表幸福。从生理和心理学角度分析，男孩子从十二三岁开始就逐渐步入青春期，体格、肌肉及各项生理机能迅速发育，随之而来的自我意识和控制欲望也日趋强烈，这个时期的孩子最需要的是被关注，最渴望的是被尊重，如果得不到应有的关怀和正确的引导，很有可能形成叛逆心理，甚至造成变态人格。

在邯郸的日子虽说落魄凄凉，但起码还有一个相依为命的亲娘，这也许是嬴政稚嫩心灵里残存的唯一一丝阳光，可是自从来到了咸阳，名义上贵为君王，事实上，非但要受制于宫里的条条框框，还要事事听命于吕不韦这个权相，母亲的身心几乎全部转移到了这个男宠身上❶。嬴政越想越窝囊，嬴政心灵很受伤，最悲催的是自己身边又没有一个知心人可以商量，也许用苏轼《江城子·乙卯正月二十日夜记梦》里的"无处话凄凉"这句词来形容嬴政此时的处境颇为恰当。

现实就是这样，嬴政会选择以何种方式面对自己压抑的少年时光？从

---

❶ 《史记·吕不韦列传》记载：吕不韦乃进嫪毐，诈令人以腐罪告之。不韦又阴谓太后曰："可事诈腐，则得给事中。"太后乃阴厚赐主腐者吏，诈论之，拔其须眉为宦者，遂得侍太后。太后私与通，绝爱之。

本能的角度考量，嬴政当然想反抗；可是从理智的角度考量，选择对抗首先需要掂量掂量自己几斤几两，当你的实力不足以撑起你的梦想，最好的办法就是韬光养晦，培养自己的力量。

从公元前247年登基至公元前238年亲政，近十年的时间，可以说少年嬴政一直生活在三个人的阴影之下。

一是仲父吕不韦独断朝纲。客观而言，吕不韦有功于秦国，有恩于嬴政，可吕不韦也犯了政治大忌，他的主人翁意识太强，一点也不把自己当外人，仗着自己辅佐先王的功绩和在朝中的势力，把先王的儿子当自己的儿子养，把先王的国家当自己的国家管。

二是假父嫪毐弄权猖狂。为了避免与赵姬私通带来的政治风险，吕不韦决意金蝉脱壳，将嫪毐以假太监身份献给赵姬做男宠，可是让吕不韦做梦也没想到的是，自己找的这个替身居然深得赵姬喜欢。赵姬让嫪毐且富且贵，嫪毐被封为长信侯，又以河西太原郡更为毐国，更让人匪夷所思的是赵姬还一口气为嫪毐生了两个儿子，猖狂的嫪毐甚至在公开场合声称自己是嬴政的"假父"。

三是母亲赵姬荒唐放荡。赵姬是少年嬴政唯一的亲人，可自从来到咸阳，母亲与嬴政的心灵距离变得越来越疏远。不甘寂寞的母亲先是与吕不韦私通，后来又与嫪毐鬼混 ❶，母亲重色轻子，事事总为嫪毐着想，甚至还密谋让她和嫪毐所生的儿子继位称王。

这三人的所作所为，嬴政是看在眼里，记在心里，只是在发难时机尚不成熟的时候，只能选择一忍再忍。嬴政始终坚信"欲让其亡，必令其狂"，尤其是嫪毐，小人得志，不可一世，早晚会出乱子。嬴政所需要做的就是一个字"等"，等自己培养的势力日渐羽丰，等肆无忌惮的嫪毐整出动静。

随着嬴政亲政时间的逼近，嫪毐越来越寝食难安，想想自己瞒天过海以假太监身份入宫，私通太后，私生两子，仅凭这些就足以让其死上百次。

---

❶ 《史记·吕不韦列传》记载：赵姬与嫪毐私通怀有身孕，恐人知之，诈卜当避时，徙宫居雍。

既然自己选择的是一条不归之路，与其坐以待毙，不如孤注一掷。公元前238年，实在按捺不住的嫪毐终于发动叛乱，早已运筹帷幄的嬴政果断下令昌平君和昌文君发兵平叛，双方激战咸阳，嫪毐兵败被俘，车裂以徇，夷灭三族，不可一世的嫪毐集团被一举粉碎❶，赵姬也因受牵连而被幽禁于雍地。嫪毐集团虽已覆灭，但这事还没完，是谁举荐了嫪毐？是谁造就了嫪毐？吕不韦难辞其咎，只是嬴政念其奉先王功大，仅仅免去其相位，迁往洛阳封地。免相的吕不韦仍不消停，被嬴政训诫后因忧思恐惧而饮鸩自杀❷，自此，吕不韦集团亦灰飞烟灭（具体细节详见本书名相篇《疯狂的商人》）。

在平息嫪毐叛乱、幽禁赵姬事件❸、瓦解吕不韦集团方面，少年嬴政初露锋芒，进退有度，展示了犀利的政治手腕和果决的政治天赋，可谓"不鸣则已，一鸣惊人；不飞则已，一飞冲天"。

三、雄才大略的王者风范

经过秦孝公、秦惠文王、秦武王、秦昭王、秦孝文王、秦庄襄王六代国君不懈努力，及嬴政亲政，秦国对山东六国已经具备了压倒性优势。当时是赵国军力最强，长平之战，元气大伤；齐国经济最富，乐毅陷国，险些灭亡；楚国地盘最大，腐朽没落，国势夕阳；魏国变法最早，庸主频出，难以相抗；燕国距秦最远，实力一般，缺兵少将；韩国距离最近，地狭民寡，待宰羔羊；唯独大秦，国富兵强，蒸蒸日上。嬴政肩负的历史使命就是奋六世之余烈，不失时机抓住千载难逢的历史机遇，横扫六邦。

---

❶《史记·秦始皇本纪》记载：长信侯嫪毐作乱而觉，矫王御玺及太后玺以发县卒及卫卒、官骑、戎翟君公、舍人，将欲攻蕲年宫为乱。王知之，令相国昌平君、昌文君发卒攻毐。战咸阳，斩首数百，皆拜爵，及宦者皆在战中，亦拜爵一级。毐等败走。即令国中：有生得毐，赐钱百万；杀之，五十万。尽得毐等。卫尉竭、内史肆、佐弋竭、中大夫令齐等二十人皆枭首。灭其宗。及其舍人，轻者为鬼薪。及夺爵迁蜀四千余家。

❷《史记·吕不韦列传》记载：诸侯宾客使者相望于道，请文信侯。秦王恐其为变，乃赐文信侯书曰："君何功于秦？秦封君河南，食十万户。君何亲于秦？号称仲父。其与家属徙处蜀！"吕不韦自度稍侵，恐诛，乃饮酖而死。

❸《史记·秦始皇本纪》记载：众人规劝嬴政迎回太后，嬴政不许，一连杀了27个进谏者，齐人茅焦说秦王曰："秦方以天下为事，而大王有迁母太后之名，恐诸侯闻之，由此背秦也。"秦王乃迎太后于雍而入咸阳，复居甘泉宫。

摧毁嫪毐和吕不韦两大政治集团后，嬴政真正掌握了秦国军政大权，此时的嬴政意气风发，表现出一副雄才大略的王者风范。

　　此时的嬴政虚心纳谏，知错就改。公元前 237 年，嬴政刚刚亲政就遇到"郑国间谍案"❶，宗室大臣借题发挥，认为六国之人侍奉秦国大都不怀好意，向秦王进言曰："诸侯人来事秦者，大抵为其主游间于秦耳，请一切逐客"。嬴政一怒之下颁发了逐客令，身为客卿的楚人李斯挺身而出，向嬴政递呈了一封中国历史上赫赫有名的《谏逐客书》。李斯开门见山曰："臣闻吏议逐客，窃以为过矣"，直言不讳批评嬴政"不问可否，不论曲直，非秦者去，为客者逐"这种因噎废食的错误做法。而后讲历史，细数嬴政列祖列宗如何重用六国人才定国兴邦❷，反问嬴政客卿何负于秦哉？接下来又责问嬴政为什么对六国的珠宝、玩物、美女照单全收，唯独对六国的人才拒之门外？最后还郑重警告嬴政驱逐客卿的严重后果："弃黔首以资敌国，却宾客以业诸侯，使天下之士退而不敢西向，裹足不入秦，此所谓藉寇兵而赍盗粮者也……"李斯语出惊人，嬴政幡然悔悟，收回成命，重用李斯。

　　此时的嬴政礼贤下士，任贤用能。秦国之所以强大，最重要的一条就是秦国始终坚持开放务实的人才政策，不拘一格重用人才。秦穆公重用的百里奚原本是晋国陪嫁的奴隶；秦孝公重用的商鞅原本是魏国公叔痤手下名不见经传的中庶子；秦惠文王重用的张仪原本是被楚国昭阳打得满地找牙的落魄士子；秦昭襄王重用的范雎原本是被魏国相国打得装死抛到厕所里的失意幕僚；秦庄襄王重用的吕不韦原本是社会地位很低的商人……这些人成名之前要都没有显赫的身世，但只要他们有才，秦国一律重用。嬴政继承了秦国这一优良传统，礼贤下士，任贤用能。深谙君王之术的嬴政自然明白，"民为其用，晓之以利；士为其用，待之以礼"，重用人才，礼

---

　　❶　郑国是韩国为自保而派往秦国的水利工程师，妄图让秦国忙于水利工程建设，无暇进攻韩国，此乃疲秦之计。

　　❷　《史记·李斯列传》记载：昔缪公求士，西取由余于戎，东得百里奚于宛，迎蹇叔于宋，来丕豹、公孙支于晋。此五子者，不产于秦，而缪公用之，并国二十，遂霸西戎。孝公用商鞅之法，移风易俗，民以殷盛，国以富强，百姓乐用，诸侯亲服，获楚、魏之师，举地千里，至今治强。惠王用张仪之计，拔三川之地，西并巴、蜀，北收上郡，南取汉中，包九夷，制鄢、郢，东据成皋之险，割膏腴之壤，遂散六国之从，使之西面事秦，功施到今。昭王得范雎，废穰侯，逐华阳，强公室，杜私门，蚕食诸侯，使秦成帝业。

遇人才，嬴政做得非常出色，《史记》记载："大梁人尉缭说秦，嬴政从其计❶，见尉缭亢礼，衣服食饮与缭同"。李信伐楚失利后，嬴政后悔不已，亲自驱车前往频阳，向托辞在家养病的王翦道歉，恳请老将出山，面对王翦开出的条件，嬴政态度谦恭，言听计从❷。《战国策》还记载，姚贾乃监门之子，梁之大盗，赵之逐臣，对于出身如此低微，且有不良前科的人，嬴政给他的待遇居然是"资车百乘，金千斤，衣其以衣冠，舞以其剑"。因为嬴政重视人才、礼遇人才，在嬴政手下中集聚了李斯、尉缭、姚贾、王翦、王贲、蒙武、蒙恬等一大批精明能干的文臣和一大批能征善战的将军，秦国人才济济，秦国朝气蓬勃。

此时的嬴政运筹帷幄，英明果断。亲政后的嬴政英姿勃发，睥睨天下，一心想要灭掉韩、赵、魏、齐、楚、燕六个国家。但是六国会坐以待毙、任人宰割吗？秦国能同时灭掉六个国家吗？六国之中应该先灭哪一个国家？统一天下仅仅依靠军事手段能行吗……一系列的问题等待着嬴政解答。嬴政应该熟读过《孙子兵法》，其《谋攻篇》曰："善兵者，其上伐谋，其次伐交，其次伐兵，其下攻城……"以当时的形势，秦国与山东六国中任何一个国家单挑都有胜算，但如果六国联手抗秦，秦国未必胜券在握，嬴政最担心的就是六国再次联合，于是便采纳谋略家缭尉建议，赂其豪臣，以乱其谋。嬴政在采用军事手段的同时，重用外交手段，派外交家姚贾携带大量金银珠宝，出使山东六国，仗着秦国强大的军事实力，凭借三寸不烂之舌，姚贾胡萝卜加大棒，软硬兼施，逐一瓦解了六国合纵。公元前230年，嬴政采纳战略家李斯建议，不失时机开始灭六国大战，派内史腾攻韩，得韩王安，尽纳其地。又派军事家王翦、王贲等率领秦国虎狼之师先后灭赵、灭魏、灭楚、灭燕。公元前221年，秦军兵临城下，战国七雄中仅存

---

❶《史记·秦始皇本纪》记载：大梁人尉缭来，说秦王曰："以秦之彊，诸侯譬如郡县之君，臣但恐诸侯合从，翕而出不意，此乃智伯、夫差、愍王之所以亡也。愿大王毋爱财物，赂其豪臣，以乱其谋，不过亡三十万金，则诸侯可尽。"

❷《史记·白起王翦列传》记载：秦始皇自驰如频阳，见谢王翦曰："寡人以不用将军计，李信果辱秦军。今闻荆兵日进而西，将军虽病，独忍弃寡人乎！"王翦谢曰："老臣罢病悖乱，唯大王更择贤将"。始皇谢曰："已矣，将军勿复言！"王翦曰："大王必不得已用臣，非六十万人不可。"始皇曰："为听将军计耳。"

的齐国不战而降。

从公元前 230 年至公元前 221 年，赢政奋六世之余烈，振长策而御宇内，吞二周而亡诸侯，履至尊而制六合，执敲扑而鞭笞天下，威震四海。

四、统一帝国的集权皇帝

赢政仅仅用了十个春秋就横扫六合，完成了秦国三十几代国君五百多年梦寐以求的夙愿，但灭了六国之后，接下来的诸多问题又摆在了赢政面前：六国的法律不同、风俗不同、文字不同、货币不同、度量衡也不同……面对如此广阔的领土，面对如此复杂的国情，如何确保新生政权的高效运转？如何确保新生政权的长治久安？赢政面临着巨大挑战。为了巩固来之不易的胜利成果，确保赢氏江山传之无穷，赢政费尽心思就正统问题、称谓问题、管理问题、安全问题等诸多方面进行了不懈努力。

昭告天下，以示大秦正义。王朝更替历来讲究正统性，初并天下，为了彰显秦代东周、灭诸侯的合法性和正当性，赢政昭告天下，将齐、楚、燕、韩、赵、魏背盟爽约等倒行逆施的斑斑劣迹悉数列举[1]，痛批一番，而后很谦虚地昭示天下子民："寡人以眇眇之身，兴兵诛暴乱，赖宗庙之灵，六王咸伏其辜，天下大定（成者王侯，败者寇，真理和正义永远属于赢家，其间是非曲直很难评价）。"

更改名号，彰显丰功伟绩。昔者五帝地方千里其外侯服、夷服，诸侯或朝或否，天子不能制。赢政自以为兴义兵，诛残贼，平定天下，海内为郡县，法令由一统，自上古以来未尝有，五帝所不及，名号不更，无以称成功，传后世。古有天皇，有地皇，有泰皇，泰皇最贵。赢政去泰著皇，采上古帝位号，号曰皇帝，自称始皇帝，后世以计数，二世、三世，至于

---

[1] 《史记·秦始皇本纪》记载：异日韩王纳地效玺，请为藩臣，已而倍约，与赵、魏合从叛秦，故兴兵诛之，虏其王。寡人以为善，庶几息兵革。赵王使其相李牧来约盟，故归其质子。已而倍盟，反我太原，故兴兵诛之，得其王。赵公子嘉乃自立为代王，故举兵击灭之。魏王始约服入秦，已而与韩、赵谋袭秦，秦兵吏诛，遂破之。荆王献青阳以西，已而叛约，击我南郡，故发兵诛，得其王，遂定其荆地。燕王昏乱，其太子丹乃阴令荆轲为贼，兵吏诛，灭其国。齐王用后胜计，绝秦使，欲为乱，兵吏诛，虏其王，平齐地。

万世，传之无穷。秦始皇成了至尊至上的化身。

推行郡县，确保政令统一。秦统一天下后，在政治体制上究竟是继续沿用周天子时期的世袭分封制，天子诸侯共治天下，还是实行商鞅变法以来的官僚郡县制，皇帝一人乾纲独断，群臣之间为此展开了激烈争论。李斯认为："周文武所封子弟同姓甚众，然后属疏远，相攻击如仇雠，诸侯更相诛伐，周天子弗能禁止。今海内赖陛下神灵一统，皆为郡县，诸子功臣以公赋税重赏赐之，甚足易制。天下无异意，则安宁之术也，置诸侯不便。"嬴政以为然❶。中央实行三公九卿制，地方推行郡县制，实行中央集权，确保全国政令上下统一。

多管齐下，强化帝国管理。嬴政用了短短十年时间就吞并了山东六国，秦国统治的领土、人口瞬间增加了数倍，且六国的文字、货币、度量衡、风土人情、法律制度等皆不相同，如此一来，沟通有障碍，贸易有障碍，管理有障碍。为了破解上述难题，确保帝国机器的高效运转，嬴政用小篆统一文字，便利了文化交流；用上币黄金和下币铜钱统一货币，便利了工商贸易；用统一的标准规范长度、容积、重量等计量单位，方便商业贸易和税收管理。

北击匈奴，消除安全顾虑。战国时期，北方匈奴开始崛起，占领了宁夏、蒙古等广大草原地区，中原各国忙于征战，无暇北顾，匈奴凭借强大的骑兵优势，经常袭掠与其接壤的秦、赵、燕三国边境，为了消除匈奴忧患，当然也有说是因为"亡秦者胡也"这句谶言，秦始皇派蒙恬领兵三十万北却匈奴七百余里，胡人不敢南下而牧马，北筑长城而守藩篱。收天下兵，聚之咸阳，销以为钟鐻，金人十二，重各千石，置廷宫中。

焚书坑儒，消灭思想异己。公元前 213 年，在一次盛大的宫廷宴会上，以仆射周青臣为代表师古派和丞相李斯为代表师今派展开了针锋相对的辩论，丞相李斯认为，"私学而相与非法教，人闻令下，则各以其学议之，入则心非，出则巷议，夸主以为名，异取以为高，率群下以造谤。天下敢有

---

❶ 《资治通鉴·秦纪》记载：始皇曰："天下共苦战斗不休，以有侯王。赖宗庙，天下初定，又复立国，是树兵也，而求其宁息，岂不难哉！廷尉议是。"

藏诗、书、百家语者，悉诣守、尉杂烧之。有敢偶语诗书者弃市。以古非今者族。吏见知不举者与同罪。"嬴政采纳李斯建议，对中国思想文化典籍进行了一次毁灭性破坏。公元前 212 年，因感觉被卢生、徐福等方士蒙骗和诽谤的嬴政❶，一怒之下坑杀了四百六十余名术士儒生❷，自此满朝上下噤若寒蝉。

国土统一、政令统一、思想统一、法律统一、文字统一、货币统一、度量衡统一……自此中华民族才第一次真正意义上实现了统一，嬴政也因此被明代著名思想家李贽誉为"千古一帝"。

五、穷奢极欲的任性独夫

春风得意马蹄疾，春风得意防失蹄。嬴政在突如其来的重大胜利面前有点忘乎所以，他并未意识到统一天下后，和平发展已成为时代主题，非但未让久经战火的百姓休养生息，反而修驰道、修长城、修灵渠，动用大量劳役，还派蒙恬等率领三十万大军向匈奴主动出击，派赵佗等率领五十万大军占领了百越地区……如果说这些工程项目和军事行动还有利于江山社稷，接下来的事情就完全是为了一己之私欲，秦始皇也因此而饱受非议。

废除谥号，禁言止谤。秦始皇是一个非常喜欢被人恭维的皇帝。吞并天下之后的嬴政再也不是当年那个虚心纳谏的嬴政，此时的嬴政狂妄自大、唯我独尊。初并天下，嬴政就暴露了他霸道专横的本性，下令废除谥法❸，不

---

❶《史记·秦始皇本纪》记载：吾前收天下书不中用者尽去之。悉召文学方术士甚众，欲以兴太平，方士欲练以求奇药。今闻韩众去不报，徐市等费以巨万计，终不得药，徒奸利相告日闻。卢生等吾尊赐之甚厚，今乃诽谤我，以重吾不德也。诸生在咸阳者，吾使人廉问，或为訞言以乱黔首。於是使御史悉案问诸生，诸生传相告引，乃自除犯禁者四百六十馀人，皆阬之咸阳，使天下知之，以惩后。

❷ 焚书李斯是倡议者，嬴政是决策者，坑儒其实坑杀的主要是欺骗并诽谤秦始皇的术士。《史记·儒林列传中》记载：及至秦始皇季世，焚诗书，坑术士，秦始皇坑杀的主要是术士，当然不排除有儒生在内。《史记·秦始皇本纪》记载：诸生皆诵法孔子。

❸《史记·秦始皇本纪》记载：朕闻太古有号毋谥，中古有号，死而以行为谥。如此，则子议父，臣议君也，甚无谓，朕弗取焉。自今已来，除谥法。朕为始皇帝。后世以计数，二世三世至于万世，传之无穷。

让别人对他的功过是非进行任何评价，任何挑战皇帝权威的人都会因此付出沉痛代价，长子扶苏就是因为政见不合被发配到边塞给蒙恬当手下。自恃功高的嬴政早已忘却了"直谏才是最大的忠诚，谄媚才是最大的奸猾"。

巡幸无度，高调铺张。秦始皇是一个非常喜欢巡游的皇帝。称帝后的十年间，秦始皇先后五次巡游天下，镇抚百姓，刻石颂德。浩浩荡荡的车队，成千上万的随从，如此兴师动众的折腾，安保、食宿、道路疏通、行宫布置等一系开支早晚会把国库掏空。

大兴土木，民劳财伤。秦始皇是一个非常喜欢享受的皇帝。据史书记载："秦每破诸侯，写放其宫室，作之咸阳北阪上，南临渭，自雍门以东至泾、渭，殿屋复道周阁相属。所得诸侯美人钟鼓，以充入之。"秦始皇对离宫别馆情有独钟，就在其驾崩的前两年，还修建了历史上赫赫有名的阿房宫。生前纵欲倒也罢了，为了死后享受，还征调大量刑徒为自己修建了豪华奢靡的骊山陵墓❶。

严刑峻法，黔首惶惶。秦始皇是一个非常喜欢刑杀的皇帝❷。推崇严刑峻法，实行连坐之法。中学读过《史记·陈涉世家》的朋友都知道，陈胜等被征调渔阳戍边，因遭遇暴雨延误期限，按照秦法，失期法皆斩。因不可抗力造成延期就要把人处死，如果逃亡被逮住还是要被处死，反正横竖都是死，秦法的苛严将人逼得走投无路，于是乎，陈胜、吴广乃谋曰："今亡亦死，举大计亦死。等死，死国可乎？"大泽乡起义如星星之火，很快形成了武装反秦的燎原之势。

历览前贤国与家，成有勤俭败由奢。大的工程项目一茬接一茬，大的军事行动一个接一个，民众实在吃不消，秦始皇死后不到一年，戍卒陈胜在大泽乡振臂一呼："天下苦秦久矣！"应者云集，被压迫的民众纷纷揭竿而起。唐人杜牧在《阿房宫赋》中叹曰："秦爱纷奢，人亦念其家，奈何取之尽锱铢，用之如泥沙……使秦复爱六国之人，则递三世可至万世而为君，

---

❶《史记·秦始皇本纪》记载：穿三泉，下铜而致椁，宫观百官奇器珍怪徙臧满之。令匠作机弩矢，有所穿近者辄射之。以水银为百川江河大海，机相灌输，上具天文，下具地理。以人鱼膏为烛，度不灭者久之。

❷《史记·秦始皇本纪》记载：上乐以刑杀为威，天下畏罪持禄，莫敢尽忠。

谁得而族灭也?"试问,一个对自己无限慷慨,对百姓无比刻薄的君王能长久吗?

六、梦断长生的悲情祖龙

人生自古谁无死? 人生自古谁想死? 尤其是对于一个拥有无上权力、无限财富、无数佳丽的皇帝来说,人间的荣华富贵实在是太令人眷恋了。坐稳江山的嬴政一直心存一种幻想,如果江山可以永固,如果生命可以永恒,那将是一件多么美好的事情。

公元前 219 年,嬴政率领文武大臣封禅泰山,礼毕,群臣歌功颂德,齐人徐福等上书曰:"海中有三神山,名曰蓬莱、方丈、瀛洲❶,仙人居之。请得斋戒,与童男女求之。"嬴政一听人间居有仙人便欣喜若狂,自此迷上了神仙学说,重用了徐福、卢生、侯生、石生等数以百计的江湖方士;奉献了童男童女、能工巧匠等数以千计的无辜子民;耗费了粮食种子、奇珍异宝等数以万计的国家财富。为表虔诚,嬴政不再称朕,改称真人。可是,等呀等,等得心焦意乱;盼呀盼,盼得望眼欲穿,直到生命的最后尽头也未见仙人出现。具有讽刺意味的是,生前威风八面的秦始皇驾崩后因赵高发动"沙丘政变",其腐尸与臭鲍鱼为伴两个月后才入土为安❷。

长生不老确实荒诞可笑,那么大家不禁要问,为什么英明神武的秦始皇会相信神仙学说? 为什么精明过人的秦始皇会被徐福等江湖术士蒙骗? 是骗子手段太高? 还是秦始皇没有大脑?

有一种哲学观点不知大家是否赞同? 黑格尔在《法哲学原理》说:"凡是合乎理性的东西都是现实的,凡是现实的东西都是合乎理性的。"笔者也

---

❶ 当时自然科学落后,所谓三神山,其实极有可能是因光的折射产生的海市蜃楼。

❷ 《史记·秦始皇本纪》记载: 始皇崩於沙丘平台。丞相斯为上崩在外,恐诸公子及天下有变,乃秘之,不发丧。棺载辒凉车中,故幸宦者参乘,所至上食。百官奏事如故,宦者辄从辒凉车中可奏事。独子胡亥、赵高及所幸宦者五六人知上死。赵高故尝教胡亥书及狱律令法事,胡亥私幸之。高乃与公子胡亥、丞相斯阴谋破去始皇所封书赐公子扶苏者,而更诈为丞相斯受始皇遗诏沙丘,立子胡亥为太子。更为书赐公子扶苏、蒙恬,数以罪,(其)赐死。语具在李斯传中。行,遂从井陉抵九原。会暑,上辒车臭,乃诏从官令车载一石鲍鱼,以乱其臭。

在一定程度上认可这种"存在即合理"的哲学观点，因为这个世界确实没有太多的无缘无故，秦始皇之所以痴迷长生至少有三个理由。

其一，嬴政自命不凡。秦始皇的一生充满奇缘，儿时流浪邯郸，十三岁就因吕不韦的运作完成了从流浪儿到秦王戏剧般的角色转换；秦始皇的一生屡建奇功，对内，嬴政不到十年经营就铲除了嫪毐、吕不韦两大政治集团；对外，嬴政又用了不到十年就扫平了山东六大军事集团。秦始皇的一生充满惊险，嬴政两岁开始就被赵国官兵追得东躲西窜，后来又经历了荆轲、高渐离、张良等多名刺客的明枪暗箭，但嬴政每次遇险都能转危为安。这一切的一切都让自以为天命所归的嬴政觉得自己一直被上天眷恋。

其二，方士奸猾善辩。徐福等方士之所以敢忽悠秦始皇，主要是基于对秦始皇性格的了解和对朝臣心理的把控。骗子们明白，拥有越多的人越害怕失去，富甲四海的秦始皇最不想面对的就是死亡，如果让秦始皇相信自己可以万寿无疆，大臣们如有异议就等于公然诅咒皇上，惹怒了皇上谁都知道是什么下场。接下来骗子们的主要工作就是放开手脚向秦始皇灌输神仙思想，骗子们告诉秦始皇，三神山确有仙人徜徉，仙人确有仙药带在身上，陛下您功盖五帝、德赛三皇，陛下长生不老是天下子民的共同愿望，臣等不才，愿为陛下和天下苍生漂洋过海冒死前往。最终，骗子虔诚高超的演技成功蒙蔽了秦始皇。

其三，群臣沉默寡言。秦帝国不乏真知灼见之士，然之所以不敢尽忠指过者，秦俗多忌讳之禁也，忠言未卒于口而身糜没矣，故使天下之士倾耳而听，重足而立，阖口而不言。因为秦始皇的刚愎自用，因为秦始皇的闭目塞听，因为秦始皇的嗜杀成性，造成了忠臣不谏、智士不谋的局面。忠言逆耳利君行，忠言逆耳丧己命。生命对每个人来说只有一次，谁犯得着为一个独夫的前程丢了自家性命？于是乎，奸臣只管阿谀奉承，忠臣只顾安身立命，任由嬴政在荒唐的求仙的道路上独自前行。当一个君主开始烧书的时候，他下一步就会烧人；当一个君主开始禁言时，他的下一步就是灭口，邪恶盛行的重要条件就是耿直者的沉默。

历史开了个很大的玩笑，追求长生的嬴政非但未能长生，反而在梦寻长生的途中染上疾病，还没来得及安排好后事就猝然驾崩，秦始皇做梦也不会想到自己苦心缔造经营的帝国大厦会在他闭目后的三年间轰然倒塌。在此，我们不得不佩服孟老夫子的至理名言："入则无法家拂士，出则无敌国外患者，国恒亡，然后知生于忧患，死于安乐也。"

作为旧时代的终结者和新时代的开创者。嬴政的一生是战斗的一生，与内斗，其乐无穷；与外斗，其乐无穷；与命斗，其乐无穷。平心而论，没有人可以抹杀秦始皇对中华民族统一大业所建之盖世奇功，但是也没有人会忘记秦帝国二世而亡给后人留下的深刻警醒：纵然独霸枪杆子，可以纵横驰骋；纵然紧握刀把子，可以肆意杀生……但千万要记住，一旦失去了民心，就等于失去了命根子，其所拥有的一切都将等于零！

血性、任性、理性
——汉武大帝的传奇人生

巍巍汉武，一代雄主。本非长子，又非嫡出。但因聪慧，得宠于父。金屋藏娇，借力姑母。先废刘荣，又绝刘武。少年登基，国强民富。壮志青春，欲展宏图。广纳贤良，英才辈出。罢黜百家，独尊儒术。内强皇权，外拓疆土。北击匈奴，一雪前耻。眼光宏远，畅通丝路。任性张扬，巡幸无度。穷奢极欲，耗尽国库。哀鸿遍野，黎民荼毒。求仙问药，笃信巫蛊。宠信奸佞，父子反目。沧桑晚年，幡然悔悟。幸哉汉武！伟哉汉武！悲哉汉武！开天辟地的君主，暴虐冷血的君主，迷信长生的君主……接下来，笔者就结合《史记》《汉书》《资治通鉴》等史料记载带大家一起走近血性、任性、理性的传奇汉武。

一、福星高照的少年天子

公元前 156 年夏季，富丽堂皇的大汉皇宫里弥漫着浓浓喜气，初登帝位的汉景帝又添一喜，聪明可爱的皇十子刘彘（汉武帝刘彻乳名）呱呱坠地，也就是后来大名鼎鼎的一代雄主汉武帝。虽说小刘彘自幼乖巧伶俐，而且甚得父皇欢喜，但传统君王历来都是嫡长子相继，讲究的是嫡庶有别、长幼有序。拥有皇族血统只是继承皇位的最基本前提，虽然小刘彘的生母王娡不是正妻，但是由汉景帝祖母（薄太后）包办的正牌皇后薄氏的肚子很不争气❶，也不知薄皇后是先天性不孕不育，还是不受汉景帝宠幸而没有机遇，直到汉景帝临终前十几年仍无嫡子可立，于是乎，作为庶出的皇子们就有了可乘之机。

在后宫里，小刘彘有十几个兄弟和一个叔叔与自己存在竞争关系，其中，叔叔刘武与大哥刘荣最具有竞争力，叔叔刘武的母亲也是汉景帝的母亲，贪婪的窦太后想让大儿子当完皇帝再让小儿子当皇帝，向来以仁孝标榜的汉景帝心里纵有一百个不乐意，也不可能公开与母亲大人为敌。大哥刘荣的妈咪栗姬天生质丽，而且颇得汉景帝欢喜（刘彻的前三个哥哥皆出于栗姬），太子人选，有嫡立嫡，无嫡立长，顺应常理，合乎逻辑。

然而，事情的发展并非完全合乎逻辑，窦太后想立刘武为太子的想法进展并不顺利，窦太后每次提及弟弟，老谋深沉的汉景帝不是冷处理，就是耍太极，最终，借助窦婴、袁盎等朝臣之力将梁王刘武成功淘汰出局❷。公元前 153 年，作为皇长子的刘荣被立为太子，照理说，作为皇十子的小刘彘此世今生便与帝位没有任何关系，可是在风云诡异的皇宫里，福星高照的小刘彘拥有一个让天下所有孩子都羡慕的"三高"母亲。

第一高，刘彘的母亲颜值高。美丽是上帝赐给女人的最好礼物，也是俘获男人身心的无敌锐器。在佳丽云集的后宫里，嫔妃之间的竞争，很大程度上属于颜值方面的竞争。爱美之心人皆有之，更何况美女资源无限丰富的帝王。虽说刘彘的母亲王娡没能像四大美女（西施、貂蝉、王昭君、杨贵妃）一样因美貌姿色而名扬天下，但已经有过婚史的王娡还能为汉景帝生

---

❶ 楚汉相争时期，汉高祖刘邦灭掉了魏王豹，捎带收编了魏王豹的宠妃薄姬，一夜情后，薄姬生下了皇子刘恒，因为一直不受刘邦宠幸，加之为人处世低调，所以刘邦驾崩后，薄姬没有像戚夫人一样被吕雉陷害，而是随儿子迁往代地。吕雉死后，周勃、陈平荡平诸吕，为了便于控制，迎立了名不见经传的刘恒为帝，儿子当了皇帝，薄姬一下子就成了皇太后，尝到了权力滋味的薄太后为了家族富贵永驻，将本家孙女许配给了时为太子的刘启为太子妃，刘启登基，顺理成章立薄氏为皇后。

❷ 《史记·魏其武安侯列传》记载：梁孝王朝，因昆弟燕饮。是时上未立太子，酒酣，尝从容言曰："千秋后传梁王"，太后欢，窦婴饮卮酒进上曰："天下者，高祖天下，父子相传，此汉之约也，上何以擅传梁王！"太后由此憎窦婴。

下一男三女 ❶，据此就足以证明王娡的无穷魅力。此外，其同胞妹妹王皃姁也为汉景帝生下了四个儿子，而且自从这对姊妹花入宫，就再也没有其他嫔妃给汉景帝生过儿子，这也从侧面佐证了王氏姊妹颜值对男人的无敌杀伤力。

第二高，刘彻的母亲智商高。上帝对王娡毫不吝啬，非但给予她惊世骇俗的容颜，而且还赐予她非比寻常的智商。在竞争异常惨烈的后宫里，子以母贵，母以子荣，能让自己的儿子成为太子是每个嫔妃的终极梦想。为了这一梦想，王娡绞尽了脑汁，费尽了心思。以前汉高祖刘邦翻了薄姬的牌，薄姬编了个"苍龙盘腹"的故事 ❷，结果刘邦一听，立刻兴致勃勃，一夜情后生下了汉文帝。王娡也效仿婆婆的婆婆，编了个"梦日入怀"的神话，一出生就给儿子增添一丝神秘色彩，景帝听闻大喜曰："此贵征也。"聪明的王娡还深知，未来储君除了立嫡和立长，还可以立贤或立宠。思路决定出路，瞅准了这一突破口，王娡非常注重对儿子的培养，加之天资聪颖，慧悟洞彻，刘彻小小年纪就因才气出众而颇得景帝恩宠 ❸，为以后继位称帝打下了扎实的根基。

第三高，刘彻的母亲情商高。情商也是一种能力，是一种调节控制自己情绪和协调人际关系的能力，是通往成功的重要秘笈。王娡情商高主要体现在两个方面：一是能忍会装。为了重获祖上的荣誉，王娡能够忍受抛夫弃女之痛来到了情敌林立而又醋味弥漫的后宫里。为了给景帝、窦太后以及薄皇后留下温良贤德印象，实力尚不足以傲视群芳的她一直装得像一只温顺的小羊。二是左右逢源。王娡善于团结一切可以团结的力量，先是

---

❶《资治通鉴·汉纪》记载：燕王臧荼有孙女曰臧儿，嫁为槐里王仲妻，生男信与两女而仲死；更嫁长陵田氏，生男蚡、胜。文帝时，臧儿长女为金王孙妇，生女俗。臧儿卜筮之，曰："两女皆当贵。"臧儿乃夺金氏妇，金氏怒，不肯予决。内之太子宫，生男彻。彻方在身时，王夫人梦日入其怀。

❷《史记·外戚世家》记载：汉王心惨然，怜薄姬，是日召而幸之。薄姬曰："昨暮夜妾梦苍龙据吾腹。"高帝曰："此贵征也，吾为女遂成之。"一幸生男，是为代王。

❸《汉武帝内传》记载：诵伏羲以来群圣，所录阴阳珍候龙图龟册数万言，无一字遗落。至七岁，圣彻过人。

与长公主刘嫖联姻击败栗姬，让刘彻取代了刘荣❶。刘彻登基之初，因"建元新政"得罪了以窦太后为代表的保守派势力，皇位出现危机，又是王娡出面协调各方关系，妥善安抚处理好各方势力，帮助儿子巩固了尚不稳定的帝位根基。

没有背景关系，没有家族势力，不悲天怨地，不自暴自弃，凭借自己的美丽，凭借自己的魅力，凭借自己左右逢源的交际，化不利为有利，变腐朽为神奇，汉武帝的母亲最终让自己年仅十六岁的儿子成功接管了一个统一、富庶、强盛的帝国社稷，福星高照的小刘彘几乎是坐享其成，最终成了大汉帝国的皇帝。

二、雄才大略的一代英主

汉初，黄老之学盛行，统治者奉行"漠然无为而无不为，澹然无治而无不治"的治国思想，轻徭薄赋，与民生息，经过几十年的发展，虽说百姓安乐、国库充实，但也带来了一些弊端和隐患：国内豪强迅速崛起，关外匈奴时常扰袭。经济方面的优势并未转化为政治和军事方面的强势，意气风发而又踌躇满志的少年天子对此是耿耿于怀。汉武帝初登帝位，便一改"文景之治"内敛低调风格，"内强皇权，外服四夷"成了汉武帝一生孜孜不倦的追求，大汉王朝基本国策由此从"韬光养晦"开始向"有所作为"转变。

针对国内诸侯林立，政令不畅，豪强崛起，任性乖张的现状，汉武帝率先实行了强化皇权的对内改革：建明堂，举贤良；弃黄老，兴儒学；除关禁，遣诸侯；奖告密，抑宗亲……轰轰烈烈的"建元新政"开展得如火如荼。令汉武帝始料未及的是，因决策仓促冒失，方法简单粗暴，新政触

---

❶ 长公主刘嫖想让女儿阿娇当皇后，先向栗姬提亲，希望将阿娇许配给太子刘荣，争风吃醋而又单纯率直的栗姬因刘嫖经常给景帝介绍美女而怀恨在心，当面拒绝了这桩政治婚姻。见对手栗姬犯迷，王娡抓住机遇，与长公主交好，后来便有了小刘彘金屋藏娇的故事。作为姑母加岳母的刘嫖为了将小姑爷扶上太子之位，经常在景帝面前诋毁栗姬，景帝对栗姬日渐反感，最后，王娡利用景帝对栗姬的厌恶，唆使朝臣替栗姬在错误的时间、错误的地点干了一件错误的蠢事，"邀封皇后"，景帝勃然大怒，幽禁了栗姬，废掉了刘荣。

动了一大批宗亲权贵的既得利益，更为严重的是又在意识形态领域与笃信黄老之学的窦太后产生严重分歧❶，于是乎，奶奶很生气，后果很严重：汉武帝的亲信御史大夫赵绾和郎中令王臧狱中自杀，丞相窦婴和太尉田蚡皆被罢官，建元新政夭折，青春期的汉武帝遭遇了人生第一次严重挫折。

天下是奶奶的，也是孙子的，但最终还是孙子的。公元前135年，汉文帝的皇后、汉景帝的皇太后、汉武帝的太皇太后窦氏终于撒手人寰，22岁的汉武帝逐步开始真正掌权。少了掣肘禁锢，雄心勃勃的汉武帝便开始筹划一件大事，一件轰轰烈烈的大事，一件连高皇帝、吕后、惠帝、文帝、景帝几代先祖都想干但又未干成的大事——北击匈奴。

自高皇帝立国，匈奴即为大汉边患。昔日，冒顿单于围高祖于白登山，戏吕后于庙堂间❷，文帝、景帝时，为积蓄国力，继续秉承和亲国策，怎奈，树欲静，而风不止！匈奴依旧不断袭扰大汉边关。也许汉武帝的心中不止一次在想：大汉王朝把自己的公主打扮得漂漂亮亮，还陪上丰厚的嫁妆，恭恭敬敬送到单于身旁。可是，这样的和亲、这样的虔诚、这样的善良、这样一厢情愿对和平的向往。换来的是什么？换来的是匈奴人永无休止的掠抢，换来的是匈奴人对怯懦者鄙夷的目光，换来的是匈奴人更加肆无忌惮的猖狂……唉！越想越屈辱！越想越窝囊！难道生命除了苟且，就没有反戈一击的勇气和力量？

公元前135年，当鹰派（主战派）代表王恢主张对匈奴采取军事手段时，鸽派（和亲派）代表韩安国立刻提出了三大理由予以反驳：

第一，敌人很难寻找。匈奴属于马背上民族，逐水草而居，顺天时而动，来无影，去无踪，茫茫草原，浩瀚戈壁，连敌人都找不到，这仗怎

---

❶　汉武帝继位之初，大汉帝国的权杖仍掌握在笃信黄老之学的窦太后手中，窦太后笃信黄老之学，并要求刘氏宗室和窦氏家族人人信奉黄老思想，汉武帝推崇儒学，已经在意识形态领域与窦太后产生严重分歧，汉武帝的两个亲信御史大夫赵绾和郎中令王臧还上书让窦太后交权，彻底惹毛了窦太后。

❷　《汉书·匈奴传》记载：刘邦驾崩后，冒顿单于给守寡的吕后写了一封骚扰信："孤偾之君，生于沮泽，长于平野牛马之域。数至边境，愿游中国。陛下独立孤偾，两主不乐，无以自娱，愿以所有易其所无。"面对单于的侮辱挑衅，吕后选择了忍气吞声，回复冒顿单于："单于雄伟，正在盛年，老妾色衰，发齿尽脱，自惭形秽，谨献宫中美女、锦帛、精米、美酒若干，供大单于笑纳。"

么打？

第二，找到很难打赢。大军长途奔袭，粮草供应困难。正所谓，强弩之极，矢不能穿鲁缟；冲风之末，力不能漂鸿毛。以疲惫赢弱之师战彪悍勇猛之敌，胜算几何？

第三，打赢很难占领。汉朝是农耕文明，匈奴是游牧文明，生存环境不同，生活习惯迥异，得其地不足为广，有其众不足为强，就算是打赢了又怎样？

应该说鸽派（和亲派）代表韩安国的忧虑不无道理，可是血性十足的汉武帝铁了心要争口气，想当年，赵孝成王派李牧雁门关一战围歼匈奴十余万铁骑，秦始皇派蒙恬却匈奴七百余里，赵、秦皆可以使胡人闻风丧胆，洋洋大汉帝国难道就不能给匈奴一点颜色看看？

公元前 133 年，汉武帝集结了三十万大军，策划诱敌深入之计，企图围歼匈奴主力于马邑，结果因走漏风声而功败垂成❶。马邑之谋打草惊蛇，汉匈颜面撕破，自此，游牧民族和农耕民族的殊死拼杀达到了前所未有的规模。

公元前 129 年，汉武帝派李广、卫青、公孙敖、公孙贺各自领兵一万主动出击，结果诚如韩安国所预言：李广全军被歼，公孙敖损兵七千，公孙贺无功而返，只有卫青一路小胜凯旋。虽说初战不利，但是卫青率领的汉军第一次深入匈奴龙城祭天圣地，打破了匈奴不可战胜的神话，也在很大程度上鼓舞了汉军士气，更为难得的是汉武帝发现了卫青这名军事奇才，正所谓"千军易得，一将难求"。在卫青的率领下，汉军频繁出击，捷报频传。还有最让汉武帝欣喜若狂的是，在对匈奴的战争中，又有一位年轻的军事天才——豪言"匈奴未灭，无以家为"的霍去病横空出世，得益于这对双子将星（从对立面而言则是匈奴的双子克星）的鼎力辅弼，汉武帝举全国之力，对匈奴连续发动战略反击，历经河南之战、河西之战、漠南之战、漠北之战，匈奴元气大伤，远徙漠北，抗击匈奴取得了阶段性胜利。

---

❶ 边境豪商聂壹向军臣单于诈降，称可以斩杀马邑城县令，而后尽得城中人口和财物，单于贪利，派众来袭，临近伏击圈发现情势不妙，遂派兵攻下一城堡，俘虏一名尉史，得知真相后大惊失色，旋即退兵。

北击匈奴，剪除边患，一雪前耻，赢得尊严，破天荒的是，农耕民族的军队居然能够纵横驰骋于游牧民族的纵深地盘，仅凭这一点，汉武帝就无愧于一代英主的头衔。可是，汉武帝的雄才大略远不止于此，在位五十余年，攘夷拓土，征伐不断：北破匈奴，解除了安全隐患；南吞百越，拓展了生存空间；东并朝鲜，震慑了敌对邻藩；西征大宛，开辟了丝绸路线……大汉武功在汉武帝时期如日中天。

三、穷奢极欲的独裁寡人

汉武帝大宏图、大气魄、大手笔，不断渴望，不断追求，不断超越，建立了彪炳青史的丰功伟业，留下了雄才大略的千古美誉。可是，人世间的很多事，往往誉之者众，毁之者亦众。与秦始皇类似，汉武帝晚期也因穷奢极欲、好大喜功、极端独裁、冷酷狐疑而备受非议。

汉武帝是一位乐于享受的皇帝。他酷爱狩猎，驱赶百姓，扩建皇苑；他酷爱宫室，大兴土木，广建宫殿；他酷爱美女，广罗佳丽，见异思迁❶；他酷爱巡游，兴师动众，万里辗转；他酷爱音律，宠幸优伶，醉心管弦；他酷爱长生，聚集方士，四处求仙……上有所好，下必甚焉，为了博取君王欢颜，李延年、公孙卿、少翁、栾大、苏文等一大批奸佞投机之徒聚集在了汉武帝身边，不停地鼓动怂恿君王纵情寻欢，给国家和百姓增添了沉重负担。

汉武帝是一位个性张扬的皇帝。视金钱如粪土，视苍生如蝼蚁，任性恣意，高调张扬，为达目的，不惜成本，不择手段。汉武帝的信条是："只要我想要，一定要得到！"听闻西域盛产汗血马，便欲铸金马相换，自恃山高路远的大宛国不给薄面，还截杀使团，为了赚回颜面，汉武帝不远万里，两征大宛，历时四年，伤亡十万，海内骚动，天下怨言。为了彰显不世之

---

❶ 汉武帝一生阅女无数，喜新厌旧，见异思迁，先后宠幸了卫子夫、王美人、李夫人等后宫嫔妃，年过花甲，又宠幸了年轻貌美的钩弋夫人。汉武帝的最宠爱的李夫人对汉武帝看得最透，李夫人有句经典名言："以色侍君者，色衰而爱弛，爱弛而恩绝。"为了给汉武帝留下美好思念，病危弥留之际，死活不与汉武帝会面。

功，为了粉饰天下太平，也为了实现成仙美梦，汉武帝还十分热衷于封禅大典❶，西岳华山、中岳嵩山、东岳泰山都曾有过汉武帝率领文武百官封禅祭祀的隆重场面，仅泰山就被汉武帝封了八遍。

汉武帝是一位狐疑冷酷的皇帝。自古伴君如伴虎，富贵荣华如朝露。处于权力峰巅，难免高不胜寒，自幼目睹宫廷权力角逐血腥残酷的汉武帝狐疑满腹，对外戚、近臣、重臣格外防范，经常疑神疑鬼。汉武帝的性格一半是海水，一半是火焰，宠幸你时，把你捧上天，恩宠过后，把你扔一边。从来喜欢新人笑，从来不闻旧人哭，昔日的最爱陈阿娇、卫子夫……不是郁郁而终，就是自裁灭族，甚至自己的亲生子女都遭屠戮。对自己的女人、子女尚且如此冷酷，对文武百官更是动辄反目，他任命过十余名丞相，除了圆滑老练的公孙弘、谨小慎微的石庆、忠厚智慧的田千秋侥幸善终，其余稍有点主见个性的多下场凄惨，或罢官、或自杀、或被杀，甚至灭族，以至于丞相成了汉武帝时期最危险的职业❷。

自古以来，居高位者易骄，处佚乐者易侈。骄者，善言不入，而过不闻；侈者，善道不立，而行不顾。长此以往，鲜有不败亡者也。

一将成名万骨枯，一帝扬名天下苦。作为乾纲独断的帝王，克己兴国，多欲灭邦。忘战必危，好战必亡。汉武帝继位之初，京师之钱累百钜万，贯朽而不可校。太仓之粟陈陈相因，充溢露积于外，至腐败不可食。汉武帝继位后，东伐西讨，南征北战，穷奢极欲，繁刑重敛，大兴土木，广造宫殿，信惑鬼神，妄想成仙，不停折腾，不断烧钱……"文景之治"几十年积累的财富很快就被花完。及至晚年，海内虚耗，户口减半，盗贼蜂拥，天下骚乱……若不及时改弦，亡秦之祸极有可能在汉武帝之后再次上演。

---

❶ 封禅至少需要三个条件：一是扫平宇内，一统天下；二是天下太平，长治久安；三是四海升平，祥瑞出现。封禅是国家最隆重的祭祀盛典，当然如此隆重的场面耗费的人力、无力、财力也难以计算。

❷ 汉武帝的丞相卫绾被罢官，窦婴被斩首，许昌和薛泽被免职，田蚡离奇疯癫病亡，李蔡、庄青翟、赵周、公孙贺、刘屈氂或自杀、或被杀、或灭族。当汉武帝宣布公孙贺任丞相时，公孙贺吓得魂不附体，以致痛哭流涕。

四、幡然悔悟的沧桑老者

汉武帝执政后期，渐渐变得有些听不进逆耳之言。太史令司马迁仅仅因为替兵败被俘的李陵辩护了几句就被下狱遭阉，太子刘据因政见不合就被冷落一边。其实，作为一国之君，眼里容不进一点沙子非常危险，极有可能造成"万马齐暗究可哀"的可怕局面，谄媚迎合之徒尽情耍滑行奸，刚正忠直之士无奈阔口不言，任由君王在错误的道路上越走越远，国家的悲剧往往也由此开始悄然上演。

汉武帝晚年，巡狩河间，有望气者（占卜大师）设局故弄玄虚："当地有绝美奇女子，只是双手天生紧握，任由谁人也不能分开。"自命不凡的汉武帝偏不信邪，命人将那女子找来，轻轻一掰，那女子双手居然神奇展开，而且还握有玉钩一枚（此女称"钩弋夫人"的缘由），见此奇景，群臣皆山呼万岁，吹捧武帝是真龙下凡，武帝听闻龙颜大悦，遂将此女子收入宫中宠幸。后来，"钩弋夫人"还像传说中尧帝母亲一样"怀胎十四月"生下一子——刘弗陵。老年得子的汉武帝喜出望外，一激动竟将"钩弋夫人"宫门改称"尧母门"。

所谓的"天生手握玉钩奇女子"和"怀胎十四个月生儿子"其实都是精心策划的骗局，只可惜，汉武帝当局者迷。"尧母门事件"发出了错误的诱导信号，于是乎，嗅觉灵敏的投机者纷纷趋炎附势，对因"子不类父"而被冷落的太子百般构陷，就连汉武帝身边的小太监都敢向皇帝进谗言，地痞无赖出身的宠臣江充更是肆无忌惮，借助"巫蛊之案"将太子刘据和皇后卫子夫的寝宫翻了个底朝天❶。眼看当年扶苏的悲剧就要在自己身上重演，太子刘据仓促间起兵造反，汉武帝派丞相刘屈髦领兵平叛，历经五昼夜激战，刘据兵败逃难，后被通缉者发现，太子一家仅剩下一个尚在褓褓之中的刘病已幸免于难。

---

❶ 汉武帝晚年，精神欠佳。征和元年，精神恍惚的汉武帝觉得有一白衣男子持剑闯入建章宫行刺，结果宫里宫外搜了十几天，连个刺客身影也没发现。征和二年，汉武帝又梦见成千上万的木头人追着打自己，迷信鬼神的汉武帝便怀疑有人制作巫蛊诅咒自己，江充等人借题发挥，以为汉武帝驱蛊治病为由，开始利用巫蛊事件为非作歹。

巫蛊事件，被牵连诛杀者数万，汉武帝也因痛失爱子而郁郁寡欢，悲剧的上演不由得让我们想起"冲动是魔鬼，谁怒谁后悔"这句至理名言！渐渐冷静下来的汉武帝开始反思太子谋反的诸多疑点：

其一，刘据乃合法太子，国之储君，仁厚稳重，如果不是身家性命受到严重威胁，怎么会起兵谋反？

其二，刘据手中没有兵权，若没有兵权，也就意味着没有资本，没有资本就没有胜算，没有胜算谁敢轻易谋反？

其三，谋反，顾名思义，先谋而后反，如果刘据早有蓄谋，怎至于集结城中百姓和狱中囚徒这些临时拼凑的乌合之众草率起兵谋反？

其四，皇帝年迈，朝中大臣多应攀附巴结太子才对，而江充等人却肆无忌惮，胆敢将皇后和太子的寝宫翻个底朝天，为了扳倒太子，简直无所不用其极，此事是否太过反常？

其五，小小江充，草莽出身，此人有多大胆子，敢在皇后和太子头上动土。区区苏文，宫廷太监，居然也敢诋毁太子，这些人背后是否有幕后推手撑起腰杆？

汉武帝越想越懊悔，越想越后怕，因为自己的草率，因为自己的偏信，因为自己的冲动，竟然被奸佞小人蒙蔽利用，将自己的贤妻和爱子逼向绝境。灯尽不能复明，人死不能复生，人伦惨剧已然酿成，也只能怪自己闭目塞听，宠信奸佞，疑神疑鬼，嗜杀成性，最终害人害己，遗毒天下苍生。

往者不可谏，来者犹可追。正当汉武帝为痛失爱子而追悔莫及时，一位忠厚睿智的长者——汉高祖刘邦的守陵人田千秋上书："子弄父兵，罪当笞；天子之子过误杀人，当何罪哉！臣尝梦一白头翁教臣言"。田千秋的上书如同及时雨一般滋润了汉武帝龟裂的心田，凭借汉高祖守陵人的特殊身份，以汉高祖托梦的形式委婉上书皇帝替太子鸣冤。汉武帝顺坡下驴，急召田千秋，越级提拔为大鸿胪（九卿之一），数月后又拜相封侯，同时，以雷霆手腕为爱子平反，江充灭族，苏文被焚，凡是参与陷害追杀太子者一律问斩。

历经了血雨腥风，厌倦了刀光剑影，折腾了半个世纪的汉武帝终于厌

血性、任性、理性——汉武大帝的传奇人生

倦了世间纷争，渐渐对王图霸业和成仙美梦心灰意冷。征和四年（公元前89年），当桑弘羊等人建议轮台戍兵，汉武帝非但未答应，而且还下《罪己诏》进行深刻反省❶，并对以往四处征伐而又劳民伤财的基本国策进行了调整，开始转向关注国计民生。

改弦更张后的国家百废待兴，然而，垂暮之年的汉武帝已然没有足够精力处理国政，此时此刻，他还有一件最为烦恼的大事情，那就是自己百年之后，泱泱帝国究竟由谁来继承大统？汉武帝的六子中：刘闳英年早逝，刘据含冤而终，刘胥骄奢淫逸，刘旦寡谋冲动，刘髆猝然殒命，挑来捡去，合适的皇储人选仅剩下年仅七岁的幼子刘弗陵。

虽说刘弗陵健硕聪明，然毕竟也只是一个年仅七岁的孩童，风烛残年的汉武帝太了解"子弱母壮"的危险处境：无限的欲望加之无上的权力，必乱天下苍生。秦有赵姬之乱，汉有吕后专权，万一有朝一日自己溘然驾崩，类似的悲剧极有可能在儿子身上发生。前车之覆，后车之鉴，作为父亲，有必要帮儿子将未来道路上可能遇到的障碍统统扫清，为此，理性而又冷峻的汉武帝痛下狠心，提前结束了刘弗陵生母"钩弋夫人"的性命。

公元前87年，汉武帝病重，临终托孤霍光、上官桀、桑弘羊、金日磾等顾命大臣，交代完身后之事，便撒手人寰。一个血性、任性而又不失理性的一代雄主就这样结束了他波澜壮阔的一生。虽然斯人已逝，但世人对汉武帝褒贬不一的争论却才刚刚开始。

他力排众议，奋击匈奴，展示了华夏儿女的铮铮铁骨；他东伐西讨，南征北战，拓展了中华民族的疆域国土；他不拘一格，任贤用能，彰显了一代英主的胸襟气度；他罢黜百家，独尊儒术，确立了主流价值的思想基础；他眼光宏远，畅通西域，开辟了东西交流的丝绸之路；他分藩弱藩，强化集权，确保了国家政权的稳定巩固；他知错能改，托孤得当，确保了政权更替的平稳过渡……他，当之无愧的一代雄主！

---

❶ 《汉书·西域传》记载：当今务在禁苛暴，止擅赋，力本农。修马政复令以补缺，毋乏武备而已。

然而，汉武帝也是凡人，是凡人就有凡心。他也曾穷奢极欲，搜刮民富；他也曾任性张扬，巡幸无度；他也曾重用酷吏，滥杀无辜；他也曾穷兵黩武，黎民荼毒；他也曾信奉鬼神，笃信巫蛊……他有亡秦之失，而免亡秦之祸，得幸于前有先祖打基础，后有晚辈擦屁股。

　　他就是血性、任性、理性的汉武帝！

了不起的盛唐奠基者

——唐太宗的救赎

隋朝末年，天下暴乱。群雄蜂起，逐鹿中原。李渊二郎，随父揭竿。晋阳起兵，身经百战。先平关中，又定中原。纵横驰骋，功勋卓然。自古功高，岂能久安。建成元吉，携手发难。喋血玄武，手足相残。纵得帝位，于心何安？但为此故，颇有愧感。何以释怀？惴惴难安。励精图治，卧薪尝胆。与民生息，以隋为鉴。任贤用能，虚心纳谏。内安万民，王者典范。外服四夷，誉天可汗。盛世伟业，千载罕见。及至晚年，骄傲自满。刚愎自用，渐恶直言。生活奢靡，广扩宫殿。育儿无方，诸子相残。东征高丽，无功而返。误食丹药，溘然宾天……想不想知道李世民如何缔造盛世贞观？想不想探秘李世民鲜为人知的一面……接下来，笔者就结合《旧唐书》《新唐书》《贞观政要》《资治通鉴》《大唐创业起居注》等史料记载带大家一起走近李世民的心田。

一、功勋卓著的李二公子

诚如先贤所云："君好静而民自正，君好动而民怨腾。"志向高远且自负多欲的隋炀帝由于精力过于旺盛，还特别喜欢折腾，乍继皇位便不消停：

不停地纵情巡幸，不停地大兴工程，不停地对外用兵❶……结果搞得天怒人怨、民不聊生，于是乎，不堪其扰的劳苦大众甚至勋贵豪强纷纷起兵，一时间涌现出了王博、翟让、李密、李轨、薛举、萧铣、刘武周、王世充、窦建德、刘黑闼、梁师都、徐圆朗、杜伏威、辅公祏等一大批割据称霸的乱世枭雄。

隋失其鹿，天下纷争。自大业七年（公元 611 年）齐郡人王博率先革命，韬光养晦的关陇勋贵李渊一直扮演着坐观群雄鹬蚌相争的"淡定渔翁"。直到大业十三年（公元 617 年），眼看革命形势风起云涌，隋帝国已被各路反王折腾得大厦将倾，老谋深算的李家父子才断然起兵，而且很快便直取关中。正当李渊还发愁将背负弑君篡位之千古骂名，远在江都的隋炀帝被贴身禁卫军夺去了性命，宇文化及帮李渊干了其想干但又不好意思干的事情。自正式起兵不到一年光景，福星高照的李渊就圆了皇帝美梦，随后又通过一系列征伐和招抚等软硬手段将一股又一股的割据势力成功摆平，最终缔造了大唐帝国这个统一、富强、开放、包容的盛世朝廷。

晋阳起兵推进如此迅猛，大唐统一事业如此成功，很大程度上得益于一个战神级人物——李世民的倾情加盟。这个一出生便富有传奇色彩的李二公子非但机敏聪明、颇具贤能，而且弓马娴熟、盖世武功，可谓文韬武略样样都行❷。更为难得的是，这样一个让人羡慕嫉妒恨的高富帅居然没有半点纨绔子弟作风，为人低调谦恭，很能折节下士广揽各路英雄❸。打仗亲兄弟，上阵父子兵。有这么个精明强干的儿子一路伴行，李渊革命事业才能披荆斩棘、砥砺前行。

经过长期的密谋磋商，李渊父子明确了战略方向，备好了器械粮饷，

<hr>

❶ 不可否认隋炀帝是个雄才大略的皇帝，只可惜好大喜功且急于求成，修建东都、开凿运河、西巡张掖、东游江都、经营西域、三征高丽……耗费了无数的人力、物力、财力，因远远超出了百姓负荷而过犹不及。

❷ 《旧唐书·太宗本纪》记载：隋文帝开皇十八年，李世民出生于武功别馆。时有二龙戏于馆门之外，三日而去。李世民四岁时，有书生自言善相，谒高祖曰："龙凤之姿，天日之表，年将二十，必能济世安民。"高祖惧其泄，将杀之，忽失所在，因采"济世安民"义以为名焉。当然这些记载都是后来史官杜撰，但在当时君权神授思想影响下的封建社会很有迷惑性。

❸ 《旧唐书·太宗本纪》记载：时隋祚已终，太宗潜图义举，每折节下士，推财养客，群盗大侠，莫不愿效死力。

募足了兵勇精壮，铲除了掣肘力量❶，稳住了突厥邻邦❷，终于在隋炀帝大业十三年（公元617年）雄赳赳、气昂昂，率领三万精壮义军直扑隋帝国心脏。面对已然成燎原之势的造反力量，隋帝国的官兵早已人心惶惶，仅有霍邑的宋老生和河东的屈突通据守城池负隅顽抗。

面对宋老生和屈突通的负隅顽抗，如果顿兵于坚固城防，势必会对三军士气造成影响；如果令士卒冒死攀墙，又势必造成大量伤亡。无论时间拖得太长，还是士兵大量伤亡，都会让刚刚凝聚的人心产生迷惘，加之阴雨连绵的天气造成粮草补给不畅，李渊为此还一度动了退兵的念想。是进？是退？关系生死存亡，危难时刻，年仅十八岁的李世民表现得血气方刚，他将进退的利弊得失分析得透彻敞亮，跟开"开弓没有回头箭"的道理一样，造反事业也是"不成功，便成仁"的行当，最终，李世民成功力劝父亲李渊改变了不切实际的退兵幻想❸。

既然坚定了目标方向，那就有条件要上，没有条件创造条件也要上，拿下霍邑城最好的办法就是将宋老生引出城防。为了诱惑对方，更是为了激怒对方，针对有勇无谋的宋老生，足智多谋的李世民佯装十分张狂，仅带极少数随从来到城下挑衅对方。见城下这个不知天高地厚的毛头小子如此猖狂，人格尊严受到莫大侮辱的宋老生是怒火满腔，当即纵马出城要教训一下这个乳臭未干的李家二郎。脱离了坚固城防，失去理智的宋老生与起义军经过一番殊死较量，最终落得个被斩于马下的下场，李世民赢得了出师以来的第一场硬仗。

赢得了胜仗，也就赢得了声望，加之纪律严明的义军非但不烧杀掠抢，还为百姓开仓放粮。在暴政中饱受苦难煎熬的隋帝国子民对义军的到

---

❶ 《旧唐书·高祖本纪》记载：郡丞王威、武牙郎将高君雅是隋炀帝心腹，负有监视李渊职责，李渊先发制人。高祖与威、君雅视事，太宗密严兵于外，以备非常。遣开阳府司马刘政会告威等谋反，即斩之以徇。

❷ 《新唐书·刘文静传》记载：为防止强大的突厥袭击后方，李渊派刘文静出使突厥，与始毕可汗约定："愿与突厥共定京师，金帛、子女尽以归可汗。"

❸ 《旧唐书·太宗本纪》记载：大军西上贾胡堡，隋将宋老生率精兵二万屯霍邑，以拒义师。会久雨粮尽，高祖与裴寂议，且还太原，以图后举。太宗曰："本兴大义以救苍生，当须先入咸阳，号令天下；遇小敌即班师，将恐从义之徒一朝解体。还守太原一城之地，此为贼耳，何以自全！"高祖不纳，促令引发。太宗遂号泣于外，声闻帐中。高祖召问其故，对曰："今兵以义动，进战则必克，退还则必散。众散于前，敌乘于后，死亡须臾而至，是以悲耳。"高祖乃悟而止。

来充满了渴望，关中父老无不期盼李渊这位"救世主"能给他们迷惘的人生指明新的方向，于是乎，李唐军队所到的地方，隋朝守军是望风而降，三秦百姓是箪食壶浆，就连周边大大小小的草头王也纷纷归附李渊父子。起义军声势越来越旺，而隋王朝已然病入膏肓，纵然屈突通是百战名将，纵然阴世师是热血满腔，然而屈指可数的忠臣良将终难阻止民心尽失的隋帝国覆亡。

屈突通坚守的城池固若金汤，兵贵神速的古训让李渊下达了分兵挺进的军令状：一路由刘文静等率领屯兵于永丰仓，密切关注监视屈突通的动向；一路由李渊亲率主力直扑隋帝国心脏。都城长安守军在义军的强大攻势下很快放弃了抵抗，进城后的李渊拥立代王杨侑为傀儡皇上，遥尊隋炀帝杨广为太上皇，自任大丞相，并进封唐王，成为事实上的无冕之皇。数月后，哗变的禁卫军弑杀了杨广，李渊胁迫杨侑禅让，成为了实至名归的皇上，一个崭新的盛世王朝由此正式开创。

如果说李世民在晋阳起兵中所扮演的角色还仅仅是个坚定出色的执行者❶，那么在接下来李唐统一天下的过程中，李世民所承担的角色无疑是个能够独当一面的开拓者。对于仅仅用了不到一年光景就建立起来的新生帝国，虽说生机勃勃，但仍相对脆弱，充其量算是雄踞关中一隅的割据王国，而且其生存环境还相当险恶：非但逐鹿天下的各方割据势力对日渐壮大的李唐政权眼热，就连北方的强大游牧民族也不希望农耕民族能够缔造出一个团结统一的强盛帝国，李唐政权的巩固和发展要面临的挑战还很多。

武德元年（公元618年），刚刚登基才两个月时间，还沉浸在称帝喜悦中的李渊就开始愁容满面。因为一直雄踞在陇右的西秦霸王薛举率领十几万大军气势汹汹直逼长安，仓促间，李渊派遣李世民挂帅迎战，谁料想李世民却征途患病身体欠安，不得不将军事指挥权暂委于刘文静和殷开山，

❶ 正史认定李世民为晋阳起兵首谋之说值得商量，李渊也不应像史书中描述的那么窝囊，但笔者认为，矫枉不宜过正，作为太原最高行政长官，身份太过扎眼，在隋炀帝心腹眼线王威、高君雅等人的监视下，很多事情不宜亲自出面，对于谋反这种高风险的事情，最好交给自己身边最近亲、最稳妥的人来办，而作为留在刘渊身边的次子李世民无疑是最佳人选。

此二人因违背李世民"深沟高垒不与之战"之诚言，耀兵于高墌西南，结果因疏于防范而被薛举的骑兵从背后突袭而死伤过半。唐军败讯传至长安，举朝震撼，眼看薛举就要携新胜之余威兴兵进犯，幸亏天佑李渊，敌帅薛举因病溘然归天，西秦军队对李唐的军事威胁暂时得以释缓。李渊抓住有利条件，同时采用外交手段和军事手段：一方面命使者联络与薛举父子有怨隙的李轨构筑统一战线；另一方面派遣康复后的李世民再次挂帅与西秦大军对峙浅水原。李世民深知"知己知彼，百战不殆"的军事格言，针对敌方粮草不济急于速战的特点，避其锋芒坚守不战六十余天，待彼锐气耗完，李世民亲率大军以雷霆压顶之势彻底铲除了薛氏集团这一肘腋之患，为李唐立国赢得了奠基之战。

一波刚息，一波又起。武德二年（公元 619 年），依附突厥的刘武周、宋金刚集团举兵南下进犯李唐的隆兴之地，一路势如破竹无人能敌，镇守太原的齐王李元吉，以及从长安前去救急的裴寂（李渊的心腹，尚书右仆射）和李孝基（李渊的堂弟永安王）等各路援兵均被打得一败涂地，很快整个河东地区就仅剩下晋西南一隅之地。丢了王业根基，关中震骇不已，李渊无奈敕曰："贼势如此，难与争锋，宜弃河东之地，谨守关西而已。"面对燃眉之急，李世民力排众议，并自荐领兵收复失地❶。受命于危难之际，李世民率军履冰渡河，不久，以救亡扶危之悲壮勇气，其部下殷开山、秦叔宝取得了美良川战役的胜利，久违的胜利极大地鼓舞了唐军士气，随后两军深沟壁垒相持于柏壁，待宋金刚所部因粮草不足而师劳兵疲退兵之际，李世民抓住有利战机，骑着"昭陵六骏"之一的"特勒骠"闪电出击，取得了一日八战，八战八捷的卓越战绩，其"静如处子，动如兔脱"的战略战术再次体现得淋漓尽致，非但收复并、汾失地，还收获了一代名将——尉迟敬德辅佐自己。

在后杨广时代，无所忌讳的各路枭雄肆无忌惮地角逐着这场弱肉强食的逐鹿游戏。武德三年（公元 620 年），历经一系列混战兼并，薛举、薛仁

❶ 《旧唐书·太宗本纪》记载：宋金刚之陷浍州也，兵锋甚锐。高祖以王行本尚据蒲州，吕崇茂反于夏县，晋、浍二州相继陷没，太宗上表曰："太原王业所基，国之根本，河东殷实，京邑所资。若举而弃之，臣窃愤恨。愿假精兵三万，必能平殄武周，克复汾、晋。"

呆、李密、李轨、刘武周、宋金刚、宇文化及等一大批乱世枭雄纷纷被淘汰出局。此时的李唐王朝已然雄踞关中，南吞巴蜀，西拥陇右，北据河东，成为当时天下实力最强的割据势力，能与之抗衡的也仅剩河南的王世充、河北窦建德和江南萧铣三大劲敌。

武德三年七月（公元 620 年），雄心勃勃的李渊再次派李世民挂帅东征，这一次李唐的战略目标是东都洛阳，这是个曾让杨玄感、李密、宇文化及几十万大军折戟沉沙的坚城堡垒，这是个曾让李建成、李世民兄弟七万大军望而却步的四战之地❶，这一次李世民是否还能再创佳绩？

战斗一开始就进入白热化，身先士卒的李世民险些被王世充麾下猛将单雄信一枪挑于马下，其坐骑"召陵六骏"中就有"青雅""飒露紫""什伐赤"三骏伤亡。经过一番厮杀较量，眼看野战不是李世民对手，王世充便龟缩于洛阳城里据城死守，因恐唇亡齿寒的窦建德也应了王世充派兵援救的请求。正当王世充和李世民两大军事集团杀得筋疲力尽的时候，窦建德亲率十几万生力军杀奔而来❷。李世民腹背受敌，随时可能被内外夹击，萧瑀、屈突通、封德彝等纷纷规劝李世民暂时退避，而深谋远虑而又勇猛无比的李世民再次力排众议❸，一方面将围困洛阳的任务委托给齐王李元吉，另一方面亲率最精锐的三千五百名玄甲军前往虎牢关御敌。向来不按套路出牌的李世民与窦建德大军相持二十余日，瞅准敌军阵久卒饥之机，凭借其非凡的忍耐力和惊人的爆发力全线反击，窦建德做梦也没想到仅有三千余众的唐军非但不据守险关避敌，反而敢主动向自己的十余万大军发动反击，一世英名的窦建德被猝不及防的闪电战击溃败逃三十余里，受伤后落在了车骑将军白士让、杨武威手里。

惊闻窦建德被生擒的消息，彻底绝望的王世充再也没有了抵抗的勇气。

李世民"虎牢关之战"一举消灭了王世充、窦建德两大割据势力❶，为其辉煌的军事生涯又增添了最为惊艳的一笔，也为李唐统一天下奠定了最为坚实的根基。

二、励精图治的王者典范

玄武门之变后，李世民成为李唐王朝的接班人。

正式登基后，李世民接管的是一个历经浩劫的新生帝国：政权更迭，人心不齐；久经战乱，民生凋敝；北有强敌，屡屡扰袭……李世民是否有魄力、有能力解决好这些事关帝国命运的内忧外患问题呢？

首先考验李世民政治智慧和个人胸襟的便是如何妥善处理好玄武门之变后的遗留问题。虽然李建成、李元吉已经伏诛，他们的儿子也被根除，但太子党在朝中和地方的羽翼还不算少数。不久，便有一些嗅觉灵敏的政治投机客揣摩圣意，通过捕杀太子党羽来取悦新君❷。是赶尽杀绝，肃清余孽？还是化敌为友，政治和解？理智豁达的李世民毅然选择了后者，非但赦免了太子党全部，还不计前嫌，将昔日李建成心腹魏徵、王珪拜为谏议大夫，甚至还重用了玄武门之变中领兵与秦王府军队血拼的冯立、薛万彻、谢叔方等太子党旧部，连李世民最仇恨的人都能心悦诚服，政变诱发的余波很快便平息止住。在此，笔者不得不佩服李世民的胸襟和气度。

随着新一届班子的成功组建❸，国内局势渐渐稍安，武德九年（公元 626 年）八月，李世民刚刚正式接班，就又面临一场新的严峻考验，嗅觉灵敏的东突厥颉利可汗听闻大唐政局有变，便伺机亲率二十万大军悍然寇边，泾州、武功、高陵等地相继沦陷，突厥铁骑很快便打到了距离长安仅四十里

---

❶ 武德四年（公元 621 年），窦建德被斩于长安后，其部将刘黑闼高举为窦建德复仇大旗，半年间恢复了窦建德原有地盘，武德五年三月洺水之战被李世民重创后的刘黑闼逃亡突厥，六月借兵突厥再次举兵，武德六年（公元 623 年）被太子李建成所败斩首。

❷ 如益州的窦轨斩杀太子党亲信行台尚书韦云起，幽州的右领军将军王君廓计杀太子党亲信幽州都督庐江王李瑗。

❸ 《旧唐书·太宗本纪》记载：太子左庶子高士廉为侍中，右庶子房玄龄为中书令，尚书右仆射萧瑀为尚书左仆射，吏部尚书杨恭仁为雍州牧，太子左庶子长孙无忌为吏部尚书，右庶子杜如晦为兵部尚书，太子詹事宇文士及为中书令，封德彝为尚书右仆射。

的渭水边，酋帅执失思力更是耀武扬威入朝为觇。

这次李世民可摊上了大麻烦：一方是兵临城下的二十万敌军士气冲天，一方是长安城内区区数万守军心惊胆战。是宁为玉碎？还是甘为瓦全？所有人的目光都盯着李世民看。毕竟是马上天子一身虎胆，毕竟是大战略家极富远见。审时度势后的李世民认为，此时此刻百姓未富，国家未安，绝不宜贸然与突厥开战，上上之策还是和谈，但兵临城下的和谈又不能太有失国格尊严。

为了不让敌人小看，李世民巧布疑兵，令军容整齐的唐军列阵于渭水南岸，自己则仅驰六骑于渭水边，隔津责备负约背盟的颉利可汗。李世民的胆略和气魄让颉利可汗刮目相看，而且突厥人一路南下也抢了不少金银细软，谁都明白系上金子的翅膀飞不远，而且不能长草放牧的城池也不值得突厥人眷恋，更让颉利可汗担忧的是孤军深入随时都有被唐军截断后路的危险，与其跟唐军殊死鏖战，还不如勒索一些金帛物资划算。有了共同利益链接点，双方便开始接触洽谈，最终，"渭水之盟"的成功签署，避免了几十万大军兵戎相见。赚得盆丰钵满的突厥人欣然北还，李世民则再次凭借超人的胆略和智慧将一场灭顶之灾化解于无形之间。

虽说"渭水之盟"以最小的代价为唐帝国的发展赢得了宝贵时间，但城下盟约之屈辱让李世民心中不止一次发出"不灭突厥，誓不为人"的呐喊。为了心中熊熊燃烧的复仇火焰，李世民可谓励精图治，卧薪尝胆。一方面轻徭薄赋，戒奢从简，让百姓可以安心生产。另一方面厉兵秣马，加强武备，随时准备向不可一世的突厥人挥起复仇之剑❶。

君子报仇，十年不晚。可大唐帝国复仇用不了十年，仅仅休养生息了三年多时间，综合国力便得到长足发展。贞观元年（公元 627 年），依附突厥的割据势力苑君璋集团归顺长安，起兵反唐的罗艺也被部下所斩。贞观二年（公元 628 年），柴绍和薛万彻率军消灭了在朔方依附突厥的梁师都这一最后割据政权，大唐帝国取得了反攻突厥新的战略支撑点。此外，分化瓦解突厥联盟的外交策略也成效初见，回纥、薛延陀等部族纷纷站在了颉

---

❶ 为了强化训练，提倡尚武精神，李世民居然引诸卫骑兵统将等习射于显德殿庭。

利可汗的对立面。更让李世民欣喜若狂的是，百年一遇的天灾降临到了突厥人繁衍生息的大草原。报仇雪恨的战机就在眼前，代州都督张公瑾上疏请求与突厥开战❶，李世民深以为然，毅然决定抓住这些稍纵即逝的有利条件，向这个曾让隋、唐两大帝国威严扫地的东亚霸主发起了终极挑战。

军旅出身的李世民英勇善战但又不失深沉老练，他清醒地意识到，战争是敌我双方战略战术、人心向背、将帅才华、士兵素质、地理环境、物资保障等诸多因素的综合展现，农耕民族的军队主动深入戈壁草原与游牧民族决战，军队数量绝不是取胜关键，而且人数过多反而会造成统一指挥和物资供应困难，隋炀帝百万大军三征高句丽无功而返的惨痛教训便是前车之鉴。为了能够赢得这场迟早要来的生死决战，经过精挑细选，李世民最终任命身经百战的老将李靖为定襄道行军总管，统率节制李绩、柴绍、张公谨、张宝相、苏定方、卫孝节、李道宗、薛万彻等精兵猛将十余万，迎着风雪，冒着严寒，一路狂飙挺进茫茫草原。

昔日骄横跋扈的颉利可汗做梦也不敢想，三年多前还向自己称臣纳贡的大唐居然这么快就凝聚了向自己叫板的勇气和力量，而且来得如此迅速，来得如此疯狂。贞观四年（公元 630 年）正月，李靖亲率三千骁骑作为开路先锋，以闪电般的速度猛扑恶阳岭，袭击了定襄城。面对从天而降的唐军，颉利可汗猝不及防，惊呼："唐兵若不倾国而来，靖岂敢孤军而至?"于是慌乱间将牙帐撤往碛口，得知心腹康苏密被李靖策反降唐，又急忙撤往阴山方向，途中相继被柴绍、李绩率领的唐军重创。

唐军是一路追杀，突厥是一路逃亡，退至铁山时，突厥将士已然斗志全丧，为了暂避唐军锋芒，颉利可汗便派使者向唐朝认怂诈降，李世民看穿了颉利可汗的伎俩，一方面派鸿胪卿唐俭抚慰麻痹对方，另一方面又秘

---

❶《旧唐书·张公瑾传》记载：颉利纵欲肆情，穷凶极暴，诛害良善，昵近小人，此主昏于上，其可取一也。又其别部同罗、仆骨、回纥、延陀之类，并自立君长，将图反噬，此则众叛于下，其可取二也。突厥被疑，轻骑自免；拓设出讨，匹马不归；欲谷丧师，立足无地，此则兵挫将败，其可取三也。塞北霜早，粮糇乏绝，其可取四也。颉利疏其突厥，亲委诸胡，胡人翻覆，是其常性，大军一临，内必生变，其可取五也。华人入北，其类实多，比闻自相啸聚，保据山险，师出塞垣，自然有应，其可取六也。

令李靖突袭颉利可汗牙帐❶。颉利可汗因溃不成军而不得不继续逃亡，未料半路上又遇到了唐将张宝相，众叛亲离的颉利可汗再也无力抵抗，于贞观四年（公元 630 年）四月束手就擒被俘后作为最好战利品献给了大唐皇上。在此，笔者情不自禁要向特别能吃苦、特别能战斗的大唐将士遥致以最崇敬的目光。

在极端恶劣的自然条件下，十余万唐军从出兵到凯旋，消灭草原霸主并俘获颉利可汗仅仅用了三四个月时间，昔日的东亚霸主可谓灰飞烟灭于弹指间，此举绝对不亚于八级以上地震给邻邦带来的震撼。相比汉武帝用了几十年时间，拼了血本也未能彻底铲除匈奴边患，唐军的爆发力、耐受力、战斗力的确令世界刮目相看。自此，大唐国威远传，西北诸蕃咸请李世民上尊号为"天可汗"。随后的一段时间，成为天下盟主的李世民又通过一系列军事和外交手段，将回纥、高昌、焉耆、龟兹、吐蕃、薛延陀、吐谷浑等邦国悉数纳为大唐的属藩，李世民的人气和威望也由此爆棚到了极点。

不得不让人惊叹，这个十几岁便活跃在隋末唐初政治部舞台的年轻人，用了短短十几年的时间便在隋末乱政的废墟上，以自信从容的底气，敢拼敢打的勇气，谁与争锋的豪气，开拓进取的锐气，海纳百川的大气，缔造了一个富庶、强盛、开放、包容、自信的贞观之治。上马打江山的本领得心应手，下马治天下的水平炉火纯青。非但有赫赫武功，而且有煌煌文治。在此，笔者情不自禁想带大家领略一下一代明君李世民的王者典范。

轻徭薄赋，国泰民安。《孟子·离娄上》曰："得天下有道，得其民，斯得天下矣。得其民有道，得其心，斯得民矣"。《荀子·王制》曰："君者，舟也；庶人者，水也，水则载舟，水则覆舟"。隋炀帝驱天下以从欲，罄万物而自奉，导致民心尽失，结果身死国覆。亲历隋末农民起义风起云涌的李世民自然深知"得民心者得天下"之道理，刚登皇位便以隋为鉴谓侍臣曰："为君之道，必须先存百姓。若损百姓以奉其身，犹割股以啖腹，

---

❶ 李世民有没有命令李靖趁唐俭谈判之机发动突袭？李世民是否告知唐俭李靖会在其与突厥谈判时突然袭击？史书没有记载。当时唐军处以绝对优势，以李世民性格和平时一贯表现推断，李世民绝不会纵虎归山，再说唐俭不过一介文官，能够从突厥的眼皮子底下安然脱身，说明其早有心理准备，并且可能早已做好了应对预案。

腹饱而身毙。"为了减轻百姓负担，李世民下多次令轻徭薄赋，勿扰农时，兴建义仓，赈济灾民。经过数年的休养生息，很快便解决了大唐子民最基本的民生问题，整个社会也显现出了勃勃生机。

克己复礼，戒奢从俭。人之性，饥而求食，劳而求逸，苦则索乐，辱则求荣，本性使然。然则，欲生于无度，邪生于无禁，尤其是对于拥有无上权力的帝王而言，一旦放纵敞开欲望的栅栏，随心所欲，纵情寻欢，奢靡无度，肆无忌惮，绝对是国家败亡的开端。对此，李世民深以为鉴，继位之初，便非常注重戒奢从俭，为了节约宫廷预算，还一次性放走了掖庭宫女三千。贞观初年，当公卿们奏请要为皇帝营造一座新的宫殿，李世民想起了秦始皇恣意骄奢而招致民怨，又想起了汉文帝因怜惜十家之产而将露台停建❶，毅然拒绝了大臣们上请修建宫殿的意见。如此自律克制的君王在百姓和百官心目中的形象自然是高大伟岸。

广开言路，虚怀纳谏。众所周知，知错难，认错难，改错更难，让九五至尊的皇帝知错、认错、改错更是难于上青天。然而，人非圣贤，皆有过焉。作为一国之君最大悲哀莫过于听不到真言，自我感觉良好的错觉只能让君王在错误的道路上越走越远。如何才能做到兼听则明？如何才能避免偏信则暗？李世民的办法是"广开言路，虚怀纳谏"，而且是乐此不疲，不厌其烦，贞观一朝涌现出了魏徵、王珪、戴胄、马周、岑文本、张玄素等一大批敢于犯颜直谏的诤臣言官。贞观十七年（公元 643 年），一生给李世民提了两百多条意见，甚至还多次让李世民难堪的魏徵去世后，李世民含泪留下了"以铜为镜，可以正衣冠；以史为镜，可以知兴替；以人为镜，可以明得失"的至理名言。

不拘一格，任能用贤。任何时候，人才都是无价之宝。公元七世纪的李世民早已经将人才视为了第一生产力，而且是量才为用，唯才是举。哪怕是敌方阵营经曾与自己殊死对立（如魏徵、尉迟恭），哪怕是出身卑微没有任何背景（如马周、张玄素），哪怕是当时被视为尚未开化的蛮夷戎

---

❶ 汉文帝想新建一个露台，预算一下，需要百金，花费相当于十家中产阶级的收入，于是作罢。

狄（如执失思力、契苾何力），只要你有能力，只要你肯效力，李世民皆信任之，重用之，礼遇之。唐宪宗时期名臣李绛曾对贞观朝人才济济且文武兼备的盛况感慨无比："昔太宗之理天下也，房玄龄、杜如晦拂相圣德，魏徵、王珪规谏阙失，温彦博、戴胄弥缝政事，李靖、李绩训整戎旅，故夷狄畏服，寰宇大安"。

任法而治，大信为先。《管子·明法解》曰："法者，天下之程式也，万事之仪表也。"《韩非子·有度》亦曰："国无常强，无常弱。奉法者强，则国强；奉法者弱，则国弱。"在专制王朝，最容易对法律权威构成损害的往往是君王的不法行为。贞观初年，法律规定官员伪造资历当处流放，但心血来潮的李世民专门下诏："若不自首，一旦查出，判处死刑"。后来有个心存侥幸的官吏被查出伪造资历，李世民交由大理寺少卿戴胄审理，戴胄没有遵守皇帝敕令判处死刑，仅仅依法判了流放，李世民勃然大怒，戴胄据理力争："敕者，不过陛下出于一时之喜怒，法者，乃国家所以布大信于天下，臣依法办事也是为了让陛下忍小忿而存大信也。"李世民称赞戴胄："卿能执法，朕复何忧！"最终九五至尊的大唐皇帝欣然选择了向法律低头。

精兵简政，吏治肃然。为了打造一个高效的政府，在中央，李世民除了延续了既能分工合作又能监督制约的三省六部制，还特设政事堂，以利于合议问政，提高办事效率。在地方，李世民下令合并州县，裁撤冗员，既减轻了百姓负担，又使十羊九牧人浮于事的现象得以锐减。为了打造一个廉洁的政府，李世民将全国划为十道，并派黜陟使巡察考察风评，赏当其劳，无功者自退；罚当其罪，为恶者皆惧。贞观一朝吏治相对清明，很少出现贪腐大案。为了打造一个亲民爱民的政府，李世民亲自选派德才兼备的都督、刺史等充任地方，将其功过写在宫内屏风之上，并以此为据予以奖惩升降。

明德慎刑，用法宽简。古之君王驭万民者，二柄也，一曰：教化，二曰：刑杀。向来以"仁政"标榜的儒家倡导先教而后诛，渐民以仁，摩民以谊，节民以礼，故其刑罚甚轻而禁不犯者，教化行而习俗美也。李世民继续秉承儒家传统，复兴文教，明德慎刑，广施好生之德，初继皇位便与长孙无忌、房玄龄、萧瑀、陈叔达等大臣商讨废除死罪五十条事宜，从死刑改从断右趾，复念其痛，又改为加役流三千里，而且执行死刑程序也有原来"三复奏"改为"五复奏"。贞观四年（公元630年），全国判处死刑的囚犯只有二十九人，整个社会风清气正，河清海晏，夜不闭户，道不拾遗。

开明开放，包容海涵。在一个有着重农抑商传统的国度，李世民显得格外开明，非但不排斥传统工商业，而且敞开国门，鼓励国际交往和贸易，首都长安随处可见来自日本、印度、波斯，甚至欧洲、非洲等国家的商人、僧侣、留学生、外交使团，出现了"九天阊阖开宫殿，万国衣冠拜冕旒"的盛况。在处理民族关系方面，被誉为"天可汗"的李世民豪言："自古皆贵中华，贱夷狄，朕独爱之如一。"贞观四年（公元630年），唐朝灭东突厥汗国，善待被俘的颉利可汗，而且顺其土俗，全其部落，如此宽宏大量之举得到了全天下的普遍认可。李世民还以和亲方式加强与吐蕃等少数民族纽带联络。开明友善的民族政策减少了汉族和少数民族排斥隔阂，极大地增强了各民族之间的血肉融合。

不得不佩服李世民反击突厥的气魄胆量，不得不佩服李世民纵横捭阖的战略眼光，不得不佩服李世民化敌为友的胸襟气量，不得不佩服李世民从谏如流的宽宏雅量，不得不佩服李世民海纳百川的包容开放，不得不佩服李世民宏图伟业的灿烂辉煌……如果功成名就之后仍能一如既往，那么缔造盛世大唐的李世民无疑将成为中国历史上空前绝后的完美帝王。

三、晚节不保的一代英主

有一句格言，更准确说是一个魔咒："善始者实繁，善终者寡鲜"，尤其是对那些曾经功勋显赫的君王而言，这个魔咒特别应验：尊王攘夷的春秋霸主齐桓公，胡服骑射的战国雄主赵武灵王，横扫六合的千古一帝秦始皇，开疆拓土的大汉天子汉武帝，包括叱咤风云的一代英主唐太宗，这些曾经威风八面的君王晚节均无一幸免：或宠信奸佞，恶听直言；或奢靡无度，纵情寻欢；或荒于政事，笃信神仙；或任性乖张，四处征战……最终皆一世英名毁于一旦。

经过贞观君臣勠力齐心十年如一日的励精图治，大唐王朝政治日趋清明，经济日趋繁荣，社会日趋稳定，文化日趋昌盛，军事日趋强盛，国际地位日趋攀升，"皇帝＋天可汗"的自满情绪也日趋萌生，李世民越来越喜欢在群臣面前炫耀自己的不世之功，对朝臣的忠言进谏却渐渐变得不暖不冷。

贞观十二年（公元 638 年），李世民自鸣得意地问魏徵："比来所行得失政化，何如往前？"魏徵不冷不热对答："若恩威所加，远夷朝贡，比于贞观之始，不可等级而言。若德义潜通，民心悦服，比于贞观之初，相去又甚远。"李世民不服气，追问道："远夷来服，应由德义所加。往前功业，何因益大？"魏徵坦言："昔者四方未定，常以德义为心。旋以海内无虞，渐加骄奢自溢。所以功业虽盛，终不如往初。"李世民不依不饶："所行比往前何为异？"魏徵实话实说："贞观之初，恐人不言，导之使谏。贞观三年（公元 629 年）后，见人谏，悦而从之。近一二年来，不悦人谏，虽黾勉听受，而意终不平，谅有难色……"

从积极鼓励群臣进谏，到欣悦接受群臣进谏，再到消极应付群臣进谏，如实反映了李世民心态的微妙转变。其实，臣子们敢不敢进谏很大程度上取决于皇帝喜不喜欢纳谏，进谏多是逆耳之言，而且还有很大风险。唐宋八大家之首的韩愈有一首因进谏而遭贬的诗非常经典："一封朝奏九重天，夕贬潮州路八千。欲为圣明除弊事，肯将衰朽惜残年？"然而，历史上能像韩愈一样肯为江山社稷豁出个人前途乃至身家性命的忠臣并不多见。面对盛怒龙颜，更多的臣子会选择明哲保身、沉默不言，甚至曲意逢迎、推波助澜，就连素来以敢于进谏闻名的硬骨头魏徵也有不想当忠臣的肺腑之言，魏徵有一段关于忠臣和良臣的著名论断："良臣，就是后稷、皋陶那样的人；忠臣，就是龙逢、比干那样的人。使自己身获美名，使君主成为明君，子孙相继，福禄无疆，是为良臣；使自己身受杀戮，使君主沦为暴君，家国并丧，空有其名，是为忠臣。以此而言，二者相去甚远。"

贞观十年（公元 636 年），李世民年仅三十六岁的贤内助长孙皇后溘然归天。贞观十七年（公元 643 年），李世民的一面镜子魏徵也撒手人寰。少了贤妻良臣在身边提醒规谏，又遭遇自己最亲近、最信任的弟弟李元昌和儿子齐王李佑、太子李承乾，还有位列凌烟阁二十四功臣中的侯君集等人的背叛，一连串的打击让李世民的性格越发暴躁、多疑和怪诞。魏徵死后半年，仅仅因怀疑魏徵与侯君集等人有牵连，便将其墓碑推翻。贞观十八年（公元 644 年），李世民又让大臣给自己找缺点："夫人臣之对帝王，多顺旨而不逆，甘言以取容。朕今发问，欲闻己过，卿等须言朕愆失。"早已看透官场险恶的长孙无忌、李绩、杨师道等皆恭维皇帝曰："陛下圣化致太平，臣等不见其失。"唯独心直口快的侍中刘洎实话实说："陛下化高万古，诚如无忌等言。然顷上书不称旨者，或面加穷诘，无不惭退，恐非奖进言者之路也。"结果，皇帝不高兴，后果很严重。贞观十九年（公元 645 年），刘洎遭人诬陷，李世民不等申辩就送刘洎进了阎王殿。君乐闻直言，则佞化忠焉；君恶闻其过，则忠化佞焉。自此以后，在李世民面前，敢说实话、敢讲真话的大臣越发罕见。

庙堂之上，出现两种局面非常危险：一种是百官颂圣皆赞歌的局面，一种是万马齐喑究可哀的局面。陶醉于甜言蜜语的萦绕相伴，沉浸于天下无贼的虚境梦幻。不管君王本人如何睿智明鉴，"一叶障目，不见泰山"的情况总是难免出现。李世民执政的中后期阶段，对已然取得的不世之功越发自满，与耿直诤臣的关系越发疏远。少了内忧外患，少了良臣规谏，至尊帝王本能的原始欲望便开始上蹿下跳：锦绣珠玉，不绝于前；宫室台榭，屡屡兴建；绝色佳人，充实宫殿；犬马鹰鹘，喜好珍玩；数有巡幸，耗资无算；亲征高丽，无功而返……

历览前贤国与家，成由勤俭败由奢。当李世民想重修洛阳宫殿，张玄素便以"阿房成，秦人散；章华成，楚人离；及乾阳毕功，隋人解体"的史实相规劝。可是在"百姓无事则骄逸，劳役则易使"的狂悖思想指引下，李世民晚年的骄奢任性仍给大唐百姓增加了沉重负担，也诱发了诸多不稳定因素。贞观十五年（公元 641 年），李世民巡幸洛阳期间，卫士崔卿、刁文懿憚于行役劳烦，竟然以夜射行宫惊驾之法希望皇帝早返长安，当然，这两个搞恶作剧的卫士也因此被以大逆之罪问斩。

除了生活上的放纵和思想上的蜕变，李世民在子女教育和处理子女关系方面也存在诸多缺陷。在父死子继的专制王朝，皇帝如何教育子女，以及如何处理与子女的关系不仅关乎家事，更关乎国事，甚至关乎国祚命运。李世民一生有十四个儿子，仅长孙皇后所生的嫡子就有三个，太子李承乾，魏王李泰，晋王李治。按照嫡长子继承原则，自幼聪慧机敏的李承乾年仅八岁便被册立为太子，开始李承乾表现还颇为得体，李世民对此也非常满意，并对这个储君寄予厚望，先后派了于志宁、孔颖达、张玄素等一大批硕学鸿儒和刚直重臣为师辅佐太子，并以上古尧舜为范本，高标准、严要求来塑造未来天子。

都说虎父无犬子，李世民自然希望自己的接班人能够青出于蓝而胜于蓝，为了培养一个理想的儿子接班，李世民对太子的管教用一个字来形容，那叫"严"，用两个字来形容，那叫"真严"。李世民派来的豪华师资团队不停地对太子指指点点，希望以此来修复完善太子身上的缺点，仅太子詹士于志宁就撰写了《谏苑》二十卷进行劝谏，李承乾盖个房子，于志宁就上疏批评他不懂得节俭，李承乾和宦官们逗乐一番，于志宁就上疏批评他嬉戏贪玩……贵为太子却毫无自由可言、毫无尊严可言，可以想象处于青春叛逆期的李承乾会感到多么悲催可怜。

李承乾对父皇安排的这些老师非常讨厌，可又没有勇气和力量向父皇叫板，内心深处的压抑长期无处排遣，便逐渐学会了人前一面，人后一面，学会了在父皇和老师面前表演，"每临朝视事，必言忠孝之道，退朝后，便与群小亵狎"。可以说是知错就改，改了再犯，所干的出格之事更是一件接着一件。后来，李承乾居然爱上一个了"美姿容，善歌舞"的乐童，还给这个小男孩起了个很暧昧的名字叫"称心"。我的老天！李世民得知此事后恼羞成怒，立即将"称心"问斩，失去"真爱"的李承乾居然命宫人朝暮为之祭奠，还为此赌气称病不朝数月不与父皇相见。

事实证明，一个出色的皇帝未必是一个出色的父亲，一个优秀的臣子也未必是一位优秀的老师，李世民并没有掌握科学有效的育儿经验，其"搜访贤德以辅储宫"的良苦用心无可争辩，对于志宁等老师"每见太子有不是事，宜极言切谏"的要求也无可厚非，但对于这个"生于富贵，长于深宫"儿子而言，如此恨铁不成钢的教育方法，如果突破了孩子承受极限，其结果往往适得其反。如果李世民能够迷途知返，教育方式有所调整，或者能及时果断废黜李承乾，从其他诸子中择优选贤也不失为明智之选，然而，作为父亲，李世民对这个不争气的儿子依然痴心不变，又选了重量级的诤臣魏徵辅佐以期望太子能够改头换面。平心而论，李世民本人骨子里也不喜欢诤臣们犯颜进谏，甚至还曾在长孙皇后面前扬言要杀了魏徵这个"乡巴佬"以解心中忧烦。应该说，李承乾之所以一步步坠入堕落深渊，与李世民简单粗暴的"己所不欲，强施于人"的教育方式有很大关联。

如果仅仅因为教育方式问题，李承乾还不至于铤而走险。更严重的问题出在李世民处理诸皇子关系方面。一方面，李世民一再向朝野释放信号要力挺李承乾；另一方面，李世民又对才华出众的魏王李泰格外宠眷，又是让李泰开设文学馆揽贤，又是破格允许李泰乘小舆上朝觐见，还差点让李泰搬住与东宫毗邻的武德殿，甚至给李泰的日常供给都要超过太子李承乾……李世民对两个儿子的态度，一个像海水，一个像火焰。如此这般，是否会让身患足疾又经常挨训的太子李承乾极为难堪？是否会让宠冠诸王的魏王李泰产生非分之念？是否也会让那些心怀叵测的投机钻营分子认为有缝隙可钻？

正是因为李世民这份"糊涂的爱"酿就了太子党和魏王党水火不容的两大政治集团，悲剧终于还是发生在了贞观十七年（公元 643 年），感觉太子之位受到严重威胁的李承乾最终选择了预谋政变，嫡长子和嫡次子因鹬蚌相争而两败俱残，反而让看起来人畜无害的嫡三子李治有了大便宜可捡。为了能将所有骨肉都能保全，李世民最终极不情愿地选择了让仁厚懦弱的李治接班❶。也许李世民九泉之下不会看见，孝悌乖顺的李治登基后不久便迎娶武媚娘，李治的生性懦弱成就了一代女皇武则天，而武则天则用李氏

---

❶ 《资治通鉴·唐纪》记载：且泰立，则承乾与治皆不全；治立，则承乾与泰皆无恙矣。

子孙的鲜血染红了武氏的皇冠。

贞观十七年（公元 643 年），李世民的一面镜子魏徵撒手人寰，李世民的第五子李佑在齐州谋反，最让李世民心痛的是被寄予厚望的太子李承乾居然勾结杜荷（杜如晦之子）、李元昌（李世民同父异母弟）、侯君集（凌烟阁二十四功臣之一）等人预谋政变夺权⋯⋯贞观十七年（公元 643 年）注定是个多事烦心之年，也可以说是李世民帝王事业的一个重要拐点。贞观十七年（公元 643 年）之后李世民的烦心事是一件接一件：贞观十九年（公元 645 年），李世民不顾群臣劝阻御驾亲征高句丽无功而返；贞观二十年（公元 646 年），凌烟阁二十四功臣之一的张亮谋反；贞观二十一年（公元 647 年），李世民一波三折的封禅之梦因河北水灾而再次搁浅；贞观二十二年（公元 648 年），辅佐李世民三十余年的一代名相房玄龄撒手人寰；贞观二十三年（公元 649 年），李世民爱女高阳公主居然被爆料出跟玄奘的高徒辩机和尚有染，如此皇家丑闻把李世民气得七窍生烟，立即下令将辩机和尚腰斩⋯⋯

在接二连三的打击面前，李世民的健康状况也一天不如一天，其生死观也有了很大程度的扭曲。贞观初年，李世民还自信满满批评嘲讽秦皇汉武信奉神仙❶，具有讽刺意味的是，李世民本人到了晚年也开始迷恋仙丹，而且还命天竺方士那罗迩娑婆寐在兵部尚书崔敦礼监制下秘制仙丹，这位自称活了二百岁的洋神仙果然"本领非凡"，贞观二十三年（公元 649 年），李世民服用了其从各地采集奇药异石精炼而成的仙丹不久便驾崩于翠微宫含风殿⋯⋯

一代英主五十一岁便驾鹤西去，但苛责的世人对其褒贬评论争执了一千三百多年仍未止息：有人指责他阴谋篡权、屠戮兄弟；有人指责他干预史官、篡改史籍；有人指责他教子无方、酿成惨剧；有人指责他晚年蜕变、生活奢靡⋯⋯

---

❶ 《太平御览》记载：太宗文皇帝谓侍臣曰："神仙事本虚妄，空有其名。秦始皇非分爱好，遂为方士所诈，乃遣童男女数千人随徐福入海求仙药，方士避秦苛虐，因留不归。始皇犹海侧踟蹰以待之，还至沙丘而死。汉武帝为求仙，乃将女嫁道术人，事既无验，便行诛戮。据此二事，神仙不烦妄求也。"

　　笔者认为，对一个历史人物的评价标准除了客观真实，也不应过于求全责备、吹毛求疵，更不能超越历史时空的限制。毕竟人无完人，金无足赤，毕竟这位威名显赫的马上天子曾凭借自信从容的底气，敢拼敢打的勇气，谁与争锋的豪气，开拓进取的锐气，海纳百川的大气，在隋帝国千疮百孔的废墟上缔造了一个在当时强大无比、富强无比、自信无比、开放无比、又让人心驰神往无比的贞观之治。据此，唐太宗李世民足以彪炳千秋、流芳百世！

盗亦有道之窃国大盗

——大宋太祖很可爱

　　大唐覆倾，五代频更。中原大乱，天下离崩。自古乱世，多出枭雄。大宋太祖，逢时而生。为人豪侠，刚毅勇猛。南征北战，屡立奇功。后周世宗，颇为倚重。临终托孤，命掌禁兵。主少国疑，盗心萌生。黄袍加身，陈桥篡政。初得帝位，忧心忡忡。卧榻之侧，忧患丛生。为除内忧，杯酒释兵。为平外患，讨伐群雄。一十六载，文治武功。奈何壮年，溘然驾崩。斧声烛影，疑窦丛生……赵匡胤如何自导自演黄袍加身之离奇剧情？称帝后的赵匡胤如何采取措施摆脱五代十国政权频更之宿命？接下来，笔者就结合《宋史》《旧五代史》《新五代史》《涑水记闻》《资治通鉴》《续资治通鉴长编》等史料记载带大家一起解读富庶、繁荣、文明、开放的大宋王朝缔造者——赵匡胤波澜壮阔之传奇人生。

一、功勋卓著的后周大将

　　赵匡胤，河北涿郡人也，出生于后唐明宗天成二年（公元 927 年）。就身世而言，赵匡胤的家族虽说不上显赫耀眼，但也算得上世代官宦：高祖父赵朓，历任永清、文安、幽都知县；曾祖父赵珽，是地方藩镇的一名中高级文官；祖父赵敬，历任营、蓟、涿三州的地方父母官；父亲赵弘殷，职业军官，精明强干，骁勇善战，先后追随过后唐、后汉、后周三个王朝南征北战，官爵至检校司徒、天水县男。

也许是家庭环境使然，也许是个人性格使然，这个生于军中、长于军中的小男孩自幼便喜欢舞枪弄棒、骑马射箭。在世人看来，赵匡胤就是个天性豁达又爱调皮捣蛋的顽劣少年。有一天，赵匡胤和小伙伴们围着一匹高大威猛的烈马啧啧称赞，可小伙伴们谁也不敢试身骑马遛上几圈，唯有自恃弓马娴熟的赵匡胤抑制不住内心的兴奋和狂欢，一个箭步便翻身跃马一路狂窜，当受惊的烈马奔往城墙斜道时，赵匡胤因额触门楣而坠落地面，大家皆以为赵匡胤必然非死即残，可谁也没想到赵匡胤居然是"铜头铁罗汉"，毫发无伤还不算，居然还能起身跃马继续展示自己精湛绝伦的骑术表演。

史书除了记载少年时期的赵匡胤武功精湛又顽劣捣蛋，还记载了少年赵匡胤喜欢赌博的习惯。某一天，赵匡胤和好友韩令坤等在一间土屋内赌钱，房顶上一群叽叽喳喳的麻雀惹得二位"赌友"甚为心烦意乱，被坏了"雅兴"的赵匡胤和韩令坤遂爬上屋顶对之袭掩，结果因动作尺度过大导致年久失修的房屋塌陷。

如此这般，日复一日，年复一年，不让父母省心的赵匡胤的小日子过得潇洒悠闲。转眼间，赵匡胤到了弱冠（男子二十岁）之年，也不知是因为喜欢打抱不平惹了什么祸端？还是因为被老爸、老妈批评不务正业受了其他什么刺激而决定洗心革面？赵匡胤义无反顾选择了到遥远的地方闯荡一片属于自己的蓝天。

一次说走就走的旅行，听起来可能很潇洒、很浪漫，可付诸实践往往会很坎坷、很心酸。离家出走的赵匡胤做农民于心不甘，做商人没有本钱，做手工业者又没有技术手段，做教书先生估计文化知识也很一般，除了一身武艺和赌技，赵匡胤几乎没有什么别的长处和优点。可以想象，就这么一个没有显赫背景、没有遐迩名声、没有深厚资历、没有生存技能的"四无青年"，想在战火纷飞的乱世谋求一份安稳、高薪、体面的工作何其困难。

飘忽不定的流浪生涯确实让赵匡胤切身体验到了百姓疾苦和人情冷暖。

投奔父亲昔日同僚王彦超（时任复州防御使）时，王彦超很不看好这个落魄青年，就像打发叫花子一样就给了赵匡胤十贯铜钱。吃了闭门羹后的赵匡胤又去投奔父亲好友董宗本（时任随州刺史），虽说好心的董宗本同意将赵匡胤留在自己地盘，但是董宗本的儿子董遵诲却是个争强好胜的狂妄少年，对武艺超群且韬略过人而又不懂得低调做人的赵匡胤很是不满，不断对赵匡胤实施排挤打压手段，无奈之下，强龙惹不起地头蛇，赵匡胤不得不再一次为安身立命之地犯难❶。

路漫漫其修远，赵匡胤可能不止一次仰问苍天，何时、何处才能让自己的才华得以施展？带着失落的心情，拖着疲惫的身躯，朝着迷惘的方向，赵匡胤来到了襄阳一座寺院，谁也没想到就是这么一座名不见经传的寺院，赵匡胤一生中的第一个贵人却在此出现，一位善于相面的老僧觉得赵匡胤器宇非凡，非但资助了赵匡胤不少盘缠，还为赵匡胤的前进方向提供了行动指南❷。得到了神秘僧人的指点，赵匡胤这匹千里马先后被郭威（周太祖）和柴荣（周世宗）两位伯乐发现，凭借自己过硬的本领和踏实的作风，短短十年间，赵匡胤的职位就从普通士兵，先后做到了东西班行首、滑州副指挥使、开封府马直军使、殿前都虞侯、严州刺史、殿前都指挥使、定国军节度使、殿前都点检（中央禁军殿前司最高级别武官）。

一个人想扬名立万，才华只是先决条件，机遇才是成功关键。赵匡胤一战成名的"高平之战"发生在周世宗显德元年（公元 954 年）。当时是，仅当了三年皇帝的郭威撒手人寰，其养子柴荣（周世宗）刚刚接班，与后周政权有着血海深仇的北汉便趁后周国丧期间❸，联合契丹铁骑大举进犯。为了树立威信巩固政权，周世宗决意亲临前线，双方主力在高平一带展开了生死决战。不料，刚要开战，后周阵营中首鼠两端的侍卫马军都指挥使樊爱能和侍卫步军都指挥使何徽所统率之右翼军临阵脱逃导致三军阵脚大乱，

---

❶ 《宋史·董遵诲传》记载：太祖微时，客游至汉东，依宗本，而遵诲凭籍父势，太祖每避之……他日论兵战事，遵诲理多屈，拂衣而起，太祖乃辞宗本去。

❷ 《宋史·太祖本纪》记载：汉初，漫游无所遇，舍襄阳僧寺。有老僧善术数，顾曰："吾厚赆汝，北往则有遇矣。"

❸ 后汉隐帝杀郭威全家，郭威复仇灭后汉，后汉高祖刘知远的弟弟刘崇建立了北汉。

形势危如累卵。就在这千钧一发之际，负责周世宗安全保卫工作的赵匡胤振臂疾呼："主上面临危险，我等当拼死一战。"言毕，遂与张永德（后周太祖郭威的女婿）各领精兵两千冲锋陷阵殊死鏖战，凭借视死如归的勇气和所向披靡的战力，赵匡胤力挽狂澜并乘胜追歼敌人到了河东城前，攻城过程中赵匡胤即便是左臂中箭，仍然坚持轻伤不下火线，直到被周世宗极力劝返。赵匡胤玩命的出色表现令周世宗刮目相看，回京后便授予了赵匡胤殿前都虞候（在中央禁军殿前司中的官衔排行第五）兼领严州刺史的官衔。

虽说后周赢得了关乎其生死存亡的高平之战，但英武果敢的周世宗清醒地认识到此战取胜纯属偶然，战场形势瞬息万变，真正的赢家不可能将每次胜利都寄托于上苍的眷恋。如果不能锻造一支听从指挥、能打胜仗、作风优良的军队，一统天下的宏伟蓝图纯属妄谈。于是乎，为了实现自己的宏图伟愿，周世宗命赵匡胤协助其针对禁军中的鱼龙混杂、士气低落、军纪涣散等诸多弊端，开始严肃军纪、挑选精壮、淘汰冗员。整顿后的禁军战斗力得到了很大改观，赵匡胤也趁机提携、笼络了包括其"义社十兄弟"在内的一大批禁军人脉资源。

充满理想和激情的周世宗在位不足六年，赵匡胤就先后五次陪同其御驾亲征，浴血奋战，尤其是后周与南方地盘最大、兵力最强、经济最富的南唐政权较量期间，武艺超群、胆略过人的赵匡胤多次充任先锋官，每次大战都是身先士卒，一马当先，先后在涡口、清流关、扬州、濠州、泗州等地与南唐军队殊死鏖战，南唐将领何延锡、皇甫晖、姚凤、陈承诏等先后被勇猛无敌的赵匡胤杀得人仰马翻。历时两年多的苦战，赵匡胤等辅佐周世宗从南唐人手中夺得了十四州六十县，逼迫南唐中主李璟（后主李煜的父亲）割地求和罢战。

南唐已经服软，自古拳头不打笑脸，况且江淮膏腴之地也易主成了后周地盘，周世宗非但赚足了颜面，还赚足了兵源、税源。赵匡胤也因陪周世宗三征南唐战功卓然，被授予了殿前督指挥使（在中央禁军殿前司中的官衔已然排行第三）兼定国军节度使的官衔。

显德五年（公元 958 年），刚刚消除南方隐患，显德六年（公元 959

年），心急火燎的周世宗便再次御驾亲征北伐契丹，欲一鼓作气收复被儿皇帝石敬瑭献给契丹的长城防线一带之大好河山❶。北伐初期，周世宗率领赵匡胤等精兵猛将几乎兵不血刃就从契丹人手中夺取了三州十七县，眼看胜利就在眼前，谁料想，这位曾豪言"十年拓天下，十年养百姓、十年致太平"的五代时期最英明、最勤政，但也最遗憾的皇帝却因积劳成疾而被迫班师返还。

要强了一辈子、操劳了一辈子、奋斗了一辈子的周世宗身体一天不如一天。周世宗明白，心中纵有一千个不甘、一万个不甘，也逃脱不了恶疾的纠缠。想想自己多年呕心沥血打下的大好江山，想想自己身边权臣悍将平时之骄横表现，想想外围群雄环伺之处境凶险，再想想自己七岁儿子柴宗训之年幼不堪，周世宗是彻夜难眠。为了保证后周柴氏政权的可持续发展，周世宗处心积虑为儿子好好谋划了一番：首先，册立镇守河朔三镇的天雄军节度使符彦卿之小女儿为皇后，拉拢地方实力派拱卫中央政权；其次，选任品行端正、精明强干的范质、王溥、魏仁浦组建顾命宰臣集团，凝聚文官精英确保政务顺畅运转；最后，提携军中新秀赵匡胤为殿前都点检，防止军中宿将李重进（周太祖郭威的外甥）、张永德（周太祖郭威的女婿）等阴谋作乱。

显德六年（公元 959 年）夏天，年仅三十九岁的一代英主周世宗带着无限梦想、无限遗憾撒手人寰，年仅三十三岁的赵匡胤因为周世宗英年早逝而被破格提拔为殿前督点检，所有人，甚至包括九泉之下的周世宗无不期盼着这位能打胜仗、公而忘私、廉洁奉公的一代名将能够死心塌辅佐幼主撑起后周的一片蓝天。

二、黄袍加身的超级演员

人世间的很多东西往往充满变幻，周世宗之所以器重、倚重，并最终

---

❶ 公元 936 年，后晋开国皇帝石敬瑭自立称帝，向契丹求援，与辽太宗约为父子，并将极具战略意义的燕云十六州割让给契丹，使得中原农耕政权长期受到北方游牧政权威胁。

选择赵匡胤充任殿前都点检，那是因为赵匡胤确实完美得几乎没有任何缺陷，赵匡胤文韬武略、能打胜仗自不待言，赵匡胤还有公而忘私、遵规守纪、群众拥护、坦荡清廉等诸多优点。想当年，后周与南唐军队作战，半夜宵禁期间，赵匡胤的父亲赵弘殷来到赵匡胤驻守的城池前，赵匡胤为了恪守军规，愣是紧闭城门让亲爹在城外受了一夜风寒。还有一次，南唐中主李璟因对赵匡胤十分忌惮，便欲行离间，遣使者给赵匡胤送了一封言语暧昧的书函，还馈赠了赵匡胤大量的金银细软，赵匡胤二话没说就连同书函和金银财宝悉数上缴国库一文不贪。面对如此能力又强、品行又好的德才兼备型好军官，谁能指责周世宗看走了眼？可是，聪慧精明的周世宗千算万算，还是忽略了最为重要的一点，那就是，对于一个手握重兵的军事将领而言，没有缺陷才是最大的缺陷。

赵匡胤所处之时代流行的是"枪杆子里出政权"，什么"三纲五常""君臣礼仪"之类的道德束缚统统都是虚幻，层出不穷的乱世枭雄无不信奉"天子，兵强马壮者为之"之格言。自朱温篡唐后的五十余年，中原地区杀伐不断，梁、唐、晋、汉、周不同姓氏的短命王朝就像走马灯一样不停更换。在后周"主少国疑"的敏感期间，就算是赵匡胤真心实意要效忠于后周政权，谁又能保证手握重兵的武将不被统治者猜忌和防范？历经十余年的军中磨炼，战功显赫的赵匡胤在军中人气已然如日中天。自古高处不胜寒，柴宗训继位不久，手握兵权的两位禁军统帅李重进（中央禁军侍卫司一把手）和赵匡胤（中央禁军殿前司一把手）皆被排挤出了核心圈。

周世宗尸骨未寒，赵匡胤便奉旨告别家眷（领兵在外的将领家人通常要留在京城作为人质）独自离开京城来到了宋州归德府（河南商丘）上班。此时此刻，被排挤出权力核心的赵匡胤内心应该纠结、挣扎过好长一段时间，是像历史上吴起、白起、廉颇、李牧、蒙恬、韩信、檀道济等功高震主的名将一样，听天由命被当权者肆意排挤构陷？还是像自己昔日老上级郭威一样自立门户起兵造反？

如果在没有遭受现实迫害的情况下造幼主柴宗训的反，又如何对得起先帝柴荣对自己的恩重如山？如果不先下手为强造幼主柴宗训的反，谁又能保证幼主柴宗训以后不会被奸臣怂恿，一步一步将自己的排挤构陷？届时自己的下场说不定会有多凄惨……

不造反，没有安全感。造反，又有负罪感。忧思重重的赵匡胤心烦意乱。面对上司赵匡胤的长吁短叹，机灵过人的幕僚们岂会视而不见？于是乎，以赵普为首的幕僚们便寻思着替领导出谋划策排忧解烦，顺便自己也能跟着攀龙附凤有光可沾。赵匡胤集团深知要策动赵匡胤背主篡权，以下三个步骤非常关键：

其一，消除心理负担。犯上作乱的历史骂名谁也不想承担，为了让赵匡胤畅怀释然，对领导苦衷心领神会的幕僚们便以各种各样的理由突破其心理防线，譬如：什么大丈夫当不拘小节，以造福天下苍生为先；什么眼下人为刀俎，我为鱼肉，当断不乱、反受其乱；什么赵匡胤是众望所归的真命天子，千万不能辜负兄弟们的殷切期盼……诸如此类冠冕堂皇的理由在赵匡胤耳边重复了多遍。确信自己当皇帝是民心所向、天命所归、大势所趋的赵匡胤内心变得越来越坦然，于是乎，终于下定决心造昔日伯乐兼主子后人的反！总之，皇帝自己干，骂名大家担，自己是迫不得已或者顺应天命才发动政变。

其二，制订妥善方案。这世界上，收益最高的事业是造反，难度最大的事业是造反，风险最高的事业也是造反。造反总是与阴谋关联，没有精细谋算和妥善方案，就几乎没有任何胜算。造反方案的原则必须兼顾翔实、可行、安全，如何让手下死心塌地跟着自己反？如何预防走风泄密事件？如何确保京城家眷（人质）安全？如何识别区分自己心腹和皇帝铁杆？如何部署兵力以最小代价和最快速度将反对派悉数聚歼？如何防止进城后的士兵浑水摸鱼制造混乱？如何妥善处置小皇帝和文武百官？如何团结一切可以团结的力量拥护新生政权？如何反思借鉴造反前辈们的失败教训和成功经验……如此一系列必然或可能遇到的问题必须考虑周全。

其三，伺机实施政变。赵匡胤称帝可谓天时、地利、人和三者俱全。就天时方面而言，英明盖世的周世宗在位期间，估计给赵匡胤十个胆也不敢心生邪念，可是，老天爷莫名其妙地让正值壮年（三十九岁）的周世宗溘然宾天。在盛行丛林法则的大分裂、大动荡之乱世留下了一个年仅七岁的小皇帝当权；就地理方面而言，赵匡胤的归德府（河南商丘）距离京城（河南开封）也就是一百来公里的一马平川，如遇突发事件，骑马一天就能跑个往返；就人和方面而言，从底层士兵迅速崛起的赵匡胤平时就仗义疏财、侠肝义胆，故而特有魅力、特有人缘，在禁军中笼络了包含"义社十兄弟"在内的一大批中高级军官，禁军殿前司和侍卫司中分别排名前五的十名高级军官，除了侍卫司一把手李重进（驻守扬州）和二把手韩通（驻守京城），其余皆属于赵匡胤集团。接下来赵匡胤集团实施造反所需要做的就是：没有条件、创造条件，没有困难，制造困难。

公元 960 年春节期间，当举国上下还沉浸于举办各种春节联欢庆典，北方镇州和定州传来的一道紧急军情令朝堂之上顿时一片骚乱。听闻北汉与契丹联军大举寇边，托孤大臣范质等真假未辨，就命赵匡胤统率三军抵御敌军来犯。当浩浩荡荡的大军来到距离开封城北四十里的陈桥驿站，蓄谋已久的兵变正式上演：先是军中半仙儿苗训散布天象有变之谶言❶，紧接着士兵们开始哗变，甚至公开喊出了"诸军无主，愿策太尉（赵匡胤兼任检校太尉）为天子"的忤逆之言，喝得"酩酊大醉"的赵匡胤天亮醒来还"不知所以然"，一件只有皇帝才能穿的黄袍就被一大帮情绪激动的大兵裹挟着往身上穿，赵匡胤推辞再三，大兵们痴心不变。当将士们允诺进京后对太后、皇帝、百官、府库及百姓不得随意惊扰侵犯❷，赵匡胤才终于"勉为其难"。

得知赵匡胤的大军哗变折返，朝廷上下又是惊慌失措一片骚乱，只有侍卫司副都指挥使兼京城巡检韩通手握兵权，韩通立即着手组织人马平叛，却被赵匡胤麾下王彦升追杀至府邸将其满门抄斩，自此，京城之内再也没有任何力量可以阻止赵匡胤兵变。很快，以范质为首的文武百官被簇拥着来到赵匡胤面前，赵匡胤继续自己声泪俱下的绝色表演，呜咽流涕曰："吾

---

❶《宋史·太祖本纪》记载：次陈桥驿，军中知星者苗训引门吏楚昭辅视日下复有一日，黑光摩荡者久之。

❷《宋史·太祖本纪》记载：太祖揽辔谓诸将曰："我有号令，尔能从乎？"皆下马曰："唯命。"太祖曰："太后、主上，吾皆北面事之，汝辈不得惊犯；大臣皆我比肩，不得侵凌；朝廷府库、士庶之家，不得侵掠。用令有重赏，违即孥戮汝。"诸将皆载拜，肃队以入。

世受世宗厚恩，为六军所迫，一旦至此，惭负天地，将若之何？"范质等人正欲驳斥争辩，赵匡胤身后杀气腾腾、凶神恶煞的大兵们个个挺剑狂言："我辈无主，今日必得天子。"大臣们看懂了赵匡胤和大兵们一软一硬的双簧表演，无奈之下只好乖乖就范。

京城中唯一敢于反抗的武将韩通被斩，以范质为代表的文官集团认怂服软，小皇帝为求保命也愿意让出江山，瞅准火候的翰林学士陶谷便伺机从袖中掏出禅位诏书宣念，年仅三十四岁的赵匡胤就这样以"禅让仪式"和平接管了后周政权，成功实现了从后周王朝基层士兵到大宋王朝开国皇帝的华丽蜕变。

十年前的郭威兵变，赵匡胤还是跑龙套的群众演员。十年后的陈桥兵变，赵匡胤摇身一变，就成了男一号兼总导演。真是青出于蓝而胜于蓝，赵匡胤"黄袍加身"可谓老上级郭威"黄旗加身"的改造升级版。

较之历史上赶尽杀绝、斩草除根、尸横遍野、血流成河的军事政变而言，恪守良知底限的赵匡胤发动的陈桥兵变，使得后周宗庙和皇室成员得以保全，后周官僚体系也未出现大的波动变换，国家、社会和百姓也未因此遭受大的灾难。故而，这场近乎完美的陈桥兵变也因对抗少、代价小、效率高、效果好而颇受史学家们恭维盛赞。

但细阅被胜利者"漂白"的历史就会发现，史书记载的陈桥兵变尚存在诸多的蹊跷和疑点，笔者更是情不自禁想起了诗圣杜甫《佳人》诗中"但见新人笑，哪闻旧人哭"这句经典明言。太多见风使舵的后周臣子忙着迎合奉承新生的赵宋政权，除了有人唏嘘几句"窃钩者诛、窃国者侯"之类的无奈感叹，有谁会细究北汉和契丹联军是否真的进犯？有谁会细究为何只有皇帝才能穿的黄袍会在军营出现❶？有谁会细究饱经战阵的三军统帅赵匡胤奔赴前线还会贪杯恋盏？有谁会细究赵匡胤大军进出京城为什么如此随随便便？有谁会细究赵匡胤京城中一家老小为什么没被韩通搜寻发现？有谁会细究武将韩通离奇之死是否与被人盯梢跟踪有关？有谁会细究

---

❶ 明人岳蒙泉先生有诗《咏陈桥兵变》质疑曰："阿母素知儿有志，外人刚道帝无心。黄袍不是寻常物，谁信军中偶得之。"

为什么献上禅位诏书的翰林学士陶谷会有如此先见？有谁会细究小皇帝柴宗训的禅位是否心甘情愿？有谁会细究赵匡胤的声泪俱下是被逼无奈，还是否刻意表演……"

三、强干弱枝的开疆帝王

历史的车轮继续滚滚向前，赵匡胤缔造的新生政权依然面临诸多严峻挑战：如何巩固稳定新生的赵宋政权？如何让原属藩镇认可新生的赵宋政权？如何扫平割据实现天下一统之局面？如何避免类似"陈桥兵变"的事件再次上演？如何实现赵宋政权国祚绵延长治久安……如此这般一系列现实而迫切的问题就摆在赵匡胤面前。

为了巩固新生的赵宋政权，赵匡胤当务之急要做的就是尽快笼络更多的人拥护新生政权。笼络人心的办法其实也很简单，那就是尽可能让更多的人能够享受到政变红利，从而实现利益均沾。于是乎，赵匡胤称帝还没几天，赵宋王朝的"红包雨"就下个没完❶，受恩泽者，包括翊戴赵匡胤称帝有功的嫡系成员，也包括无功无过的前朝官员，甚至以前被贬谪的官员和被流放的囚犯，都切实感受到了大宋王朝的雨露恩典。该晋爵的晋爵，该升官的升官，就连与赵匡胤不共戴天的死敌韩通也风风光光入土为安，并追封了中书令这样的高官。如此这般，得到实惠的人们谁还介意什么柴周政权或赵宋政权？

丰厚的奖赏确实笼络稳住了绝大多数人员，很多"识时务"的地方节度使也纷纷向中央政府发来贺电。但是无论赵匡胤表现得如何海纳百川、如何友好慈善、如何高大伟岸，仍有极个别的地方大员或者是对旧主子心

---

❶《宋史·太祖本纪》记载：建隆元年春正月乙巳，大赦，改元，定有天下之号曰宋。赐内外百官军士爵赏，贬降者叙复，流配者释放，父母该恩者封赠。遣使遍告郡国。丙午，诏谕诸镇将帅。戊申，赐书南唐。赠韩通中书令，命以礼收葬。己酉，遣官告祭天地社稷。复安州、华州、兖州为节度。辛亥，论翊戴功，以周义成军节度使、殿前都指挥使石守信为归德军节度使、侍卫亲军马步军副都指挥使，江宁军节度使、侍卫亲军马军都指挥使高怀德为义成军节度使、殿前副都点检，武信军节度使、侍卫亲军步军都指挥使张令铎为镇安军节度使、侍卫亲军马步军都虞候，殿前都虞候王审琦为泰宁军节度使、殿前都指挥使，虎捷右厢都虞候张光翰为江宁军节度使、侍卫亲军马军都指挥使，龙捷右厢都指挥使赵彦徽为武信军节度使，余领军者并进爵。

存眷恋，或者是对新政权心存不满，或者是本人心有不甘。

　　建隆元年（公元 960 年）四月，赵匡胤称帝刚刚百天，缅怀后周政权的昭义军节度使李筠就第一个公开叫板，既有批判的武器，又有武器的批判，李筠先是以正义的化身遍发讨逆檄篇，将赵匡胤忘恩负义欺负孤儿寡母的无耻卑劣行径痛斥一番，紧接着就联合北汉军队兴兵来犯。眼下，赵宋新建，人心未安，如果不能以雷霆压顶之势将资历深、功劳大、信心足、气势凶❶的李筠迅速平叛，跃跃欲试的众多观望者亦会群起而造反，届时，墙倒众人推，非但赵匡胤本人将堕入万劫不复之深渊，而且天下又将是一场绵绵无期的分崩骚乱。深知此战意义非凡的赵匡胤急忙调遣石守信、慕容延钊、王全斌、高怀德等心腹猛将前去平叛，甚至战事胶着期间，寝食难安的赵匡胤还亲临战争一线，经过一番浴血奋战，仅仅用了两个月时间，建隆元年（公元 960 年）六月，兵败绝望的李筠就纵身火海自行了断，所属州县也悉数沦陷。

　　李筠浴火自焚才三个月时间，资历更深、功劳更大、威望更高、能力更强的周太祖郭威的外甥李重进也跳出来向赵匡胤叫板。作为赵匡胤最为忌惮的实力派地方大员，优柔寡断是李重进性格的致命缺陷，赵匡胤刚刚篡权人心不稳之际未曾叫板，赵匡胤与北方李筠打得热火朝天之时亦未曾叫板，偏偏在李筠兵败人心向宋之时向赵匡胤公开叫板。如此不识时务，如此当断不断，下场岂能不惨。果不其然，建隆元年（公元 960 年）十一月，扬州城陷，重蹈覆辙的李重进同样选择了纵身火海自行了断。

　　"二李"的迅速败亡让所有观望者意识到了玩火自焚的危险，包括符彦卿（周世宗柴荣和宋太宗赵光义的老丈人）和张永德（周太祖女婿兼赵匡胤曾经的老上级）在内的重量级人物也都认可了新生政权，赵匡胤渐渐坐稳了江山。

　　剿灭"二李"后的赵匡胤还是很心烦，想想大唐"安史之乱"之后二百年藩镇骄横之局面，想想自"朱温篡唐"之后五十多年间中原大地先

---

　　❶《续资治通鉴·宋纪》记载：李筠曰："吾周朝宿将，与世宗义同兄弟，禁卫之士，皆吾旧人，闻吾至，必倒戈归我，何患不济乎。"

后出现的后梁、后唐、后晋、后汉、后周五个短命政权，再想想大宋周边南唐、后蜀、北汉、吴越等星罗棋布的割据政权……有着宏图伟志的赵匡胤怎能安然入眠？

以胡萝卜加大棒恩威并施的方式稳住了朝中局面，赵匡胤的核心任务还有两件：一是对内改革，避免他人"以彼之道，还施彼身"发动政变；二是对外征战，实现天下一统，四海归一之局面。

五代十国期间，"骄兵诛统帅，悍将弑君王"事件接二连三，为了避免"黄旗加身""黄袍加身"类似事件再次重演，从而实现赵宋政权国祚绵延和长治久安，赵匡胤的应对之策是集权、集权、再集权，将兵权、行政权、财政权、司法权紧紧攥在皇帝手里面。在所有权力中，最敏感的当属兵权，靠阴谋兵变上位的赵匡胤自然更能深深领会这一点，赵匡胤对武将的态度是猜忌、猜忌、再猜忌！措施是防范、防范、再防范！天下尚未一统，赵匡胤就上演了一场被后人津津乐道的"杯酒释兵权"，以温馨和平的"赎买方式"解除了石守信等禁军宿将之兵权，又釜底抽薪将地方精锐士卒收归中央调遣，还建章立制，将中央禁军由一分为二变成一分为三，还将调兵权与领兵权分别交由文官和武官掌管，另行"更戍法"轮流戍边，形成了"兵无常帅，帅无常兵，兵不识将，将不识兵"之局面。如此这般，功臣宿将再想兴兵作乱已是天方夜谭。

解决了兵权，赵匡胤还着手改革行政权、财政权和司法权。在中央，设置参知政事、枢密使、三司使分割削弱"佐天子、总百官、治万事"的相权。在地方，设置通判，监督牵制地方行政长官；设置转运使，监督管理地方财政权；设置司寇院，由中央派员审理重大疑难案件，所有死刑案件还一律由中央政府职能部门复核审办，地方政府不再拥有生杀予夺之大权。士兵们多老弱病残，行政权受制约羁绊，财政权和司法权皆受中央监管。如此这般，地方藩镇再想飞扬跋扈亦是天方夜谭。

"卧榻之侧，岂容他人鼾睡"❶是赵匡胤的霸气宣言。雄才大略的赵匡胤

---

❶ 《续资治通鉴长编》记载："上怒，因按剑谓铉曰，不须多言，江南亦有何罪，但天下一家，卧榻之侧，岂容他人鼾睡乎。"

自从夺取帝位的那一天，就有了一统天下之宏愿。建隆元年（公元960年）八月，刚刚平定李筠叛乱，赵匡胤就与张永德商议一鼓作气荡平北汉，冷静谨慎的张永德却提出了"太原兵少而悍，加以契丹相援，未可仓促取也"的应对意见。理智克制的赵匡胤也因政权新立根基尚浅，不得已暂时将统一天下的计划搁置一边。

意气风发的赵匡胤始终坚信这样的人生格言："王者之兴，天下必归于一统。其可来者来之，不可者伐之。"建隆二年（公元961年）冬天，一个大雪纷飞的夜晚，赵匡胤夜访赵普，再次商讨如何结束天下分崩离析之局面？征讨割据势力的先后顺序成了君臣争议的焦点，究竟是应该先南后北？还是应该先北后南？

感性而言，赵匡胤是想先收拾北汉，理由有三：一是想完成周世宗柴荣未能实现之夙愿，同时证明自己比前任皇帝更为强干；二是北汉军队经常在北方边境袭扰捣乱，赵匡胤想尽早解决这一安全隐患；三是较南唐、南汉等诸国而言，赵匡胤认为北汉就是地狭、人稀、国贫、兵寡的羸弱政权，取之应该颇有胜算。

理性而言，赵匡胤统一天下应该先南后北，先易后难，理由亦有三：一是太原城高墙坚，且名将杨业善于统兵、骁勇善战；二是北汉背后还有兵强马壮的契丹作为强大后援，贸然决战没有胜算；三是北汉偏远贫寒，远不如先占领江南及西南诸国实惠划算。

机会总是眷顾有所准备的人，建隆三年（公元962年）下半年，对赵匡胤来而言，可以说是好事连连，大宋开国已近四年，兵强马壮，国泰民安。割据湖南、荆南的周行逢、高保勖相继撒手人寰，其二人家业分别由仅十一岁的儿子周保权和年仅二十岁的侄子高继冲接管。周行逢尸骨未寒，衡州刺使张文表举兵反叛，乱了阵脚的少主周保权一面命杨师璠领兵平叛，一面派使者向大宋皇帝求援❶。早已厉兵秣马、磨刀霍霍的赵匡胤终于逮住机会，可以名正言顺地出师湖南，但是出师湖南必须借道荆南，于是乎，

❶ 《新五代史·楚世家》记载：行逢卒，子保权立，文表闻之，怒曰："行逢与我起微贱而立功名，今日安能北面事小儿乎！"遂举兵叛，攻下潭州。保权乞师朝廷，亦命杨师璠讨文表。

盗亦有道之窃国大盗——大宋太祖很可爱

一场春秋时期晋献公"假道灭虢"一箭双雕的骨灰级把戏再次在北宋初年上演。乾德元年（公元 963 年）春天，赵匡胤派慕容延钊为统帅、李处耘为都监入荆南，得三州、十七县。乾德元年（公元 963 年）三月，慕容延钊、李处耘破三江口，下岳州，克复朗州，平湖南，得十四州、六十六县。

荆湖之战，赵匡胤可谓赚得盆满钵满，几乎不费吹灰之力就赚得了荆南、湖南。更为重要的是，荆南、湖南的战略意义（三国期间曹操、刘备、孙权为争夺荆州打得热火朝天）非凡，自此，东边的南唐、西边的后蜀、南边的南汉完全暴露在了虎视眈眈的赵匡胤面前，最终覆亡的命运已然注定不能幸免。

大宋雄师已经打到了家门口，后蜀末代皇帝孟昶开始惴惴不安，便派使者孙遇私通联盟北汉 ❶，不料孟昶的蜡丸密信被大宋边吏截获落在了赵匡胤手里面。乾德二年（公元 964 年）十一月，师出有名的赵匡胤便下诏：命王全斌率领北路军出凤州（陕西凤县），沿嘉陵江入川；命刘廷让率领东路军出归州（湖北秭归），溯长江入川。乾德三年（公元 965 年）正月，英勇无畏的大宋将士克服了山高路远，冲破了重重险关，仅仅用了两个多月时间，就消灭了经营三十余年的后蜀政权。虽然灭蜀之战仅仅用了短短两个月时间。但是灭蜀后，由于王全斌治军不严，还在成都杀死降卒两万七千，引发当地民怨，并导致了蜀境大规模骚乱，赵匡胤不得不软硬兼施，耗费了近两年的时间才稳住了蜀境局面。

开宝元年（公元 968 年）秋天，北汉第二任皇帝刘钧撒手人寰，北汉当局发生内乱，刘钧的继任者刘继恩被侯霸荣弑于其宴请群臣的午宴，"亲宋派"权臣郭无为趁机拥立了"貌似乖巧"的刘继元接班。开宝二年（公元 969 年）春天，感觉机会来临的赵匡胤重披战袍亲征北汉。面对孤城太原，大宋天子亲自督战，数以万计的宋军又是轮番爬攀，又是纵火放箭，甚至还引汾水灌淹，可太原城就像铜豌豆一样煮不熟、蒸不烂、锤不扁。战事从春天一直持续到夏天，眼看烈日炎炎，病疫蔓延，加之契丹援军源源不

---

❶ 《新五代史·后蜀世家》记载：宋兴，已下荆、潭，昶惧，遣大程官孙遇以蜡丸书间行汉，约出兵以阻挠中国，遇为边吏所得。太祖皇帝遂诏伐蜀。

断，领教了北汉人彪悍顽强的赵匡胤嗅到了顿兵于坚城之下的潜在危险，不得不带着无限遗憾无功而返。

触了霉头的赵匡胤很快恢复了冷静，决定继续秉承既定国策——先南后北，先易后难。这一次赵匡胤的攻击目标选择了南汉。如果说攻打荆南、湖南、后蜀还需要为师出有名而犯难，那么讨伐南汉根本犯不着为等待时机或寻找借口而浪费时间，因为南汉国主刘鋹确实该遭受天谴！这个奇葩皇帝生性凶残，变态淫乱❶，可谓作恶多端，尤其是格外宠信巫女和宦官，谁想在南汉飞黄腾达当大官，必需忍辱负重先自阉。刘鋹宠信宦官的理论很荒诞："群臣自有家室，顾子孙，不能尽忠，惟宦者亲近可任也"。如此暴虐无道、荒淫无道的混蛋终于还是等来了垮台的一天。开宝三年（公元970年）九月，赵匡胤命潘美统领十州兵马直扑南汉，大宋王师克服岭南湿热、瘴气、山高、路远等千难万险，用了不到半年时间，就于开宝四年（公元971年）二月将刘鋹的南汉政权彻底推翻。

荡平了荆南、湖南、后蜀、南汉，南唐的李后主（李煜）切实感受到了唇亡齿寒。痴迷于风花雪月（宠幸姊妹花大周后、小周后）和诗词歌赋（诗词、书法、音律、绘画均堪称一绝）的李煜为了能够继续苟延残喘，变得愈发低调、愈发恭谦：一者，降制示尊向大宋天子摇尾乞怜；二者，进贡朝见（以李煜的弟弟李从善为代表）向大宋天子进献银绢；三者，派遣使者（以江南名士徐铉为代表）向大宋天子请和罢战。

可是一味卑躬屈膝并没有让志在武统的赵匡胤心慈手软。开宝五年（公元972年），赵匡胤以反间计除掉了南唐名将林仁肇这个心头大患。开宝七年（公元974年）九月，赵匡胤以曹彬为统帅携吴越军队对南唐发起了灭国之战，一路凯歌的大宋王师所到之处如同滚汤泼雪一般，池州、润州、常州、鄂州、芜湖等南唐战略要地悉数沦陷。开宝八年（公元975年）十一月，孤立无援的南唐国都金陵沦陷。

名存实亡的吴越和漳泉早已对大宋王朝马首是瞻，黄河流域、淮河流

---

❶《新五代史·南汉世家》记载：刘鋹晟性刚忌，不能任臣下，而独任其嬖倖宦官、宫婢延遇、琼仙等……委其政于宦者龚澄枢、陈延寿等……澄枢等既专政，鋹乃与宫婢波斯女（媚猪）等淫戏后宫，不复出省事。延寿又引女巫樊胡子，自言玉帝降胡子身。

域、长江流域、岭南地区都成了大宋王朝的地盘。开宝九年（公元 976 年）八月，离赵匡胤的生命尽头还有两个月时间，赵匡胤再次命党进和潘美率精兵猛将讨伐早已被打得满地找牙的北汉，眼看胜利就在眼前，太原前线却听闻惊天噩耗："帝崩于万岁殿……"

戛然！戛然！万分戛然！遗憾！遗憾！无限遗憾！既是赵匡胤本人之遗憾，也是国家民族之遗憾！

赵匡胤的一生短短五十年，却是波澜壮阔，辉煌灿烂：乱世而生，功勋屡建；主少国疑，陈桥兵变；盗亦有道，恪守底线；荡平内乱，巩固皇权；东征西讨，南征北战；务农兴学，慎罚薄敛；勤政爱民，躬行节俭；整肃吏治，河清海晏……

赵匡胤在位短短十余年就基本上终结了五代十国之乱，并开启了大宋王朝这一富庶、繁荣、瑰丽、多姿、开放、包容之中华文明新纪元。如果上天能够再多给赵匡胤十几年时间，无论是和平赎买，还是武力决战❶，也许真能从契丹人手中收复被民族败类石敬瑭割让的燕云十六州这一农耕民族赖以安居乐业之生命线，然而，戛然而止的生命还是给奇幻莫测的历史留下了太多遗憾……

---

❶ 《续资治通鉴长编》记载：太祖别置封桩库，尝密谓近臣曰："石晋（石敬瑭）割幽燕以赂契丹，使一方之人独限外境，朕甚悯之。欲俟斯库所蓄满三十五万，即遣使与契丹约，苟能归我土地民庶，则当尽此金帛充其赎值。如曰不可，朕将散滞财，募勇士，俾图攻取耳"。

名相篇

法与礼的碰撞

——功过是非说商鞅

公元前361年，年仅21岁的秦孝公赢渠梁登上了秦国的政治舞台。秦孝公继位，放眼当下地处偏隅、积贫积弱、内忧外患、诸侯鄙夷的现实困窘，遥想当年东平晋乱、西霸戎狄、天子致伯、诸侯毕贺的穆公辉煌，富国强兵、重振伟业之心潮汹涌澎湃，网罗人才、求贤纳士之心情如饥似渴。深知人才兴邦的秦孝公亲拟了一道至诚至恳的《求贤令》传遍天下，旋即引爆了当时九州人才市场，也引爆了一场当时中国历史上最为迫切、最为全面、最为彻底、最为惨烈、最为成功、最为深远的一场划时代变革——商鞅变法。接下来，笔者就结合《吕氏春秋》《史记》《商君书》《战国策》《过秦论》《资治通鉴》等文献记载带大家一起品读这位中国历史上大名鼎鼎的政治家、改革家、法家代表人物——商鞅的故事。

商鞅（约公元前395年—公元前338年），姬姓，公孙氏，卫国国君后裔，少好刑名法术之学，兼修兵家、杂家之说，通帝道、王道、霸道，更精于富国强兵之道。当时是，魏相公叔痤病危叮嘱魏惠王："中庶子公孙鞅虽少，有奇才，愿王举国而听之。"魏惠王不以为然，公叔痤又说："王即不听用鞅，必杀之，无令出境。"要么重用，不用就杀，公叔痤评价的分量足见商鞅的能量，可惜魏惠王没有慧眼，以为公叔痤是老糊涂、病糊涂了，如此国士，即不用之，也未杀之，最终还是肥水流了外人田。

人才之悲，莫过于怀才不遇。好在上帝在给商鞅关闭魏国这扇大门的同时，为其敞开了通往秦国发展的大门。正当商鞅失意时，秦孝公的《求贤令》传至魏国，追忆穆公霸业之光美，何等景仰！悉数后世先祖之昏政，何等坦荡！直言丧土失地之屈辱，何等羞愤！许诺尊官分土之慷慨，何等胸怀！闻此千古奇文，商鞅仿佛早与秦孝公神交已久，断然决定离魏事秦，不远千里，四觐孝公。一个求贤若渴，一个学富五车，谈起富国强兵之道，君臣皆感相见恨晚，一拍即合，促膝畅谈，数日不厌，一场轰轰烈烈的大变革即在秦国上演。

商鞅变法是一场最为迫切的变革。自周平王东迁，王室渐衰，礼崩乐坏，诸侯混战，杀伐不断，历经并兼，诸侯锐减。战国中前期，为了适应弱肉强食的丛林法则，中国历史上迎来了第一次变法高潮：李悝在魏国变法，吴起在楚国变法，公仲连在赵国变法，邹忌在齐国变法，申不害在韩国变法，稍后燕王哙也进行了改革，变法已是大势所趋。历公、躁公、简公、出子四世的昏政导致秦国内乱频出，外患交迫，河西尽失，险关易手。献公继位，欲图振兴，连年苦战，饮恨身亡。秦孝公继位时，秦国已然是一个千疮百孔、满目疮痍被周天子和诸侯边缘化的孱弱邦国。秦国的处境是，东邻强魏虎视眈眈，诸侯鄙秦不与会盟，且欲分秦、灭秦而后快，秦国正面临着最为严重的生存危机。天下趋势、秦国处境、孝公志向都迫切呼唤一场能够迅速令秦国走上富国强兵之路的变革。

商鞅变法是一场最为全面的变革。秦孝公疑人不用，用人不疑，举国而听鞅。在孝公的绝对信任和鼎力支持下，公元前356年、公元前350年商鞅先后两次推行新令，进行了大刀阔斧的改革：政治上，废分封、行郡县；军事上，凭军功，受爵位；经济上，开阡陌，奖耕织；民事上，强分户，设什伍；法律上，壹刑者，无等级；文化上，燔诗书，愚民智；思想上，务法本，明法令；风俗上，反阿谀，禁私斗（详见《商君书》之《更法》《垦令》《靳令》《农战》《战法》《赏刑》《外内》《徕民》《刑约》等二十余篇）。通过推行两轮新法，秦国可谓新法普照，上上下下、方方面面几乎都有新法可循。

商鞅变法是一场最为彻底的变革。赏而不信，无以励众。罚而无信，无以抑奸。历来变法之大成取决于重赏重罚，更取决于信赏信罚，商鞅变法在这两个方面都做到了极致。变法之初，徙木立信，凡是徙三丈之木能从城南搬至城北者即得五十金，当场兑现，以示不欺。变法到了攻坚期、深水区，法之不行，自上犯之，将法太子，太子国嗣，不可施刑，刑其傅公子虔，黥其师公孙贾。孝公的亲哥，太子的老师照罚不误，于是乎，秦人皆趋令。等到变法大成，孝公也如期兑现了当初的承诺，封商鞅商於十五邑，号为商君。秦君大信，秦法大信，秦人也大信秦君、秦法。后来，商鞅被诬告谋反，逃至关下想留宿，没带证件，客栈坚决不让留宿，理由是商君之法规定，住宿没有证件皆要连坐。变法已经深入秦人骨髓，达到了商君本人也因此作茧自缚的困窘，足见秦国变法之彻底。

商鞅变法是一场最为惨烈的变革。秦孝公继位恰逢秦国生死存亡之非常之时，重用了商鞅这个非常之人，这个非常之人在秦国干的是一件非常之事。变法本质上是对利益格局的变更，是对旧势力的宣战。变法初始就遭到了甘龙、杜挚等旧贵族势力的强烈反对。废除世卿世禄，剥夺了大批旧贵族的既得利益。施酷刑，搞连坐，又牵扯了不少无辜百姓。据刘向《新序》记载，为镇压对新法不满者，商鞅一次就屠民七百余众，渭水尽赤，渭水之刑在《史记》中无记载，真实性有待进一步考究。更让人震惊的是商鞅还黥了太子老师公孙贾的脸，割了国君哥哥公子虔的鼻，彻底得罪了秦国的下任国君……在快富速强目标的强烈驱使下，商鞅铁腕推行新法，毫不妥协，绝不退缩，新旧两派势不两立，搞得不是你死，就是我亡，整个秦国血雨腥风，积怨甚深。最终，秦孝公去世不久，商鞅本人也因此被反攻倒算，被五马分尸，夷灭三族。

商鞅变法是一场最为成功的变革。在利益的驱使下，在严刑的威慑下，在铁血商鞅的强力推动下，秦人勤于耕织，勇于征战，很快便实现了富国强兵。新法推行十年，秦民大悦，道不拾遗，山无盗贼，家给人足，国库充盈，民勇于公战，怯于私斗，乡邑大治。建新都咸阳，击溃强魏，俘获魏国统帅公子卬，收复河西失地，迫使魏国从安邑迁都大梁，秦国从一个不入流的弱国一跃成为超级强国，周天子和诸侯各国纷纷表示祝贺，商鞅变法大成。更值得令人欣慰的是商君虽死，商君之法未废。

商鞅变法是一场最为深远的变革。商鞅变法迎合了秦孝公富国强兵的个人梦想，也适应了奴隶制瓦解、封建社会发展的历史潮流。商鞅本人虽付出了生命和夷灭三族的惨痛代价，却使法家思想得以在秦国成功实践，也为一百多年后，秦王嬴政横扫六国一统天下奠定了坚实的基础。当然，其设计的酷刑峻法、连坐告奸，以及绝对专制的君主独裁制度也为秦统一天下之后，二世而亡埋下了伏笔。对秦王朝而言，可以说，成也商鞅，败也商鞅。此外，商鞅法治思想、统一度量衡、郡县制等一系列改革措施都对后世产生了深远的影响。

以上从六个方面解析了商鞅变法的内容、经过和影响，那么商鞅本人功过是非又该如何评价？历史似乎已经有了基本定论：颂其功，诋其德。

我们先看看歌颂派的评价，韩非子认为："七国之雄，秦为首强，皆赖商鞅。"西汉桑弘羊盛赞商鞅"功如丘山，明传后世。"刘向在《战国策》中说："商君治秦，法令至行，公平无私，罚不讳强大，赏不私近亲。"王充在《论衡》中说："商鞅相孝公，为秦开帝业。"

为避免偏信则暗，接下来我们也听听诋毁派的观点，司马迁对商鞅的总结是："刻薄寡恩。"《史记》还记载了赵良对商鞅的评价："贪名恋权，不施德政。"西汉贾谊也认为："商君遗礼义，弃仁恩。"《旧唐书》干脆直接将商鞅视为酷吏。

以今人的眼光来看，应该说以上毁誉参半的评价还算是基本客观。但是笔者不禁要问，以后来人的标准要求前人是否有失公允？

法家是功利主义者，基于对人性本恶之判断，商鞅的苛政在秦孝公时期的特定背景（为免遭灭顶之灾）下，应该说是无可厚非。只是变法大成，尤其是在秦始皇统一天下之后，和平发展就成了时代主题，始皇帝和秦二世仍旧固守大争时代的战时法则，刻薄寡恩、耗费民力、不施仁政、鱼肉百姓已经明显不合时宜。历史本来给了秦王朝一次延年益寿的机会，秦始皇东巡，途中暴病，临终前已经意识到自己的为政过失，将帝业传给了曾经反对自己、主张仁政的公子扶苏，谁料，半路杀出了个乱臣贼子赵高，沙丘政变，扶苏自尽，胡亥继位，变本加厉施暴虐于天下，最终导致大秦帝国民心尽失，最终葬送了祖宗基业。可这一切跟商鞅又有什么直接干系呢？商鞅能管得了一百多年后的嬴氏子孙吗？

武王伐纣，建立西周政权，为巩固政权，实现周王朝长治久安，周公旦以敬天保民为根本，以明德慎罚为原则，以宗法血缘为纽带，以亲亲尊尊为核心，制定了一系列关乎政权运转和百姓生活的礼仪规范，坚持德主刑辅，以礼治国，实现了后世几百年的繁荣稳定。然而，随着铁器的广泛使用，牛耕的普遍推广，生产力日益发展，奴隶制制度已然成了社会发展进步的障碍，加之周幽王昏聩堕落导致王室衰落，引发诸侯混战，礼崩乐坏已是必然。商鞅变法本质上是法家思想对礼教德治的一次严重冲击，也为后来礼法结合、德主刑辅治国理念的发展奠定了坚实基础。

商鞅，法家之巨子，为报孝公知遇之恩德，实现暴富暴强之梦想。高举法家思想之大旗，冲破礼教束缚之藩篱，不讲人情伦理纲常之本性，只顾人性趋利避害之本能，以极大的政治勇气和魄力，极身无二虑，尽公无二私，瞬间把秦国变成了只会耕战、图强、争霸的机器，秦国雄霸天下。

就此而言，商君居功甚伟，商君无可厚非。

疯狂的商人

——吕不韦的商政传奇

在中国历史上有这么一个奇人，做生意左右逢源，玩政治一步登天，搞学术泽被深远。可以说他志向宏远，也可以说他生性贪婪；可以说他勇于冒险，也可以说他投机耍奸；可以说他谋略非凡，也可以说他狡诈阴险……大家都很熟悉的成语"奇货可居""一字千金"也都与他有关。那么，这个人究竟是谁？他为何要弃商从政？他如何实现自己拜相封侯之梦？他为华夏一统立下哪些奇功？他缘何会因一个女人葬送前程？他在结束了政治生命之后为何仍未善始善终？接下来，笔者就结合《史记》《战国策》等史料记载带大家一起品读一下商政奇才吕不韦波澜壮阔的传奇人生。

一、奇货可居的商界奇人

吕不韦，战国末期卫国人也，商贾出身，靠着精明的头脑和勤快的手脚很快富甲一方。只可惜，在当时，商人身份低微，吕氏富而不贵，然而，与异人的邂逅却给吕不韦带来了拜相封侯的机会，要了解吕不韦的人生传奇，还得先从秦始皇的父亲异人说起。

异人，又名子楚，秦国安国君二十余子之一，非嫡非长，母亲夏姬又最不受宠，于是乎，这个无足轻重的王孙被"光荣"派往赵国为人质❶。秦、赵邻邦，且实力相当。雄才大略的秦昭王在位五十余年，远交近攻，赵国首当其冲，秦、赵之间先后爆发了长平之战和邯郸之战，赵国在战场上受气，回来就拿秦昭王的倒霉孙子出气，可怜的异人在精神上提心吊胆，在生活上窘迫凄惨。然而，"福兮，祸之所伏；祸兮，福之所倚"，就在异人的人生最为落魄的时候，幸运之神开始向他招手，他生命中的一个贵人主动找上门来❷，这个人给了他丰衣足食的生活，给了他美艳绝伦的妻子，后来还给了他至高无上的王位，此人就是吕不韦。

吕不韦是商人，却又不是一般的商人，非但商业头脑非常灵活，政治嗅觉也十分敏锐。他善于发现别人根本不能发现的商机，他敢于捕捉别人根本不敢捕捉的机遇。按正常思维逻辑，异人国内不受宠爱，国外不招待见，根本就是个赔本买卖，唯独吕不韦觉得"此奇货可居"❸。吕不韦疯了吗？当然不是，他之所以如此看好异人，主要基于以下五点考虑：

其一，异人有着王族血统，日后就有可能登基，先决条件具备。

其二，辅佐最无助的王孙，人弃我取，成本最低，个人财力允许。

其三，秦昭王高寿，第一任太子已被熬死，次子安国君递补，异人的父亲就是当今太子，天赐良机降临。

其四，最能左右安国君立储的华阳夫人膝下无子，后宫地位危机，机缘再次来袭。

其五，如果能将异人成功过继到华阳夫人名下，异人就能顺利登基，基本思路可行。

经过周密谋划和再三斟酌，吕不韦决心放长线、下重饵、钓大鱼，倾其所有来促成这笔生意，而要运作完成这个这么大一单生意谈何容易？至

❶ 战国时期，诸侯国之间为了增进信任，互派王孙为人质是国际惯例，如，秦昭王赢稷、燕国太子丹都做过人质。

❷ 《史记·吕不韦列传》记载：吕不韦贾邯郸，见而怜之，曰："此奇货可居。"乃往见子楚，说曰："吾能大子之门。"子楚笑曰："且自大君之门，而乃大吾门！"吕不韦曰："子不知也，吾门待子门而大。"子楚心知所谓，乃引与坐，深语。

❸ 《战国策·秦策》记载：吕不韦见到异人后回家问父亲："耕田之利几倍？"其父曰："十倍"；又问："珠玉之赢几倍？其父曰：'百倍'；再问："立国家之主赢几倍？"其父曰："无数。"

少需要走好险象环生的四步大棋。

第一步是基础，说服包装异人。在吕不韦的通盘计划中，异人无疑是男一号，如果没有异人的配合，整个计划便无从谈起。吕不韦了解异人的处境，明白异人的需求。一个备受冷落、衣食无着，而且随时随地都有生命危险的落魄王孙最大的心愿莫过于尽快摆脱困境，脱离苦海，吕不韦的出现，无异于雪中送炭。得到吕不韦这样优秀的运作大师辅佐，加之丰厚的活动经费和秦国王储的诱惑，异人自然是感激涕零，当场许诺："必如君策，请得分秦国与君共之。"

第二步是核心，说服华阳夫人。作为一个成功商人，关键在于了解客户需求，秘诀在于讲究营销策略。吕不韦采取迂回策略，先用重金铺路接近华阳夫人姐姐，而后晓以利害："夫人与华阳一奶同胞，一荣俱荣，一损俱损。华阳得宠，所倚青春美色也，然而以色事人者，色衰而爱弛。一旦美人迟暮，色尽颜衰，为之奈何？"吕不韦一下子戳中了客户要害，华阳夫人姐姐顿时花容失色，对曰："吕先生所言极是，人无远虑，必有近忧，不知先生可有良策？"吕不韦曰："子以母贵，母以子荣，华阳夫人若能从安国君诸子中过继一人收为嫡子，如此这般，夫复何忧？"华阳夫人姐姐沉吟曰："如此甚好，然安国君二十余子，谁可托付终身？"吕不韦曰："最孝顺、最贤德，尤其是境况最为窘迫者才最懂得感恩戴德。"华阳夫人姐姐沉思良久曰："身在赵国为质的异人倒是不错人选，只可惜远在邯郸。"吕不韦曰："异人贤孝，日夜泣思安国君及华阳夫人，来往者皆称誉之，若夫人许之，一切包在吕某身上。"华阳夫人姐姐大悦，当即许诺愿意进宫说服华阳收异人为嫡子。果然，在华阳夫人梨花带雨般的软磨硬泡下，经不起枕边风吹拂的安国君满足了美人的所有要求❶。

第三步很关键，护送异人归国。如果异人回不了咸阳，吕不韦的全盘计划都要泡汤，可是，在赵国的严密监视下将人质带出邯郸，难度可想而

---

❶ 《史记·吕不韦列传》记载：华阳夫人承太子间，从容言子楚质于赵者绝贤，来往者皆称誉之。乃因涕泣曰："妾幸得充后宫，不幸无子，愿得子楚立以为适嗣，以托妾身。"安国君许之，乃与夫人刻玉符，约以为适嗣。安国君及夫人因厚馈遗子楚，而请吕不韦傅之，子楚以此名誉益盛于诸侯。

知，风险可想而知。秦昭王五十年（公元前257年），秦国再次发兵攻打赵国，赵国欲杀异人，眼看费尽千金包装和费尽心思推销的"奇货"性命堪忧，生死关头，吕不韦只好孤注一掷，放手一搏，拿出所有家当，行金六百斤给守者吏，携异人成功得脱，金钱的魅力再次得以体现，吕不韦离成功只有一步之远。

第四步很漫长，等待异人继位。除了帮助异人小心翼翼讨好安国君和华阳夫人外，吕不韦接下来的事情只有一个字——"盼"，静静地盼，耐心地盼，盼着秦昭王和安国君相继归天。功夫不负有心人，公元前251年，高寿的秦昭王在位五十六年终于薨了，安国君继位，史称秦孝文王。没过多久，秦孝文王也薨了，异人继位，史称秦庄襄王。继位后的异人很快兑现承诺，拜吕不韦为相，封文信侯，赐洛阳十万户为食邑，吕不韦收益翻了N倍，终于成功实现了从商人到政客的华丽转变。

二、权倾朝野的政界强人

经过巧妙运作，"奇货"价值终于实现，吕不韦拜相封侯，家僮万人，食客三千，还被秦王嬴政尊为"仲父"，从此，秦国进入了吕不韦时代，秦国的朝政均是"按丞相意见办"，一时间吕不韦权倾朝野，炙手可热。

对于家天下的专制王朝而言，最危险的时刻莫过于政权更迭期，历史上有太多惨痛教训❶。公元前251年至公元前247年的四年间，秦昭王、秦孝文王、秦庄襄王三位国君相继归天，秦国政局面临严峻挑战。在秦国政权频繁更迭期间，作为相国的吕不韦无疑成了秦王朝的"定海神针"，秦孝文王正式在位仅三天，幸得吕不韦未雨绸缪，及早将异人立为太子，避免了诸子争权引发动乱。秦庄襄王在位三年薨，吕不韦拥立太子嬴政顺利继位。作为大秦王朝的实际掌舵人，吕不韦还在任贤用能、稳定大局、开疆拓土等方面展示了杰出的政治才能。

---

❶ 齐僖公、晋献公、秦灵公、赵武灵王，以及后来的秦始皇均是因为政权交接出现问题而给整个国家带来巨大灾难。

吕不韦是个能审时度势的人。东周以来，王室衰微，春秋争霸，战国称雄，经过五百年的征伐兼并，昔日周天子分封的诸侯所剩无几，吕不韦执政期间，所谓的"战国七雄"：军力最强的赵国，经过长平之战、邯郸之战，元气大伤；经济最富的齐国，齐湣王期间，被乐毅率领的五国联军击破，几乎亡国❶；地盘最大的楚国，吴起变法半途而废后，日趋颓废；变法最早的魏国，庸主频出，人才流失严重❷，国势衰微；距秦最远的燕国，实力一般，不足为虑；距秦最近的韩国，在秦国的频繁打击下，国土和人口锐减，名存实亡；唯独秦国自商鞅变法以来，国富兵强，蒸蒸日上，吕不韦清醒地认识到秦国一统天下已是大势所趋！

　　吕不韦是个清醒务实的人。"横扫六合"的理想固然高远，如果没有切实可行的方略相伴，再宏大的志愿也是空谈。吕不韦必清醒地认识到战争拼的是精兵良将、后勤保障和战略方向。为了促成秦国的统一大业，吕不韦主政期间主要做了三件大事：

　　一是坚持人才兴国。不拘一格、广招门客、任贤用能，重用了李斯、蔡泽、蒙骜、王翦等一大批文臣武将；

　　二是重视农业生产。在明知韩国派水利专家"疲秦"阴谋的情况下，权衡利弊，毅然修建了举世瞩目的大型水利工程——郑国渠❸，使关中成为天下粮仓，为秦始皇吞并六国提供了坚实的后勤保障；

　　三是制定战略国策。作为唯一的超级大国，如果单挑，六国都不是秦国对手，如果六国联手，秦国未必取胜，因此，还要继续坚持远交近攻、连横破纵的基本国策。

　　吕不韦是个时不我待的人。机不可失，失不再来，面对形势一片大好，吕不韦积极作为。主政期间，以东周君挑起事端为借口，以迅雷不及掩耳

---

　　❶　齐湣王穷兵黩武，四处树敌，先后攻打楚国、赵国、秦国、魏国、中山国、宋国，威震诸侯，但犯了众怒。公元前284年，燕昭王派乐毅率领韩、赵、魏、楚、燕五国联军大破齐军，攻下齐国七十余城，差点灭了齐国。

　　❷　魏国有很多顶级人才，如商鞅、吴起、孙膑、范雎等，可惜这些人才不是被冷落，就是被排挤，最终都跑到了魏国的敌对阵营。

　　❸　吕不韦何等精明，他肯定知道韩国没事献殷勤非奸即盗，派水利专家帮助秦国绝非为了秦韩睦邻友好，不过是为了让秦国耗费人力、物力、财力罢了，但从长远考虑，兴修水利，对韩而言，不过延数岁之命，对秦而言，却是建万世之功。

之势攻灭东周，结束了这个延续了八百多年的天下共主的最后统治。而后，继续贯彻远交近攻策略，蚕食三晋，先后建立了三川郡、太原郡、东郡，尤其是东郡的建立，使得秦国的国土与齐国接壤，秦国势力如同楔子一样插入中原腹地。此外，当信陵君再次合纵抗秦的时候，巧施反间计❶，使得魏安釐王对信陵君产生猜疑，信陵君从此隐退，纵情酒色，郁郁而终。从此，山东六国再也无力合纵，只能任秦国肆意宰割，最终被各个击破。

三、一字千金的学界达人

一个沾满铜臭的商人，一个权倾朝野的官人，照常理说怎么也不会是一个对学术感兴趣的文人。难能可贵的是，吕不韦居然就是这么一个商界、政界、学术界三界通吃的人，提及吕不韦，我们不得不提及他耗时八年组织编纂的鸿篇巨制——《吕氏春秋》。

首先，我们谈一下《吕氏春秋》的创作动机。吕不韦之所以编著《吕氏春秋》主要有两点考虑：第一是为了面子，附庸风雅，满足虚荣。战国末期，魏有信陵君，楚有春申君，赵有平原君，齐有孟尝君，战国四公子皆下士喜宾客以相倾。吕不韦以秦之强，羞不如，亦招致士，厚遇之，至食客三千人。是时，诸侯多辩士，如荀卿之徒，著书布天下，吕不韦也不甘示下，他不想被世人当作粗俗不堪的暴发户。第二是为了里子，博采众长，治国为用❷。秦自商鞅变法以来，尊奉法家，成效固然显著，负面作用也大。待秦国一统天下，管理的地盘和人口必将更大、更多，且更复杂，国家所面临的主题也会有所变化，法家思想更适合乱世保平安、打天下，和平时期治理天下还需博采众家。

---

❶ 信陵君是著名的战国四公子之一，礼贤下士，广收门客，颇具威望，窃符救赵时，朱亥杀死了魏国统帅晋鄙，吕不韦便花重金买通晋鄙的门客，让他在魏安釐王面前诋毁信陵君说："信陵君是魏将，诸侯的将领也归附于他，天下徒闻魏公子，不闻魏王，诸侯都想拥立信陵君为魏王。"吕不韦还几次假意派人祝贺信陵君，问他是否已经当了魏王。魏安釐王信以为真，夺了信陵君的兵权。

❷ 如果仅仅是为了附庸风雅，吕不韦没必要耗费这么大的人力、物力、财力、精力组织这么大的阵容，耗时八年编著一部书，他考虑更多的还是这本书的使用价值。

其次，我们谈一下《吕氏春秋》的内容筛选。作为中国历史上第一部大规模、有组织、有计划编纂的文学巨著，《吕氏春秋》规模宏大，卷帙浩繁❶，古往今来、天地万物、兴废治乱、士农工商、三教九流等均有论及，可谓涵盖先秦诸子百家的百科全书。全书杂而有序，以黄老道家思想为基调，兼收儒家之伦理取向、墨家之公正观念、名家之逻辑思辨、法家之治国技巧、兵家之权谋方略，形成了一套完整的国家治理理论。吕不韦可谓深谋远虑，他明白大争年代，法家学说具有优势，大乱之后，黄老学说更适合百姓休养生息，只可惜嬴政这个叛逆青年不纳"仲父"之言，在法家暴虐的道路上越走越远，倒是灭秦的刘邦及其后任几代君王汲取亡秦教训，采纳黄老治国思想，与民休养生息，国家得以长治久安，吕不韦可能做梦也没想到"吕氏栽树，刘氏乘凉"。

最后，我们谈一下《吕氏春秋》的宣传手段。吕不韦投入这么大的人力、物力、财力、精力编成的《吕氏春秋》绝非为了孤芳自赏。于私而言，他是为了装点门面；于公而言，他是为了让嬴政能够接受自己主张的治国思想，从而有利于秦王朝的长治久安。要实现上述目的，最有效的手段莫过于宣传，商人出身的吕不韦自然深谙此道，他命人将全书誊抄一遍，悬挂于最热闹的咸阳城门，甚至扬言："诸侯游士宾客有能增损一字者予千金"。"一字千金"的消息传开，咸阳城内一下子就炸开了锅，一夜之间，《吕氏春秋》名声大噪，无人不知，无人不晓，宣传效果良好。

四、藕断丝连的太后情人

作为商人、政治家和文学总编，吕不韦可谓得心应手，但作为一个男人，在处理儿女情长方面，吕不韦却显得有些力不从心，最终还是因为一个相爱却不能爱、相爱却不敢爱的女人阴沟翻船，一世英名毁于一旦，那么这个女人是谁？她与吕不韦之间究竟发生了什么？接下来就需要来捋一捋吕不韦和赵姬的情感纠葛。

---

❶ 《吕氏春秋》包括：六论、八览、十二纪，共计二十六卷，一百六十余篇。

赵姬原本是吕不韦府上一名歌姬，色艺双绝，是一个让男人看一眼就失魂落魄的女人。赵姬深得吕不韦宠爱，没想到的是，在一次宴请异人的夜宴上，酒过三巡的异人见到惊为天人的赵姬，便情不自禁。为了不让前期巨额投资成为泡影，吕不韦选择了忍痛割爱❶。当然也有不太靠谱的观点认为此时赵姬已有孕在身，吕不韦为了让自己儿子当秦王，故意让赵姬勾引异人。其实，不管吕不韦被动也好，故意也罢，客观而言，赵姬都被吕不韦作为礼物献给了异人。当秦军兵临城下，围攻邯郸，异人危在旦夕，为了实现自己的政治梦想，吕不韦只顾和异人狼狈逃命，根本不管赵姬死活，把赵姬和年幼的嬴政扔在了赵国，吕不韦是一个负心的男人。

后来，异人顺利继位，赵姬贵为王后，也算苦尽甘来，可是好景不长，异人是个短命鬼，在位三年就一命呜呼。赵姬寡居深宫，百无聊赖，正负盛年的赵姬对朝政根本不感兴趣，她只渴望能有男人的关爱，偏偏后宫之中最缺的就是男人，唯独吕不韦这个"仲父"可以假借汇报工作之由进出后宫。赵姬心想："我赵姬原本就是你吕不韦的女人，以前你找种种借口亏欠于我，你是生意人，应该懂得感情债也是要还的吧？"王太后提出了要求，作为臣子的吕不韦岂敢不从？于是老情人旧情复燃，再续前缘……

赵姬是一个情欲大于权欲的女人，吕不韦是一个权欲大于情欲的男人，随着秦王嬴政的日渐长大，吕不韦对自己的越轨行为是越想越怕。为了摆脱赵姬肉体和情感上的纠缠，狡猾的吕不韦想到了一个金蝉脱壳的办法，他在市井中找到了一个擅长房事的男子——嫪毐，并将之收为门客，借口犯罪，假施以宫刑，而后，瞒天过海将嫪毐送到赵姬身边。有了男宠相伴，赵姬夜夜寻欢❷，很快就将吕不韦甩到了一边，吕不韦与赵姬的地下情就此了断。

---

❶《史记·吕不韦列传》记载：子楚从不韦饮，见而悦之，因起为寿，请之。吕不韦怒，念业已破家为子楚，欲以钓奇，乃遂献其姬。

❷《史记·吕不韦列传》记载：吕不韦乃进嫪毐，诈令人以腐罪告之。不韦又阴谓太后曰："可事诈腐，则得给事中。"太后乃阴厚赐主腐者吏，诈论之，拔其须眉为宦者，遂得侍太后。太后私与通，绝爱之。

五、恋慕浮华的饮鸩老人

正当吕不韦为自己的金蝉脱壳之计得意扬扬之时，很快他就发现自己打错了如意算盘。假太监嫪毐进宫不久，寡居深宫的太后居然怀孕了，这在当时绝对是爆炸性新闻。赵姬很漂亮，赵姬很放荡，赵姬很荒唐，她没有尽快将胎儿打掉，居然还要把孩子生下来，她还想再当一次母亲，为了掩人耳目，赵姬假借占卜之名，徙宫居雍，继续和嫪毐鬼混，还一连生了两个儿子。

嫪毐本是市井无赖之徒，凭借房中秘术，深得太后宠爱，赏赐颇丰不说，还被封为长信侯，可谓且富且贵❶。然而，市井无赖终究是市井无赖，嫪毐就是一头中山狼，得志便猖狂，酒后公然大放厥词，称自己是嬴政的"假父"，还密谋让自己的儿子做秦王，谋反失败被俘后，自己惨遭五马分尸不说，两个儿子也被活活摔死，嫪毐集团被一网打尽。这正应了世人一句格言："欲令其亡，必令其狂。"

嫪毐集团虽被粉碎，但事情并未因此了结。大家想想，嫪毐事件的始作俑者是谁？当然是聪明反被聪明误的吕不韦，嫪毐原本是吕不韦的门客，又是吕不韦一手运作促成了嫪毐与赵姬的"情感"，吕不韦无论如何都脱不了干系。不过，嬴政看在他昔日功劳和群臣求情的份上，仅仅罢了他的相位，被遣往洛阳封地。照理说，经此一劫，吕不韦应该闭门思过，低调做人才是，可是，由俭入奢易，由奢入俭难，毕竟无限风光了一辈子，一下子要过清净无欲的生活，吕不韦很不适应。罢相的吕不韦家中依然门庭若市，熙熙攘攘，诸侯宾客使者相望于道，请文信侯。生性多疑的嬴政恐其为变，乃赐文信侯书斥责曰："君何功于秦？秦封君河南，食十万户。君何亲于秦？号称仲父。其与家属徙处蜀！"

先是罢相，后是迁徙，嬴政的下一招是什么呢？吕不韦陷入了深深恐惧，他亲眼看着嬴政一天天长大，他太了解嬴政的性格，想想这孩子的城府，想想这孩子的手腕，想想这孩子的冷血和残忍，再看看眼前这一檄严

---

❶ 《史记·吕不韦列传》记载：嫪毐获得的赏赐甚厚，事皆决于嫪毐。嫪毐家僮数千人，诸客求宦为嫪毐舍人者千余人。

厉的迁徙令和这两句冰冷冰冷的质问词，真是让人不寒而栗。与其一步步被人侮辱玩死，还不如选择一个有尊严的方式结束自己 ❶，也算是"宁为玉碎，不为瓦全"。于是乎，在一个阴风习习的夜晚，一个老人，一盏烛灯，一壶鸩酒，一饮而尽，一醉不醒……

纵观吕不韦的一生，其志向不可谓不远，其谋略不可谓不深，其功绩不可谓不大……然而，在追逐财富的道路上心无止境，在攀登高位的道路上不择手段，在钓取名誉的道路上费尽心思……为了财富，为了权位，为了虚名，疲于奔命，近乎疯狂，到头了终究还是一场空。也许《红楼梦》里这句"机关算尽太聪明，反误了卿卿性命"是对他最为恰当的点评。

---

❶ 《史记·秦始皇本纪》记载：记载："吕不韦死后，窃葬。其舍人临者，晋人也逐出之；秦人六百石以上夺爵，迁；五百石以下不临，迁，勿夺爵。"可见，嬴政早已经视吕不韦集团是自己统治的最大威胁，即使吕不韦死了也不能放过！必须铲除！

事后诸葛说孔明

——解密走下神坛的诸葛亮

　　一部家喻户晓的《三国演义》让诸葛亮妇孺皆知，隐居隆中，躬耕苦读；刘备三顾，始出茅庐；纵横江东，舌战群儒；联孙破曹，东风相助；公瑾忌妒，仲达折服；锦囊妙计，鲜有失误；推演兵法，巧布阵图；木牛流马，诸葛连弩；南征北战，功在鼎足；鞠躬尽瘁，后世仰慕……智慧的化身，忠良的代言。生前备受荣耀，死后名垂千古，近乎完美无瑕，让人好生羡慕。然而，现实一再告诫我们：越是精彩完美的故事往往就越不靠谱。接下来，笔者就结合《三国志》《后汉书》等史料记载带大家拨开罗贯中生花妙笔之下虚构的层层迷雾。

一、高调隐居的大志青年

　　诸葛亮，字孔明，琅邪人也，官宦世家❶，三岁逢乱世❷，三岁丧母，八岁丧父，十六岁丧叔❸，自此，少了依靠，躬耕隆亩，开始了长达十年的隆中耕读。青山绿水伴，天然氧吧间，农时下地耕田，闲时刻苦钻研，荆州名士司马徽、崔州平、徐元直等皆愿与之畅谈……如此潇洒恬淡又不失高

---

❶　先祖诸葛丰，官拜司隶校尉，其父诸葛珪，汉末任泰山郡丞。

❷　公元184年，黄巾起义爆发，自此，军阀混战，天下大乱。

❸　诸葛亮的叔父诸葛玄任豫章太守，诸葛珪去世后，诸葛玄收养了诸葛亮和诸葛亮弟弟诸葛均，还有他的两个姐姐，丢官后投奔荆州刘表。

雅闲适的田园生活惹得唐朝诗人刘禹锡心驰神往，并由此创作了大家耳熟能详的千古名篇《陋室铭》："苔痕上阶绿，草色入帘青。谈笑有鸿儒，往来无白丁，可以调素琴，阅金经，无丝竹之乱耳，无案牍之劳形。南阳诸葛庐，西蜀子云亭……"每每诵及此文，脑海中总是情不自禁浮现出歌手那英《白天不懂夜的黑》里的歌词："你永远不懂我伤悲，像白天不懂夜的黑。"试想，一个好吟梁甫❶的人，一个自比管乐❷的人，"苟全性命于乱世，不求闻达于诸侯"岂会是其真实心声？其实，诸葛亮为建功立业，一展宏图，在苦练内功的同时，一直在苦心经营，隆中十年，他主要做了两件大事：

其一，迎娶丑女，步入名流。史书记载："亮身长八尺，容貌甚伟。"诸葛亮也是才子一个，帅哥一枚。在讲究"郎才女貌"标配的世俗眼里，众人皆期待诸葛亮能像周瑜一样找个如花似玉的美人。可诸葛亮的审美眼光却让世人大跌眼镜，荆襄名士黄承彦上门提亲曰："闻君择妇，身有丑女，黄头黑色，而才堪配，若何？"诸葛亮二话没说，一咬牙，一个字："中。"正所谓"黄老闺女丑，愁无男朋友。欲与孔明妻，照单就全收"。时人以为笑乐❸（笔者也坚信心灵美才是真的美），但诸葛亮最清楚，荆州第一豪族蔡讽有二女，一嫁刘表，一嫁黄老，诸葛亮能成为黄老女婿，荆州最高行政长官刘表就成了他姨父，首屈一指的实力派人物蔡瑁就成了他舅父。虽说丑女不养眼，可也不费心、不费金，还有才、有人脉，此女旺夫也！

其二，加入圈子，广交名士。东汉末年，天下大乱，唯刘表所治荆襄一带相对平安，天下英才多聚此避难，于是，这里便形成了一个人气最旺的名士朋友圈，圈内会员有：深得曹操赏识的御史中丞徐庶，后来帮助刘备取西川的军师凤雏，素有伯乐之称的水镜先生司马徽，德高望重的长者庞德公，与袁绍一同起兵讨伐董卓的西河太守崔钧，当然，还有诸葛亮的

---

❶ 《梁父吟》讲述了齐国国相晏子二桃杀三士的典故。

❷ 管仲辅佐齐桓公九合诸侯，一匡天下，乐毅辅助弱燕伐齐，陷城七十余座，几亡齐国，此二人堪称将相之楷模。

❸ 《三国志·蜀书·诸葛亮传》裴松之引注的《襄阳记》记载：乡里为之谚曰："莫作孔明择妇，正得阿承丑女。"

老丈人荆襄名士黄承彦……他们情投意合，志同道合。闲暇时，切磋思想，彼此欣赏。关键时，彼此推介，传播美名。"定乾坤，安天下"固然需要有才，更需要平台。诸葛亮与天下名士为伴，自比管乐，志向非凡。才思敏捷，见识非凡。卧龙美名，就此广传。

二、受命危难的纵横奇才

屡败屡战，愈挫愈勇的刘备投奔刘表，寄居新野，广罗人才之际，巧遇水镜先生司马徽，这位素因善于识人而著称的世外高人谓刘备曰："识时务者为俊杰，通机变者为英豪，卧龙、凤雏皆当世奇才，得一人者，可得天下。"后来刘备十分器重的军师徐庶也力荐曰："卧龙者，天下奇士也，若得此人，无异于周得姜尚，汉得张良，此人可就见，不可屈致也，将军宜枉驾顾之。"于是，便有了三顾茅庐的千古美谈。

吊足了刘备的胃口，验证了刘备的诚意，卧龙出山。首次会面，诸葛亮便送了刘备一份豪华大礼包，也就是"未出茅庐，已知天下三分"的"隆中对"。诸葛亮洞悉天下，帮刘备解决了三大困惑：

一是指明战略方向。北有曹操，兵强马壮，人气最旺，挟天子以令诸侯，不可争也。东有孙权，已历三世，国险而民附，贤能为之用，不可图也。荆州北据汉、沔，利尽南海，东连吴、会，西通巴、蜀，而其主不能守，可争矣❶。益州险塞，沃野千里，刘璋暗弱，民殷国富而不知存恤，智能之士思得明君，可图矣。

二是分析战略资本。刘备既帝室之胄，英雄之器，信义着于四海，弘毅宽厚，思贤如渴，众士仰慕，曹操占天时，孙权占地利，刘备占人和。众所周知，天时不如地利，地利不如人和。

三是勾画战略战术。跨有荆、益，保其岩阻，西和诸戎，南抚夷越，外结孙权，内修政理。天下有变，则命一上将，将荆州之军以向宛、洛，

---

❶ 诸葛亮鼓捣着让刘备打自己老婆亲姨夫的主意，真够大义灭亲的，不知道诸葛亮如何跟老婆交代，也不知道刘备激动过后，如何看待诸葛亮人品。

将军身率益州之众出于秦川，则霸业可成，汉室可兴。

闻此高论，刘备热血沸腾，顿觉奋斗有了方向，胜利有了希望，不禁叹言："孤之有孔明，犹鱼之有水也。"

有的时候，历史出奇吊诡，卧龙出山不到一年，刘备就摊上事了，而且是摊上大事了。公元208年，统一北方的曹操意气风发，挥师南下，大军压境，火烧眉毛之际，刘备才从刘琮的手下宋忠❶口中得知荆州已降。闻此噩讯，刘备是又气又急，差一点把宋忠给送了终。无奈之下，弃新野，走樊城，败当阳，走夏口，抛妻弃子，总算保住了条老命，在刘备最狼狈的时候，诸葛亮临危受命。

当时形势好比这样：孙家和刘家是邻居，孙家是大户，家大业大，妻妾成群。刘家是小户，家境没落，勉强度日。某日，曹某人带了一帮强盗杀奔过来，大家想想，孙家和刘家谁更焦虑？当然是孙家，因为历来都是穿鞋的比光脚的更怕死。可孙家会主动请刘家帮忙吗？不会，因为大户爱面子。刘家虽贫，可也渴望生存，人穷志短，只好主动找孙家求援。孙家会爽快答应联手抗曹吗？未必，因为不屑刘家实力，更担心刘家斗争不能彻底。求人帮忙，没钱、没兵、没地、没关系，与人结盟谈何容易？不过，刘备派出的说客诸葛亮很给力，接下来，我们一起欣赏一下中国历史上最精彩的游说大戏。

诸葛亮虽年方二十七，却是老练缜密，尤其是对读心术颇有造诣，面对孙权的徘徊犹豫，开始了他精心设计的霹雳游说三部曲：

第一曲的主题是析，析明战和利弊。海内大乱，孙氏起兵据江东，刘氏收众占汉南，与曹氏并争天下。曹操荡平北方，兵多将广，大军压境，迫在眉睫之际，孙权面临三种选择：和，虽是苟且偷生，却可苟全性命；战，虽说颇具风险，但也颇有胜算；中立，貌似合情合理，却是事不由己。诸葛亮劝孙权量力而处之："若能以吴、越之众与曹操抗衡，不如早与之绝；若不能当，何不案兵束甲，北面而事之！今将军外托服从之名，而内怀犹豫之计，事急而不断，祸至无日矣！"孙权如梦初醒。

---

❶ 宋忠，字仲子，南阳章陵人，曾代表刘琮和蔡瑁等人向曹操上降表。

第二曲的主题是激，激发英雄血气。在诸葛亮的引导下，孙权反问："苟如君言，刘豫州何不遂事之乎？"这一下正中孔明下怀，诸葛亮开始引经据典道："田横，齐之壮士耳，犹守义不辱，况刘豫州王室之胄，英才盖世，众士仰慕，若水之归海，若事之不济，此乃天也，安能复为之下乎！"把织席贩履出身，走投无路，惶惶如丧家之犬的刘备都说得那么英烈贞节，孙权颜面何在！当即勃然大怒曰："吾不能举全吴之地，十万之众，受制于人。吾计决矣！非刘豫州莫可以当曹操者。"孙权满血而归。

第三曲的主题是缕，缕清孙权疑虑。虽说孙权立场已明，但仍有四大疑虑：一是自信问题。敌强我弱，胜负难料；二是团结问题。是战是降，内有分歧；三是盟友问题。刘家势弱，无法助力；四是战术问题。破敌无策，心中没底。诸葛亮继续展开凌厉攻势："刘豫州军虽败于长坂，今战士还者及关羽水军精甲万人，刘琦合江夏战士亦不下万人。曹操之众，远来疲弊，闻追豫州，轻骑一日一夜行三百馀里，此所谓'强弩之末，势不能穿鲁缟'者也。且北方之人，不习水战；又荆州之民附操者，逼兵势耳，非心服也。今将军诚能命猛将统兵数万，与豫州协规同力，破操军必矣。操军破，必北还，如此则荆、吴之势强，鼎足之形成矣。"孙权豁然开朗。

三、明哲保身的后方总管

"隆中对"为刘备提供了战略规划；"促联盟"为刘备谋得了发展空间。展示的是张良之才，论功行赏，作为年轻干部的诸葛亮第一个正式官职是军师中郎将，负责军需供应，具体任务是督零陵、桂阳、长沙三郡，调其赋税，以充军实。

追随刘备的十六年间，诸葛亮管乐之梦非但未能如愿，甚至圣宠眷恋也与一直与刘备形影不离的法正❶、庞统相差很远。按理说诸葛亮应该很郁

---

❶ 法正，字孝直，善奇谋，迎刘备入川有功，后随刘备征汉中，献计斩首曹操大将夏侯渊。公元 220 年去世，享年 44 岁，刘备十分悲伤，连哭数日。《三国志》称赞其可以与曹操手下第一谋士郭嘉相媲美。

闷，可为从大局着眼，当然也为了自己长远发展，资历尚浅的诸葛亮选择了埋头苦干，任劳任怨。谨小慎微的性格使得他在关键时刻非但不能犯颜直谏，甚至还有工于心计、曲意逢迎之嫌。眼看刘氏集团如日中天，可入川后的一系列重大战略失误却导致蜀汉政权日落西山，虽说主要责任应由刘备这个大老板承担，但诸葛亮这个 CEO 毕竟也是高参，以下失误其责难免。

其一，荆州留守。赤壁之战后，作为战略要冲、兵家必争之地的荆州被魏、蜀、吴三家瓜分。刘备当然明白荆州的分量，入川图益州时，仅带庞统、黄忠、魏延随往，诸葛亮、关羽、张飞、赵云则共同镇守荆州。后来，益州战事吃紧，需要支援。当时是，曹操对荆州耿耿于怀，孙权对荆州虎视眈眈，把脾气火爆的关羽单独留在荆州这个火药桶上实属危险。虽然关羽本领很高、能力很强，但气量狭小❶、不识大体❷、胸无城府❸、狂妄自负❹，人缘极差❺，作为留守荆州人选远不如赵云合适，这一点老谋深算的诸葛亮最了解。其实，诸葛亮只要对关羽说："益州，战事酣，任务艰，非美髯公亲往不可也。"以关羽的性格必欣然驰往。

其二，成都犒赏。刘备虽自诩皇族血统，却是地地道道草根青年，先后投奔过公孙瓒、陶谦、袁绍、吕布、曹操、刘表，颠沛流离，寄人篱下。也许是人生压抑的太久，乍得益州便有点忘乎所以（刘备可能心想，奋斗了半辈子，颠沛了半辈子，总算有了属于自己的地盘，我的地盘我做主），竟忘却半生打拼树立起的亲民爱民形象，竟然默许士兵哄抢府库，还打算将成都城中屋舍及城外园地桑田分赐诸将。大家想想，初来乍到，民心不稳，就强占田宅，与民争利，这不是找死的节奏吗？诸葛亮饱读诗书，难道不懂"得民心者的天下，失民心者难长久"这么浅显的道理？史书没有诸葛

---

❶ 刘备三顾茅庐请诸葛亮出山时，关羽不悦。马超归顺刘备时，听说勇猛过人，关羽扬言要和马超比武，诸葛亮连哄带恭维才算将其安抚。

❷ 《三国志·蜀书·费诗传》记载：刘备称汉中王后，封关羽为前将军，黄忠为后将军，关羽开始拒绝封赏，怒曰："大丈夫终不予老兵同列。"后来在使者的好说好劝下才领封。

❸ 为麻痹关羽，吕蒙让名不见经传的陆逊接替自己，陆逊的一番恭维就让关羽飘飘然了。

❹ 孙权想迎娶关羽的女儿，关羽大骂："虎女焉嫁犬子？"

❺ 关羽的同事关系很紧张，襄樊之战失利后，刘封、孟达、糜芳、傅士仁要么见死不救，要么干脆投降。

亮劝谏的记载（当然，没记载不代表没有，但起码没有力荐），倒是赵云关键时刻挺身而出，犯颜直谏，避免了成都百姓一场劫难。

其三，襄樊之战。公元 219 年，关羽官拜前将军，假节钺，孤军北上，攻襄樊，困曹仁、擒于禁、斩庞德，水淹七军，威震华夏，曹操不断派兵增援，孙权也是动作不断。三国关系的微妙之处就在于任何一家过于冒尖，其余两家都会不安，面对关羽此次军事冒险，刘备集团不可能不知此战凶险，生死相随的兄弟搞这么大活动，关键时刻，刘备大哥即使不率众前来，起码也该派员大将捧场！可是，战事持续前后近半年，未见刘备一兵一卒增援。后来，吕蒙白衣渡江，关羽败走麦城，关羽死因也就成了千古谜团 ❶。虽然刘备、诸葛亮不发兵的理由不好臆断，客观上，桀骜不驯的关羽殒命，性格刚烈的刘封 ❷ 被杀，刘备的亲儿子刘禅继位后少了两大刺头，诸葛亮迈向权力顶峰也少了两大障碍。

其四，刘备称帝。公元 220 年，曹操去世，同年，曹丕根基未稳之际，竟冒天下之大不韪，胁迫刘协禅位，悍然称帝。根据当年"隆中对"中的战略构想，刘备终于等来了"天下有变"。此时，曹丕集团，政权更替，人心不齐，贸然称帝，又犯大忌。而刘备集团，文有孔明、马良、李严、秦宓之辈为之谋，武有张飞、赵云、马超、魏延诸将为之驱，凭益州之富足、汉中之地利，借孙权示好之契机，假皇叔之名义，举讨逆之大旗，振臂一呼，必然应者云集，曹丕小儿必将重写当年袁术称帝之败笔 ❸。只可惜，诸葛亮坐失天赐良机，为加官晋爵，满足私欲，以冠冕堂皇之理由，联合群

---

❶ 主流观点认为，关羽镇守荆州十年，眼看马超、黄忠、张飞、赵云等个个建功立业，襄樊之战是求功心切的关羽擅自发动，属于先斩后奏，刘备心里不爽，可捷报频传，后来刘备也就默认，毕竟关羽假节钺，有一定的战守自主权。至于刘备、诸葛亮为何不派兵支援，有人认为，关羽开始一直是捷报，派兵没必要。可是，久经沙场的刘备和谨小慎微的诸葛亮难道不知道关羽的实力和曹孙两家相差悬殊？有人认为，刘备刚刚结束汉中之战，将士需要休整。可是休整需要半年之久？休整需要全军休整？有人认为刘备不可能以荆州为代价借刀杀人害死关羽。刘备年事已高，荆州重要，还是儿子顺利继位重要？洞悉人情世故的诸葛亮和刘备心照不宣。

❷ 刘封，性格刚烈，勇武过人，颇有战功，刘备在荆州时暂无子嗣，收其为养子。后因未救助关羽（即使出兵也是白白搭上士兵性命，一来兵少，二来东吴可能围点打援，况且，刘封并未接到刘备出兵的命令），诸葛亮劝刘备将其害杀。

❸ 《三国志·蜀书·赵云传》记载：赵云曾谏刘备曰："操身虽毙，子丕篡盗，当因众心，早图关中，居河、渭上流以讨凶逆，关东义士必裹粮策马以迎王师。"

僚，撺掇刘备效仿曹丕。如此，刘备摘掉了匡扶汉室之虚伪面具，分疆裂土，偏安一隅。

其五，刘备伐吴。刘备登基的第二年，可能是想起了两三年前关羽大仇尚未得报，悍然决定御驾亲征讨伐孙权。面对不合时宜的大战，率真的赵云劝阻曰："国贼曹魏，非孙吴也，且先灭魏，则吴自服，不应置魏，先与吴战，兵势一交，不得卒解也。"见刘备不听赵云之劝，耿直的秦宓又谏："此行，不得天时，不得地利，必败无疑。"惹得刘备差点砍了秦宓的脑袋……也许是因为对刘备太了解，诸葛亮又一次选择了沉默。夷陵惨败后，诸葛亮说："如果法正健在，就能劝阻主上放弃伐吴，即使劝阻不成，也不至于如此惨败。"看来，"苟利国家生死以，岂因祸福避趋之"绝非诸葛亮之风格。

四、壮志未酬的托孤大臣

公元 223 年，一代枭雄刘备即将走到生命尽头，弥留之际，将最让他放心不下的阿斗托付于诸葛亮、李严，并特别嘱咐诸葛亮："君才十倍曹丕，必能安国，终定大事。若嗣子可辅，辅之；如其不才，君可自取"。不知是感动，还是惊恐，诸葛亮叩头泣曰："臣敢竭股肱之力，效忠贞之节，继之以死……"白帝城托孤，使诸葛亮身兼丞相和亚父双重身份，少了关羽、张飞、黄忠、马超、法正、庞统等一大批元老掣肘，加之，少主刘禅缺乏主见，诸葛亮大权独揽，已居管乐之位，那么，诸葛亮是否真有管乐之能？能否成就管乐之功？

夷陵之战，火烧连营，蜀国精锐殆尽。国丧期间，南中诸郡，并皆叛乱，蜀国处境并不乐观。危难之际，诸葛亮再一次展示了其出色的内政外交才华：对内，立法施度，整理戎旅，科教严明，赏罚必信，吏不容奸，人怀自厉，道不拾遗，风化肃然，其春南征，其秋悉平。对外，东遣使聘吴，因结和亲。北留重兵守关，以防曹魏。不足五年光景，蜀国元气恢复。接下来，北定中原，攘除奸凶，兴复汉室，还于旧都的人生夙愿能否实现？诸葛亮必须迎接如下挑战：

其一，天时已失。公元228年，诸葛亮第一次北伐距曹丕篡汉已近八年，此时，曹魏政权已然巩固，再高举讨伐谋逆篡位之义旗似乎为时已晚。

其二，将星殆尽。刘备进位汉中王时所封的"四大金刚"❶全部殒命，此时，赵云年事已高，魏延又不得信任，真正能拿得出手又能委以重任的大将几乎一个没有，岂不悲催？

其三，用人失察。第一次北伐，诸葛亮就违背刘备遗训："马谡言过其实，不可大用。"更不顾众人反对，放着魏延、吴懿这些久经沙场的宿将不用，偏偏提拔未经实战的马谡驻守战略要地，结果马谡违反军令，街亭失守，全盘皆输。

其四，内存分歧。自古，兵者，国之大事，死生之地，存亡之道，不可不察也，更何况是发动对一场毫无胜算的战争。当时的蜀国内部，以诸葛亮为代表的荆州集团和以李严为代表的益州集团斗争激烈。后方不稳，人心不齐，历来为兵家大忌。

其五，战术呆板。自古兵者，诡道也，可诸葛亮就不信这一套，一味稳扎稳打，步步为营，将蚂蚁啃大象的精神发挥得淋漓尽致，结果，五出祁山❷，劳民伤财，无功而返。

其六，国力悬殊。战争最终拼的还是综合国力，论国土面积、将帅之才、兵源数量、战备给养等因素，蜀国皆远不及魏国。自公元228年至公元234年，诸葛亮五次北伐，多以粮草不济，半途而废。

为了梦想，苦心经营；为了梦想，鞠躬尽瘁；为了梦想，一意孤行……终因不懂养生，操劳过度，魂断征程，结束了坎坷的一生、操劳的一生、革命的一生、辉煌的一生、遗憾的一生。

斯人虽已逝，忠魂烁古今。我们忘不了三顾茅庐的千古佳话，忘不了《出师表》的赤胆忠诚，忘不了《诫子书》的谆谆教诲，忘不了五丈原

❶ 前将军关羽、后将军黄忠、右将军张飞、左将军马超，五虎上将之说属小说家之言。

❷ 正史中就记载了五次北伐，真正出祁山只有二次，"出祁山"可视为北伐的代名词，六出祁山无从考证。

的英烈忠魂……可是，每当想起"出师未捷身先死，长使英雄泪满襟"的悲情，总觉得诸葛亮的人生存在诸多引人深思的情形：大权独揽，架空少主，忠乎孔明？穷兵黩武，劳民伤财，仁乎孔明？以弱击强，飞蛾扑火，智乎孔明？明哲保身，不善直谏，正乎孔明？事必躬亲，执拗任性，贤乎孔明……

最后，笔者想借用金庸先生《书剑恩仇录》里的一句经典名言作为对诸葛亮的最终点评："情深不寿，慧极必伤。"

一颗璀璨的法治流星

——护法宰相戴胄记事

　　说起宰相，大家都不陌生，一人之下，万人之上，多有治国理政之才，给人的印象就是总管国家一切行政事务的最高行政长官，是历代君王的贴心管家。中国历史上的宰相数以百计，妇孺皆知的也不乏其人，譬如能治国安邦的贤相萧何，功高盖主的权相曹操，残害忠良的奸相秦桧，以及后来一度扭转大明王朝颓势的内阁首辅张居正等。但有法治思维，坚持依法办事，能够践行中国法治萌芽思想的宰相翻遍史书，自始皇帝起也寥寥无几，而大唐初期的宰相戴胄就是这凤毛麟角中的之一。接下来，笔者就根据《旧唐书》《新唐书》《贞观政要》《资治通鉴》等史料的记载给大家介绍一下这位护法宰相——戴胄的故事。

　　戴胄，字玄胤，相州人也，早年在隋朝为官，又曾效力于王世充，后归顺唐朝，因生性耿直，敢于犯颜直谏而深得唐太宗信任，历任唐朝大理寺少卿、谏议大夫、户部尚书、吏部尚书，后经杜如晦临终举荐担任太宗朝的宰相。也许是因为太宗本人文治武功，手下更是人才济济，麾下有长孙无忌、房玄龄、杜如晦、魏徵、尉迟敬德、李靖、李绩等一大批彪炳千秋的文臣武将，可谓个个武能定国，文能安邦。戴胄在贞观之治的大环境下虽官拜宰相，不需要、也不太可能有惊天动地之举，再说戴胄本人也确实没有太大的治国理政之才，他根本算不上是一位传统意义上的出色宰相。

据史书记载，戴胄不通经史，任吏部尚书时，奖掖法吏，抑制文士，受到当时舆论的讥讽。物以类聚，人以群分，用现在的话说，戴胄，痴迷律法，喜欢提拔法官，还时不时有意压制其他行政官员。

有一次，太宗曾专门针对伪造资历的官吏下诏："若不自首，一旦查出，判处死刑"。后来真有个心存侥幸的官吏很不幸被查出伪造资历交由戴胄审理，戴胄却仅仅依法判处流放，太宗得知大怒曰："朕下诏令说，不自首者，一律死罪，你戴胄却将罪犯流放，你这分明就是抗旨，你这是让朕威严扫地失信于天下啊！"戴胄对答曰："陛下如果直接下诏将人犯处死，臣管不了，但是陛下既然将案件交付司法，臣就要依法办案。"太宗见戴胄敢顶嘴就更加生气，指责戴胄："你只管自己依法办案，难道就要让朕失信于天下吗？"戴胄依然淡定曰："法律布告于天下，乃取信于民的国之根本，陛下的话只不过是一时的喜怒说出来的，陛下您怎么能仅凭借一时之气愤动辄杀人？现在我将案犯依法处置，这是让陛下您忍小忿而存大信也。"太宗听罢甚慰，称赞戴胄："卿能执法，朕复何忧！"

忠哉，戴胄，为了大唐长治久安，以殉道者的姿态向最高权威挑战；勇哉，戴胄，面对君王震怒大义凛然，不卑不亢，勇往直前；智哉，戴胄，忍小忿，存大信，利弊权衡，依法巧谏获得君王盛赞。幸哉，戴胄，碰上了豁达、开明、理性的唐太宗。作为封建王朝的臣子，忠、勇、智三者兼具，固然值得欣赏，更难能可贵的是一千三百多年前戴胄的法治精神境界——视法律为取信于民的国之根本！君王意志与法律规定冲突时何去何从？法大？还是君大？法大，就是法治思维，君大，就是人治思维。戴胄任法而治，成功说服君王忍小忿，存大信，时至今日仍令我辈肃然起敬。

如果说戴胄处理"资历造假案"很大程度上属于智取，落脚点在依法。那么接下来戴胄办理的案子很大程度上就属于力争了，落脚点在公正（国法面前人人平等）。

贞观元年（公元627年），皇亲国戚长孙无忌进入东上阁门，忘了解下佩刀，违反了《卫禁律》，尚书左仆射封德彝判定："监门校尉失职，罪当处死；长孙无忌误带佩刀入宫，罚铜二十斤"。太宗皇帝已经认可了封德彝的处理意见，可时任大理寺卿的戴胄却提出异议："长孙无忌是误带佩刀入宫，监门校尉也是因为一时疏忽未能及时发现，如果陛下念及长孙无忌有功，从轻处置，非法司所该管。如果依法处置，仅罚铜二十斤，恐怕未必合理。"太宗说："法律乃天下共同遵守的，怎能因无忌是皇亲国戚而不执行？"于是，案件被发回重审，可封德彝这个圆滑世故的老油条还是坚持己见，戴胄依然毫不畏缩："校尉因无忌而获罪，依法应当从轻，且二者皆是过失，应当改判。"最终，在戴胄的据理力争下，太宗皇帝赦免了校尉的死罪。

是什么给了戴胄如此勇气？敢站在当朝皇帝、皇亲国戚、开国功臣的对立面据理力争，公然叫板，全然不把身家性命当成回事。是因为唐太宗是明君？毕竟有明君才有诤臣，我看不尽然，毕竟伴君如伴虎，满朝文武也没几个敢公然站出来主持公道。再说，戴胄和太宗皇帝、长孙无忌、封德彝也没什么私怨，也不至于公报私仇。就算是有私仇，估计一般人也不敢公然叫板，毕竟开国元勋长孙无忌是皇后的亲哥哥，封德彝也是开国元勋，官拜尚书左仆射，比自己官大，封建社会可是官大一级压死人的啊。此外，以戴胄的官誉也不至于收受非亲非故监门校尉的贿赂，更不至于为了博得好名声而拿自己的生命做赌注。

法治大成之路漫漫、艰辛、修远，需要夯实的经济基础、严密的制度设计、广泛的民众信仰、强大的体系保障。何谓法治，没有统一的定义，但公认的法治境界至少具备以下基本要件：必须拥有一部广泛保障公民权利和自由的根本大法；法律必须公之于众，人人有法可循；政府权力受制于法律，长官意志与法律不符时，法律至上；法律面前人人平等，消除法外特权的社会阶层；法治信仰深入民心，拥有广泛敢于为权利和自由而战的公民；必须有规范严密的制度设计规避权力滥用，保证公民权利不受侵犯；规范健全的市场经济基础；解放思想，敢于吸收借鉴世界法治文明成果。

然而在封建专制社会的大环境下，不是每个君王都不任性，戴胄的法治信仰终究难逃专制社会"人存政举、人亡政息"的历史宿命。戴胄生活的时代是一个"普天之下莫非王土、率土之滨莫非王臣"的皇权时代。在隋朝《开皇律》基础上修订的《武德律》《贞观律》等成文法典虽然代表了当时全世界最高立法水平，可终究是一部维护李家皇权的宝典，不可能是广大民众权利和自由的宪章。

在君权神授、皇权至上的封建王朝，圣旨就是法律，圣旨高于法律，君让臣死，臣不得不死，君王不仁，视百姓为刍狗，君王对成文法的遵守完全凭自身修养德行，靠的是自觉自律。历史一再告诉我们：一切有权力的人都容易滥用权力，这是一条万古不变的经验。自律一时尚可，终究不太靠谱。虽说春秋战国以后中国法律就是公开的成文法，可广大民众大多不识几个字，也没有专门的律师队伍，法律认识百姓，百姓大多不认识法律。说起法律面前人人平等更是天方夜谭，皇亲国戚、功臣权贵天生就享特权，普通民众只能是任人摆布的待宰羔羊。再说封建社会是农业社会，相对封闭，统治者普遍重农抑商，开放的市场经济根本无从谈起，被束缚在土地上的广大民众个个奴性十足，有口饭吃就绝不反抗，哪来的权利觉悟和法治信仰。

综上可知，历史已经注定戴胄的法治信仰终究破灭，大背景使然。笔者不禁感叹：悲哉，戴胄。

我们坚信：社会不停在坎坷中进步，历史一直在曲折中发展，法治成为世界潮流的今天绝非一朝一夕、一蹴而就，那是一个个先觉、先知、先行者启蒙、唤醒、带领广大民众历尽千辛万苦一点一滴争取而来的。

戴胄，血性男儿，护法名相，一代忠臣，忠于国君，更忠于法律，满怀激情，顶天立地。为了法律的尊严冒犯龙颜，为了法律的公正不畏权贵，为了法律的信仰勇者无惧！其局限的法治思想虽昙花一现，却魅力无限，其局限的法治信仰如同流星闪现，却划破长空，是那么璀璨，是那么耀眼，我们坚信，时至今日，这颗流星仍指引着我们对更高层次法治境界的企盼。

壮哉，戴胄！

揭秘荧屏神探狄阁老

——还原狄仁杰之庐山真面

　　他是荧屏的宠儿，家喻户晓的神探，中国版的福尔摩斯，尤其是梁冠华主演的《神探狄仁杰》系列热播以来，国产神探的形象更是深入人心：敦实发福的身材、硕大智慧的脑袋、花白飘然的胡须、自信和蔼的笑眯、临危不乱的定力、缜密严谨的逻辑、拍案叫绝的推理……简直无法形容的酷毙。然而，影视毕竟不等于真实，那么，在风云变幻的李唐王朝，在血雨腥风的武周时代，历史上的狄仁杰有何宦海经历？有何历史功绩？有何成功奥秘？对我们又有何人生启迪……接下来，笔者就结合《旧唐书》《新唐书》《资治通鉴》等史料记载带大家一起品读了解狄仁杰的人生传奇。

一、虚构演绎的大唐神探

　　历史上的名相难以历数，但能像狄仁杰一样与神探联系在一起的恐怕是寥寥无几。狄仁杰的爆棚人气离不开其神探美誉，而其神探美誉则离不开一个荷兰籍中国通的努力，要知晓神探是怎样炼成的，还得先从这个名叫高罗佩的荷兰籍老外说起。

　　高罗佩，原名罗伯特·汉斯·古利克，20世纪中叶荷兰外交家、汉学家、翻译家、小说家，是中国通，也是中国迷，还是中国婿 ❶。此人多才多艺，尤其是对中国文化特别痴迷，诗、词、歌、赋、琴、棋、书、画皆颇有造诣，然而，让其一举成名的还是他的大型悬疑侦探推理小说《大唐狄仁杰断案传奇》（亦称《大唐狄公案》）。该书洋洋洒洒130余万字，包括《铜钟案》《黄金案》《湖滨案》《朝云观》《红阁子》《黑狐狸》等二十余系列。与中国传统讲述清官廉吏断狱的公案小说相比，增添了更多惊险悬疑和缜密推理，故事精彩纷呈，人物个性鲜明，情节疑窦丛生，既融入了中国元素，又符合西方读者心理，一经问世便声名鹊起，很快全球风靡，狄仁杰就这样成了西方家喻户晓的"东方福尔摩斯"。

国产的英雄却被洋人捧红，这是国人无法容忍的痛，于是乎，近年来，国内关于狄仁杰的影视剧可谓狂轰滥炸：刘德华版《狄仁杰之通天帝国》、赵又廷版的《狄仁杰之神都龙王》、寇世勋版的《护国良相狄仁杰》……当然影响最广的当属梁冠华版的《神探狄仁杰》系列，敦实发福的身材、硕大智慧的脑袋、花白飘然的胡须、自信和蔼的笑眯、临危不乱的定力、缜密严谨的逻辑、拍案叫绝的推理，时不时冒出一句"元方，你怎么看"的梁冠华版狄阁老给观众朋友留下了深刻的印象。

半个多世纪以来，由于小说和影视宣传，狄仁杰的形象越描越丰满，狄仁杰的名气越传越遐远。在狄仁杰面前，天下无不可破之案，加之，历史上的狄仁杰确实在地方政府和中央政府担任过司法官员，就这样，狄仁杰被成功地塑造成了享誉海内外的大唐神探。

二、恪尽职守的优秀法官

狄仁杰，字怀英，并州太原人，家境良好，且自幼勤奋好学，举明经科进士，初任汴州参军，从此步入仕途，后为吏诬诉，幸得钦差大臣阎立

---

❶ 由于对中国文化的强烈认同和痴迷，高罗佩一心想找一个中国女人作为伴侣，在中国重庆任荷兰使馆外交官期间，结识了张之洞的外孙女水世芳女士，并喜结连理。

本明鉴❶，并被荐授为并州法曹参军，狄仁杰因祸得福，成为了一名地方法官。因政绩突出，又品行出众❷，很快又被擢升为大理寺丞，成为了当时最高法院的一名法官。据史书记载，狄仁杰初到大理寺，一年间就审结了一万七千多起长期未结案件❸，且无一人喊冤，审判效率与审判质量双优，法律效果与社会效果兼顾，如果放到现在，狄仁杰绝对堪称"全国法院办案标兵"。

优秀法官的最高评价标准莫非内外兼修，外有高超的法律技巧，内有高尚的职业节操。狄仁杰高超的司法实践能力毋庸置疑，更难能可贵的是在封建王朝专制统治环境之下，狄仁杰勇于恪守法律人司法操守之底气。我们不妨先解读一个狄仁杰承办的具体案例，据史书记载：武卫大将军权善才误斫昭陵柏树，仁杰奏罪当免职。高宗令即诛之，仁杰又奏罪不当死。皇帝作色曰："善才斫陵上树，是使我不孝，必须杀之。"左右瞩仁杰令出，仁杰曰："臣闻逆龙鳞，忤人主，自古以为难，臣愚以为不然。居桀、纣时则难，尧、舜时则易。臣今幸逢尧、舜，不惧比干之诛。昔汉文时有盗高庙玉环，张释之廷诤，罪止弃市。魏文将徙其人，辛毗引裾而谏，亦见纳用。且明主可以理夺，忠臣不可以威惧。今陛下不纳臣言，瞑目之后，羞见释之、辛毗于地下。陛下作法，悬之象魏（古代悬示教令的地方），徒流死罪，俱有等差。岂有犯非极刑，即令赐死？法既无常，则万姓何所措其手足？陛下必欲变法，请从今日为始。古人云：'假使盗长陵一抔土，陛下何以加之'？今陛下以昭陵一株柏杀一将军，千载之后，谓陛下为何主？此臣所以不敢奉制杀善才，陷陛下于不道。"帝意稍解，善才因而免死。

依据唐律，权善才"误砍陵柏案"事实清楚，证据确实、充分，依法

❶ 阎立本是唐朝著名画家，后官拜宰相，故宫珍藏的十大传世名画之一《步辇图》就是此人大作，时任黜陟使的阎本立是第一个赏识狄仁杰的朝中大臣，他评价狄仁杰曰："仲尼称观过知仁，君可谓沧海遗珠矣。"

❷《新唐书·狄仁杰传》记载：狄仁杰同事郑崇质母老且疾，当使绝域。仁杰谓曰："君可贻亲万里忧乎？"诣长史蔺仁基请代行。仁基咨美其谊，时方与司马李孝廉不平，相敕曰："吾等可少愧矣！"则相待如初，每曰："狄公之贤，北斗以南，一人而已。"

❸ 一个人一年审理一万多起案件，一年365天，平均每天审理案件数多达50件，审案不是看小说，要提审，要阅卷，还要写判决，狄仁杰不是超人，不吃、不喝、不睡也不可能实现。笔者对此持怀疑态度，史书记载要么夸张，要么狄仁杰手下有一大批助理，属于团队成果，但无论如何狄仁杰的主导作用不容忽视。

应当免职，可是被动了祖坟的唐高宗不依不饶，执意要杀了这个倒霉蛋出气。承办法官狄仁杰面临两难选择：一是法外施刑，迎合高宗，杀了权善才，自己则可以明哲保身；二是捍卫法律，得罪高宗，保全权善才，自己则面临杀身之祸。

趋利避害，人之常情，生死攸关之际，多数人会选择前者，把生的希望留给自己，把死的机会留给别人，但狄仁杰却毅然选择了后者。为了素昧平生之人，顶撞当朝天子，这是何等人生勇气！为了心中法律信仰，置个人生死于不顾，这是何等责任担当！为了说服高宗，借古讽今，循循善诱，权衡利弊，护法成功，这是何等渊博智慧！一个一千多年前的封建士大夫，视法律为取信于民的国之根本，君王意志与法律规定冲突时，大义凛然，任法而治，何等超前的法治思维！何等难得的法官操守！狄仁杰，大智！大勇！大担当！当之无愧的优秀大法官！

三、刚正不阿的监察官员

"误砍陵柏案"的出色表现，使得唐高宗对狄仁杰刮目相看，唐高宗心想："这个小小的司法官，学识非常渊博，气场非常了得，为人非常刚正，处事非常圆通，既维护了大唐律法，又让朕心悦诚服，是个难得人才，朕要重点培养。"很快，唐高宗就对狄仁杰委以重任，授侍御史，代表皇帝弹劾非法、督查州县、履行特定任务。

多年的法官生涯让狄仁杰对法律有了更深的领悟，狄仁杰应该知晓法家先驱管仲对法律内涵的定位："法者，天下之程式，万事之仪表也"；狄仁杰应该知晓法家思想之集大成者韩非对法律价值的论述："奉法者强则国强，奉法者弱则国弱"；狄仁杰更应该知晓春秋时代齐国政治家晏婴对法律公正的诠释："诛不避贵，赏不遗贱，举事不私，听狱不阿"。法律的有效性固然缘于其严厉性，更缘于其普适性和必然性。经验一再告诫我们，有钱人容易任性，有权人更容易任性，天下之事，不难于立法，而难于法之必行，权贵恃宠而骄往往是让执法者最为头疼的事情，也只有将这些不法权贵绳之以法，方能彰显法律公正，而这正是监察官员之职责使命。

在其位，谋其政，狄仁杰认真履职，不辱使命，对献媚邀宠和恃宠而骄的当朝权贵毫不留情。关于狄仁杰担任御使期间的具体履职情况，史书记载了两件事情：首先是韦弘机超规格改造陵寝宫殿案，史书记载："时司农卿韦弘机兼领将作、少府二司，高宗以恭陵玄宫狭小，不容送终之具，遣机续成其功。机于埏之左右为便房四所，又造宿羽、高山、上阳等宫，莫不壮丽。仁杰奏其太过，机竟坐免官。"

照理说，韦弘机领旨改造恭陵玄宫，虽说有些铺张浪费，涉嫌浮华奢靡，但改造修建陵寝宫殿毕竟属于皇家事情，一般人都不会较真，恐怕也不敢较真，但狄仁杰绝不尸位素餐，通晓经史的狄仁杰明白，王朝兴衰，成由节俭，败由奢泰，以史为镜，可知兴衰。韦弘机大兴土木，分明是在引导皇帝走向浮华奢靡，必须防微杜渐，韦弘机最终因狄仁杰参奏而被免官。

狄仁杰对献媚卖乖者不留情面，对恃宠而骄者更是深恶痛绝。接下来，狄仁杰要弹劾的这位便是个飞扬跋扈的主儿。史书记载："时左司郎中王本立恃宠用事，朝廷慑惧，仁杰奏之，请付法寺，高宗特原之。仁杰奏曰：'国家虽乏英才，岂少本立之类，陛下何惜罪人而亏王法？必欲曲赦本立，请弃臣于无人之境，为忠贞将来之诚'。本立竟得罪，由是朝廷肃然。"

这个王本立究竟哪路神仙？由于史料匮乏，我们不得而知，只知道此人性格张扬，恃宠而骄，朝廷慑惧，但唐高宗却对王本立格外宠信，武则天对此人也是厚爱有加，唐睿宗在位期间，此人居然官拜宰相❶，王本立究竟何德何能或有何特殊背景，今人不得而知，但无论如何，对于亵渎法律败坏纲常者，狄御使绝不沉默。

四、老成持重的帝国神算

客观而言，在风云变幻的李唐王朝，在血雨腥风的武周时代，狄仁杰

---

❶ 唐睿宗李旦一生两次登基，王立本在李旦第一次为帝时任相，公元 688 年任凤阁鸾台平章事，公元 790 年去世，死因不明。

揭秘荧屏神探狄阁老——还原狄仁杰之庐山真面

最大的贡献既不是作为法官惩恶扬善，也不是作为御使反腐倡廉，而是在险象环生的政治斗争中确保武周、李唐王朝政权平稳顺利更换，能做到这一点，全仗狄仁杰的老谋深算。

狄仁杰生活在一个特殊时代，一个女人开天辟地要当皇帝的时代，为了冲击皇位，武则天重用酷吏，奖励告奸，排除异己，大开杀戒：越王李贞、纪王李慎、琅琊王李冲等一大批李唐宗亲惨遭屠戮；长孙无忌、上官仪、裴炎等一大批元老重臣死于非命；就连王皇后、萧淑妃等一些后宫佳丽也未能幸免……一时间朝野上下血雨腥风，就连狄仁杰本人也被酷吏来俊臣诬告参与谋反，若非机警通变，恐怕早已命丧黄泉❶。

圣贤只是倡导忠君思想，但圣贤绝对不会想到女人会当皇上，狄仁杰心想，既然"顺武者昌，逆武者亡"，与其毫无意义做一只当车之螳，不如顺势而为，好好辅佐这位女皇，何况武则天的政治才华比绝大多数男人都强，忠于社稷要比忠于某位皇帝更高尚。再说，大唐也很开放，让女人当一次皇帝又何妨？狄仁杰断定，武氏之后，皇位迟早还要归还李唐。

按照皇位不传异姓原则，皇位应由武则天的侄子继承，主要候选人有两个，武承嗣和武三思。可是，这些人政治素养不行，品德操守不行，朝野威望也不行，德不配位，才不配位，功不配位。再说，把江山传给侄子等于把江山拱手送给了武元爽或武元庆，武则天早年丧父时没少遭受这个两个同父异母哥哥和堂兄弟武惟良、武怀远的欺凌，武则天掌权后，非但判了他们罪，而且改了武惟良、武怀远的姓，不再姓武，改姓蝮❷。把江山留给武元爽或武元庆的后人，武则天自然是一百个不情愿。

按照皇位父（母）死子继原则，大统似乎应由儿子继承，主要候选人也有两个，庐陵王李显和皇嗣李旦。可是，好不容易改姓武的江山又要改姓

---

❶ 《旧唐书·狄仁杰传》记载：狄仁杰被诬告谋反，被讯问时叹曰："大周革命，万物唯新，唐朝旧臣，甘从诛戮。反是实！"俊臣乃少宽之。既承反，所司但待日行刑，不复严备。仁杰求守者得笔砚，拆被头帛书冤，置绵衣中，谓德寿曰："时方热，请付家人去其绵。"德寿不之察。仁杰子光远得书，持以告变。则天召见，览之而问俊臣。俊臣曰："仁杰不免冠带，寝处甚安，何由伏罪？"则天使人视之，俊臣遽命仁杰巾带而见使者。乃令德寿代仁杰作谢死表，附使者进之。则天召仁杰，谓曰："承反何也？"对曰："向若不承反，已死于鞭笞矣。"

❷ 蝮是一种毒蛇，以此为姓，表明武则天要对这两个同父异母的哥哥进行肉体和精神的双重报复。

李，如此一来，岂非对自己革命的背叛？武则天自然也是一百个不甘心。

如何帮助女皇排忧解难，狄仁杰必须拿捏好三点：一是瞅准时间点，二是瞄准切入点，三是找准落脚点。

第一，瞅准时间点。古人讲究天时、地利、人和，错误的时间只能促成错误的事件，历史有太多惨痛教训，狄仁杰熟读经史，自然懂得其中奥妙：首先，武则天执政早期，立储问题绝对不能提，新皇帝刚刚登基就妄议立储问题，是否有诅咒现任皇帝早死的嫌疑；其次，皇帝心情不好时不能提，不要把察言观色理解为贬义。此外，最好能顺着皇帝的话题自然巧妙地表露自己的心意。在武则天执政中后期的某一天，女皇心情很不错，还让群臣帮其解梦，女皇曰："朕数梦双陆❶不胜，何也？"狄仁杰就顺着武则天的话题来了个"狄公解梦"，狄仁杰曰："双陆不胜，无子也。天其意者以儆陛下乎！且太子，天下本，本一摇，天下危矣。"

第二，瞄准切入点。思路决定出路，切入点很关键，狄仁杰没有慷慨陈词，义正词严，而是和女皇一起聊起了家常，从夫妻恩情、母子亲情、祭祀伦理三个层面向武则天展开凌厉攻势。狄仁杰说："陛下您与先帝是几十年的恩爱夫妻，风风雨雨，同舟共济，先帝对您是信任有加，身患寝疾，让您代理国政，如果陛下将皇位传给武三思，怎能对得起先帝在天之灵？此外，从血缘关系讲，是儿子亲，还是侄子亲？您是想当下一任皇帝的亲妈，还是想当下一任皇帝的姑妈？再说了，陛下百年之后，您还想享用祭祀吗？可是，天下哪有侄子祭祀姑姑的道理啊？"一场亲情对白，说得武则天是哑口无言，目瞪口呆。

第三，找准落脚点。狄仁杰深知女皇的烦恼，可是现实又无法改变，狄仁杰通盘计划的最后落脚点便是尽量规劝女皇把心放宽，做到海纳百川。狄仁杰说，"陛下千秋伟业，日月可鉴，可谓风光无限，奈何人生苦短，咱俩都已耄耋之年，选择庐陵王李显接班，生有子孙相伴，即使百年之后也可与先帝一样香火不断。此外，微臣所荐敬晖、姚崇、张柬之、桓彦范等皆国之大贤，陛下可留用察看，如若堪用，将来可辅佐太子顺利接班。"有

---

❶ 古代一种棋盘游戏，南北朝时由西亚、印度一带传入中国，唐宋极为风行。

了狄仁杰的暖言，女皇颇感心宽，终于遂了朝臣们的心愿，迎回了被贬在外多年的庐陵王李显。后来，在张柬之等朝臣的运作下，帝国政权的交替没有出现大的骚乱❶。再后来，唐玄宗还在姚崇的鼎力辅佐下，开创了"开元盛世"之局面。

狄仁杰，一代贤臣，万世师表。待双亲，至诚至孝❷；待友人，两肋插刀❸；待百姓，恩同再造❹；待君王，劳苦功高；汉有四皓❺，唐有狄老；外显武略❻，内藏文韬；浩然之气，彰显正道；丰功伟绩，日月昭昭。

---

❶ 在狄仁杰死后的神龙元年，二张（武则天的男宠张昌宗和张易之）弄权，以张柬之为首的朝臣发动"神龙政变"，拥戴唐中宗复位，为匡复唐室作出了巨大贡献。

❷ 《新唐书·狄仁杰传》记载：有一个故事叫"白云望亲"，讲的就是狄仁杰亲在河阳，仁杰登太行山，反顾，见白云孤飞，谓左右曰："吾亲舍其下。"瞻怅久之，云移乃得去。

❸ 《新唐书·狄仁杰传》记载：狄仁杰蒙冤入狱，酷吏让其出卖朋友，狄仁杰死活不干，叹曰："皇天后土，使仁杰为此乎！"即以首触柱，血流沫面。

❹ 《新唐书·狄仁杰传》记载：越王谋反失败，党羽二千多人论罪当死，仁杰收缴了他们的兵器，上密奏说："臣想有所陈奏，又似乎在替叛逆之人说理；不说，将连累陛下没有体恤之意，奏章写好了又毁掉了，我拿不定主意。这些人都不是本意要作乱，而是被胁迫、连累成这样的。"不久，诏令下，全都被贬到边疆戍卫。他们被押解出宁州时，父老乡亲迎着并安慰他们说："狄使君使你们活着啊！"因而，他们都相聚在碑下哭泣。这些囚徒斋戒三日后才离开宁州，到了被流放的处所，又为狄仁杰立碑。

❺ 此处四皓是指"商山四皓"，汉高祖刘邦想废长立幼，吕后请出德高望重的"商山四皓"，晓以利害，刘邦废掉刘盈的念头才算打消，避免了汉王朝因政权交替造成国家动荡。

❻ 万岁通天中，契丹陷冀州，河北震动，擢仁杰为魏州刺史。前刺史惧贼至，驱民保城，修守具。仁杰至，曰："贼在远，何自疲民？万一虏来，吾自办之，何预若辈？"悉纵就田。虏闻，亦引去，民爱仰之，复为立祠。

一"石"激起千层浪

——拗相国王安石变法记

身为文学家，他精于修辞，善于用典。其诗，精雕细琢，概括凝练；其词，高奇素雅，意境深远；其文，论点鲜明，短小精悍。凭借《元日》《梅花》《明妃曲》《登飞来峰》《泊船瓜洲》《游褒禅山记》等经典佳作跻身"唐宋八大家"之列。身为改革家，他以"天变不足畏，祖宗不足法，人言不足恤"的勇气和魄力，义无反顾推行北宋王朝经济、军事、思想等领域改革，掀起了中国历史上轰轰烈烈的"熙宁变法"。变法的推动雷厉风行，变法的道路遍布泥泞，变法的效应朝野震惊，变法的结局失败告终……才华横溢的大文豪如何扮演针砭时弊的改革家？文坛上的密友怎就成了政坛上的冤家？本意富国惠民的新法奈何害黎民、误国家？接下来，笔者就结合《宋史》《上仁宗皇帝言事书》《本朝百年无事札》等史料记载带大家一起品读大宋王朝拗相国——王安石的传奇故事。

一、闻名遐迩地方官

据《宋史》记载，王安石出生书香门第，官宦之家❶，非但聪慧过人，而且刻苦勤奋。良好的家境、天资的聪颖、后天的努力、丰富的阅历使得

---

❶ 王安石的父亲王益，宋真宗祥符八年进士，历任建安主簿、庐陵知县、韶州知州等地方官，官至尚书都官员外郎。

王安石尚未显贵，已小有名气。擢进士及第，步入仕途，任地方官期间更是声名远播，以至当时士大夫竟以能谋其面为荣，以不识其面为憾，王安石成了当时"粉丝"最多、人气最旺的地方父母官。大家不禁要问，北宋的地方政府官员数以万计，有才华、有政绩、有背景者也不乏其人，奈何朝野对王安石情有独钟、偏爱有加呢？也许以下四方面缘由能解开大家心中之谜团。

其一，文采出众。据《宋史》记载："其属文动笔如飞，初不经意，既成，见者皆服其精妙"。王安石是一个聪明伶俐且博闻强记的奇才。守孝三年期满，年方弱冠的王安石进京赶考，其考卷立论高远，见识卓绝，旁征博引，挥洒自如，深得主考官赏识，拟定状元呈报御览，却因"孺子其朋 ❶"惹得宋仁宗不悦，但仍以第四名的优异成绩高中进士。试想，一个翩翩少年，朝气蓬勃，饱读诗书，思维敏捷，文采飞扬，谁不期待领略一番才子风光？

其二，政绩斐然。王安石可不是只会吟诗赋词的文学家，他更是一位立志"大润泽于天下"的实干家。在地方任职期间，王安石心系黎民，勤政务实，修筑堤堰，浚治陂塘，疏通水陆交通，便于商贾流通。此外，他还盘活国有资产，将官仓粮食以较低利率借贷于民，不但官仓粮食得以推陈出新，还能促使国有资产保值、增值，更重要的是可使穷人免遭高利贷盘剥，给百姓带来实惠……勤政的口碑、惠民的政绩让王安石的官声、民望直线飙升。

其三，名人力捧。北宋是文人的美好时代，统治者偃武修文的基本国策使得弄文舞墨、以文会友成为当时一种时尚，以致出现了"满朝朱紫贵，尽是读书人"的盛况。王安石的名望固然缘于其学富五车，更得益于北宋宽松的政治环境和活跃的文学氛围。当时是，学界领袖欧阳修为之延誉；当朝宰相文彦博为之举荐；文坛巨星曾巩、司马光、苏东坡为之推崇；名

---

❶ 该典故出自《尚书·周书·洛诰》，本是周公辅佐周成王时劝诫周成王的口吻："你这年轻的小孩啊，今后和群臣要像朋友一样融洽相处。"

门子弟韩维、韩绛、吕公著 ❶ 皆与之交好。朋友圈里这么多政界、学界名人，王安石想不出名都难。

其四，屡辞京官。身在官场，谁不想攀龙附凤？谁不想节节攀升？谁不想位高权重？虽说想法势利，但也属人之常情。既然有人之常情，也就有人不近人情，王安石就是少数不近人情者之一。凭借出色的文章，斐然的政绩、名人的举荐，朝廷对王安石很感兴趣，多次下诏让他进京任职 ❷，可王安石却对朝廷的肥差美差不屑、不从、不领情，推脱请辞了 N 多次 ❸。是不是好神秘？是不是好清高？是不是好任性？众人都有猎奇心理，于是乎，吊足了世人胃口，怪异的王安石越发传奇。

二、北宋百年一烂摊

宋太祖赵匡胤陈桥兵变，从孤儿寡母手里夺取后周政权，后来南征北战，恩威并用，基本结束五代十国乱局。宋太宗赵光义继承兄志，迫降吴越，消灭北汉，扩大科举，加强集权，进一步巩固了赵氏江山。宋真宗赵恒继位，国势渐衰，先是"澶渊之盟"花钱买平安，后来觉得没面子，在奸臣王若钦怂恿下伪造天书、大兴祥瑞、广修宫观、东封泰山、西祀汾阳，劳民伤财，粉饰太平。宋仁宗赵祯享国，宋夏开战，广西还发生了侬智高叛乱，虽说效法先祖花钱买了太平，与西夏议和，还派狄青平定侬智高叛乱，甚至一度任用范仲淹实施"庆历新政"，但整体而言，并无太多建树。宋英宗赵曙在位时短，亦无大作为。到了北宋第六任皇帝宋神宗赵顼登基任用王安石变法时，百年大宋国情已经相当不堪。

财政入不敷出。军事上，为了维护与辽、夏"睦邻友好"关系，以及

---

❶ 韩维、韩绛兄弟的父亲韩亿和吕公著的父亲吕夷简都曾担任过北宋宰相，此三人也均身居要职。

❷ 朝廷给王安石在京任职提供的职位有：集贤校理、群牧司判官、三司度支判官、知制诰……要么是管财、管物的要职，要么是皇帝的高级顾问，甚至负责起草皇帝诏书的近臣，个个都是让人羡慕嫉妒恨的美差、肥差。

❸ 王安石是一个耿直率真、没有城府的人，不愿意担任京官绝非以此沽名钓誉来寻找平步青云的终南捷径，笔者认为，其屡辞京官的原因跟他倔强怪僻不合群的性格有关。"宁为鸡头，不当凤尾"，与其在京城不能施展自己的理想抱负，还不如在地方放开手脚做点实事。

镇压民众反抗需要，北宋王朝必须两手准备，一方面年年纳贡破财消灾（冗费），一方面养兵百万以防内外（冗兵）。政治上，为防止大臣专权，避免藩镇割据，北宋对各级官僚实行分权制衡，岗位多了，朝廷养的官也就多了（冗官）。唐朝科举一次取进士二三十人，北宋中后期科举一次取进士动辄三五百人。另外，为了笼络士大夫，北宋还实行恩荫制，授予大批权贵子弟官职。"三冗"问题让北宋深陷财政危机。

官场奢靡腐化。纵观历代王朝，北宋的官僚阶层不但数量多，而且待遇好。人多浮躁，钱多逍遥，加之统治者非但不注重廉洁教育，反而赤裸裸地鼓励世人为升官、发财而努力。家喻户晓的"书中自有千钟粟，书中自有黄金屋，书中自有颜如玉"就是出自宋真宗的《励学篇》。王安石《劝学文》也直言不讳："读书不破费，读书利万倍。贫者因书富，富者因书贵。"向来以刚直不阿著称的名相寇准都有"一曲青歌一束绫，美人犹自意嫌轻"的纵情。风流成性的文官在如此社会环境下怎能不腐化堕落？难怪包拯感慨："朝廷幅员至广，官吏至众，黩货暴政十有六七。"

民族关系紧张。鉴于唐朝藩镇割据和五代十国乱局，加之北宋政权本身就是篡逆所得，赵匡胤深知骄兵悍将之危险，生怕被"以彼之道，还施彼身"。试想，一个本身就不忠诚的人会相信别人的忠诚吗？于是乎，宋王朝对武将的态度历来是猜忌、猜忌、再猜忌！措施是防范、防范、再防范！将天下精锐收归禁军，轮流戍边，将不识兵，兵不识将。文官领兵，甚至太监领兵，就是不让武将独掌兵权。战场形势瞬息万变，将军被外行制约，处处掣肘，唯唯诺诺，百万熊兵又奈若何？两宋三百余年，不断受到契丹、党项、女真、蒙古等少数民族扰乱，处处被动，疲于招架，最终葬送于蒙元。

阶级矛盾激化。百年北宋，"势官富姓，占田无限，兼并冒伪，习以成俗，重禁莫能止焉"。加之天灾人祸、苛捐杂税、高利贷盘剥，大批农民流离失所，纷纷揭竿而起。宋仁宗、宋英宗年间，扬州、泰州、滁州、邓州、绍兴等多地发生农民起义，张海、郭邈山等领导的起义军活跃于京西十余郡，波及千余里。起义军首领王则占领贝州后，甚至建立国号，称东平郡王……欧阳修不禁叹言："盗贼一年多如一年，一伙强于一伙。"阶级矛盾越发不可调和。

三、文豪医国不畏艰

年仅十九岁的宋神宗赵顼继位，接手的百年大宋已然积贫积弱，暮气十足，处于严重的亚健康状态。励精图治的少年天子不甘现状，登基不久便召素有"矫世变俗"之志的王安石进京，共同的理想信念很快让君臣二人抱成一团。针对上文论及的百年大宋四大病状及病因，熙宁二年（公元1069年），王安石不顾朝野强烈反对，开方医国，富国之法、强兵之法、取士之法很快在举国上下全面铺开。

富国之法：在"因天下之力，以生天下之财，取天下之财，以供天下之费"的指导思想下，王安石认为："变法事宜以理财为方今先急，而理财以农事为急，农以去其疾苦、抑兼并、便趋农为急。"基于富国惠民之本意，青苗法之初衷是，在青黄不接时，给农民提供相对低息的贷款，以解决燃眉之急；农田水利法之初衷是鼓励农民兴修水利，以便灌溉农田；免役法之初衷是，政府收免役钱，雇人服役，以便减轻百姓负担；方田均税法之初衷是，丈量核实土地，分等次收税，以便公正税收；市易法之初衷是设置专门机构，调控物价，以便稳定市场；均输法之初衷是官府就近采购物资，以便减轻纳税人负担。

强兵之法：王安石认为，克敌制胜的最基本要素无是非精兵良将和装备保障。其推行的保甲法，组织农户闲暇时间加强训练，和平时期加强治安，有了战事开赴前线；裁兵置将法，裁减老弱，精简军队，选智勇双全者为将操练士卒；保马法，鼓励民间饲养战马，保证军需；设军器监，提高改善武器装备质量。

取士之法：为培养选拔实用人才，王安石改革科举，废除华而不实的诗赋词章取士制度，改试实务策论，将有经纶济世、真才实学的人才吸纳进官僚队伍。此外，还整顿太学，培养武学、律学、医学等专门领域人才，并系统阐释了"教之、养之、取之、任之"的人才观。

如果一切都能按照变法设计者的预定势态发展，在王安石所处时代背景下，改革举措也不失为一服医国良药。可是医国如医人，是一个系统而复杂的过程，病人的病情、病人的体质、药效的缓猛、药物的口感、煎药的火候等因素都要综合考量，任何一个环节出现纰漏皆有可能导致全盘皆输。

和古今中外所有改革一样，"熙宁变法"推行得并不顺展，很快就在执行环节出现严重偏差。青苗法本意是避免贫困农民遭受高利贷盘剥，结果是地方官为了政绩，强行摊派贫农和富农都贷款，且年化利率高达 40% 以上；免役法本意是避免徭役扰民，结果是原本不用服役的官户、女户、寺观、贫困户、未成丁户也要缴纳助役钱；农田水利法本意是兴修水利，利国利民，结果是官府不出资，强行收益农户修建；市易法和均输法本意是以政府之手调控市场，避免奸商囤积居奇、哄抬物价等弊端，结果是靠权力和资本结合而诞生的国营企业大官人比奸商更坏，垄断市场，操控物价，腐败横生，破坏了正常的市场环境；保甲法本意是维护地方治安，提高兵源素质，节省军费开支，结果是变相让农民服兵役，连坐之法更是让民众苦不堪言，以致出现了百姓为逃兵役而截指、断腕等自残现象……

实践证明，所谓的"民不加赋而国用饶"只不过是一个美丽童话，而童话里大多都是骗人的。大官僚、大地主、大商人利益受损，平民百姓也深受盘剥，一场面向全社会敛财的变法一开始就备受质疑，引发了包括韩琦、富弼等"庆历新政"元老在内的朝臣强烈不满，王安石却以殉道者的姿态力排众议，苏轼、吕诲、程颢、韩维、范镇、吕公著、欧阳修、文彦博、司马光等一大批反对派或罢官，或遭贬 ❶。熙宁七年（公元 1074 年）春，天下大旱，反对派又以"天变"为借口围攻新法，司马光上《应诏言朝廷阙失状》，两宫太后亦哭诉王安石乱天下，郑侠绘制的《流民图》更是让宋神宗寝食难安，并逐步对新法产生质疑，迫于内外压力，众疑群谤的王安

---

❶ 这些人包括王安石的老上司、老朋友、举荐人、推崇者，为了变法大业，王安石可谓六亲不认。

石一度罢相。遭此挫折，革新派内部也发生分歧，吕惠卿、章惇、王雱、蔡京等人个个心怀鬼胎，互相倾轧，不但反对派势同水火，改革派内部也四分五裂，后来，宋神宗再次任命王安石为相收拾残局，怎奈大势已去。

四、千秋功过评价难

王安石呕心沥血十余年，使得朝廷财政收入骤增，军队战斗力也有所提高。钱包鼓了，拳头硬了，一心想要开疆拓土、建功立业的宋神宗也开始得瑟了。熙宁六年（公元 1073 年），大宋进攻吐蕃，收复河、洮、岷等地，拓地千里。熙宁九年（公元 1076 年），大宋反击交趾，收复钦州、廉州等地。可是，元丰四年（公元 1081 年）、元丰五年（公元 1082 年），大宋两度出兵西夏，均以惨败告终，伤亡数十万众，好战必危的魔咒不幸再一次在宋神宗身上应验，一代雄主之宏伟蓝图也在损兵折将的残酷现实面前灰飞烟灭。一场鱼肉全民的变法，一场杀鸡取卵的变法，一场饮鸩止渴的变法，一场一意孤行的变法……随着宋神宗的含恨而逝戛然而止。

变法暂时告一段落，引发的新党、旧党之争却越发激烈，暗藏的社会矛盾更是此起彼伏，最为要命的是更贪婪、更强大的女真族迅速崛起。内有方腊、宋江之辈作犯上乱，外有西夏、辽、金之敌虎视眈眈。昏庸无能、荒淫无度的宋徽宗任用蔡京、童贯、王甫、朱勔、梁师成、李邦彦（史称"北宋六贼"）乱政弄权，胡作非为，内忧外患最终导致了靖康之难❶。

偏安江南的宋高宗为了表迹"人思宋德，天眷赵氏"，当然不会就此国难开罪于祖先，而是将矛头指向原变法派骨干蔡京，痛批一番，又觉得批判得不够过瘾，反思得不够深刻，便顺藤摸瓜，将导致北宋灭亡的责任追溯至王安石及其新法，认为王安石变祖宗之法，以财利兵革为先务，引用凶邪，排摒忠直，流毒四海，祸乱极矣，将王安石列入奸党。以后的元、明、清主流观点也基本上将王安石描述成刚愎自用、误国误民的佞臣。

❶ 王安石去世后 41 年，徽宗和钦宗父子、在京皇族、嫔妃、宫女、朝臣三千余人被虏金国受辱。

直到公元1908年，也就是"戊戌变法"失败的第十年，同是天涯沦落人的梁启超开始为王安石翻案，盛赞"其德量汪然若千顷碧波，其气节岳然若万仞之壁，其学术集九流之粹，其文章起八代之衰，其所设施之事功，适应于时代之要求而救其弊，其良法美意，往往传诸之今日莫之能废"。梁启超之论虽有过誉之嫌，却引发了学者们对王安石更为全面的评价。在国外，王安石也颇受关注，列宁评价王安石是中国十一世纪伟大的改革家。二十世纪美国副总统华莱士访华时对王安石也是推崇备至，誉其为中国历史上新政第一人，并将其变法与罗斯福新政相媲美……

一个理论上的先行者，行动上的冒险家，生前位极人臣，生后饱受争议。

其为人，不贪财❶，不好色❷，不阿谀，不奉承❸，不徇私，不枉法，不赌博，不酗酒，不铺张，不浪费。十足的正人君子。

其为学，勤奋苦学，注重实用，善于说理，逻辑缜密，字雕句琢，精益求精，涉猎广泛，著述颇丰。典型的大家风范。

其为政，敢作敢为，大胆超前，天真烂漫，不辨忠奸❹，性格执拗，不听逆言，不撞南墙不死心，撞了南墙心不死。用《荀子·宥坐》里的论断评价："言伪而辩，行僻而坚"。居高位，必误天下苍生。

一国之盛，固然取决于君主之明，百姓之众，物资之丰，将帅之能，兵力之精，民风之正……更取决于法度之精。变法之妙在于顺应时势，裁冗去繁，做到精简高效；厚爱严管，稳定官僚队伍；鼓励农商，增加社会财富；团结多数，争取最大支持；信赏信罚，保证政令畅通；完善体制，确保人尽其才；广开言路，尽量科学民主；惩恶扬善，弘扬社会正气……

抛开王权社会与生俱来的体制缺陷不提，应该说王安石之败，败在孤僻执拗、不近人情的性格缺陷；败在不切实际、一厢情愿的完美追求；败

❶ 王安石生活简朴，甚至不修边幅，后半生过着深居简出的隐居生活。

❷ 王安石终生未纳小妾，连老婆都觉得他没情调，给他买了个小妾伺候，又被王安石送走了。

❸ 王安石曾在包拯门下任职，包拯宴请部下时劝王安石喝酒，王安石死活不给上司面子，坚决滴酒不沾。

❹ 王安石重用的人，如吕惠卿、章惇、蔡京等，多是投机钻营之徒，见风使舵之辈。

在阳奉阴违、腐朽堕落的官僚体系；败在国进民退、与民争利的顶层设计；败在用人失察、急功近利的执行环节……

故事已经接近尾声，我们来共同欣赏一首王安石晚年创作的小诗。

《梅花》

墙角数枝梅，凌寒独自开。

遥知不是雪，为有暗香来。

二度罢相，退隐钟山，孤独的王安石看到墙角处孤独的腊梅凌寒绽放，不禁触景生情，以梅自喻，赋诗一首，孤芳自赏，寓其一生之理想追求于这首家喻户晓的五绝之中，算是聊以自慰。

最后，笔者也写下了一首关于梅花的五绝，想以此文学方式来表达一下对这位大文豪一点不成熟之看法：

《叹梅》

凌寒犹独放，孤芳诚可赏。

岂怜傲风雪，堪用为栋梁？

名将篇

从谋神到财神

——范蠡的大智人生

　　他曾因怀才不遇而放荡不羁，众人皆嗤之以鼻，唯楚宛令文种待之以礼，远见卓识的大贤遇到了满腹才华的知己，二人皆以为贵胄专权的楚国绝非用武之地，于是乎，良禽择木而栖，毅然选择越国作为施展平生才华之地，哪怕勾践处于人生的谷底，依然不离不弃，二十余年苦心经营最终等来了复仇时机……奇谋定邦的无双国士，叱咤风云的商界巨子，豁达潇洒的人生智者，绯闻缠身的香艳传奇……谋以定国，智以保身，商以致富，善始善终，名扬天下，他就是美煞旁人的范蠡。接下来，笔者就结合《史记》《越绝书》《吴越春秋》等史料记载带大家一起品读范蠡这位谋神、战神、财神的人生传奇。

一、假痴不癫的失意青年

　　范蠡，字少伯，春秋末期楚人也。敏而好学，志向宏远。因出身卑微而怀才不遇，因怀才不遇而倍感孤寂，因为倍感孤寂而放荡不羁，因为放荡不羁而知己难觅。这个不讲卫生，邋里邋遢；不在其位，妄议国政；不拘礼节，疯疯癫癫的狂夫，时人皆嗤之以鼻。

　　范蠡是高人，也是狂人，狂妄的高人往往难容于世俗之人。如果此生未能与时任楚宛令的文种相遇，唐伯虎《桃花庵歌》里风流倜傥而又落魄无奈的形象应该就是范蠡的人生写真："桃花坞里桃花庵，桃花庵下桃花仙。桃花仙人种桃树，又摘桃花换酒钱。酒醒只在花前坐，酒醉还来花下眠。半醒半醉日复日，花落花开年复年……别人笑我太疯癫，我笑他人看不穿。不见五陵豪杰墓，无花无酒锄作田。"然而，范蠡很幸运，在人生最失意的时候遇到了最欣赏他的人，文种对"年少贫贱壮志扬，报国无门伴癫狂"的范蠡非常器重，并视之为知己，二人经常促膝长谈，分析天下形势，探讨何去何从。

有大才、有大志的人要成大事，首先面临的便是选择平台问题。跟买股票一个道理：绩优股太贵，要不起；垃圾股太臭，要不得；潜力股太险，要斟酌。接下来笔者就参照炒股模式来分析一下这范蠡、文种如何做出人生抉择？

第一步，排除垃圾股。范蠡和文种都是楚人，且楚国疆域辽阔，人口众多，本应是最佳选择，可范蠡、文种生不逢时，恰逢楚国政治黑暗，官场腐朽，楚平王更是荒淫无道，霸占儿媳❶，逼走太子，还听信奸臣费无极谗言残害忠良，杀了伍子胥的父亲和兄长。伍子胥为报仇雪恨，与孙武携手率军伐楚，攻破都城郢，楚平王惨遭鞭尸。同时期的郑国、蔡国等皆蕞儿小邦，在大国争霸的夹缝中苟延残喘，难成大器，范蠡、文种的才华也难以施展。

第二步，回避绩优股。晋国是周天子册封的老牌诸侯国，自晋文公"城濮之战"到吴王夫差"黄池会盟"百余年间，一直雄踞中原，范蠡、文种无名小辈，根本不可能入晋国法眼。地处东南的吴国在伍子胥、孙武两位大贤辅佐下，连不可一世的楚国都险些蒙难，范蠡、文种没必要自寻难堪。此时的齐国、秦国也都家大业大，且官位多为权贵门阀垄断，估计范蠡、文种这种没有名望的人想出人头地确实很难。

第三步，筛选潜力股。对于才大、志大却又无功、无名的新人来说，范蠡、文种之所以选择越国主要基于以下三点考虑：其一，升值潜力大。

---

❶ 楚平王派遣大臣费无极去秦国迎娶太子妃孟嬴，野心勃勃的费无极为讨好楚平王，极力渲染孟嬴之美，无耻好色的楚平王居然欣然笑纳的自己的儿媳妇。

越国乃夏后帝少康之庶子封地，历经二十余世，默默无闻，直到允常继位，励精图治，国力日增，属于前景光明的创业板；其二，进入门槛低。越王允常是越国历史上少有的贤明之主，求贤若渴，广招贤士，开放的人才政策为范蠡、文种入仕开辟了绿色通道；其三，表现机会多。越国要称霸，固然取决于本身实力，还取决于对手强弱，在越国日渐强大的同时，邻邦吴国也在迅速崛起，吴越争锋在所难免，沧海横流方显英雄本色，大争年代才可大有作为。

二、奇谋定邦的绝代双骄

范蠡、文种坚定了理想，明确了方向，毅然决定背井离乡，决心到越国闯一闯。应该说范蠡、文种很有眼光，初来乍到便得到了越王允常的欣赏，仕途虽说不上一步登天，总也还算一帆风顺。

及允常卒，国丧期间，吴国发兵，越国利用死士阵前自刎秀震慑吴军❶。"槜李之战"越国大胜，还射伤吴王阖闾，阖闾且死，告其子夫差曰："必毋忘越"。自此，吴国、越国算是结下了不共戴天之仇。

越王勾践三年（公元前494年），夫差厉兵秣马，磨刀霍霍，勾践不听范蠡劝阻，执意先发制人，结果惨败，仅剩五千残兵败将被困于会稽。遭遇灭顶之灾的勾践无计可施，谓范蠡曰："以不听子故至于此，为之奈何？"越国生死存亡之际，勾践山穷水尽之时，范蠡出奇冷静，对曰："持满者与天，定倾者与人，节事者以地。卑辞厚礼以遗之，不许，而身与之市。"核心意思有三点：一是态度卑谦。识时务者为俊杰，留着青山在，不怕没柴烧；二是赠以厚礼。有钱能使鬼推磨，要相信金钱的魅力；三是展示诚意。必要时去吴国做奴仆，以示至诚。勾践采纳范蠡建议，派文种买通吴太宰伯嚭，在伯嚭运作下，最终用金钱和尊严换得了赦免。燃眉之急虽解，复仇之路漫漫，为了重整河山，范蠡、文种用了整整二十年，辅佐勾践制订

❶ 话说勾践向吴军发起冲锋遇挫，便组织三百死刑徒，披发裸身排成三行列于吴军面前，持剑于颈，大呼三声，自刎而亡。这阵势谁见过？一群不要命的主儿，活人不跟死人玩，吴军都看傻了眼，越军趁机突袭，一举破吴。

并实施了中国历史上非常著名的"灭吴七步走计划":

第一步,践行承诺,入吴为奴骗得夫差信任。为履行城下之盟,勾践本欲带文种入吴,留范蠡监国,范蠡却说:"兵甲之事,种不如蠡;填抚国家,亲附百姓,蠡不如种。"把生的希望留给兄弟,把死的可能留给自己,够哥们儿。当夫差许诺高官厚禄拉拢范蠡时,范蠡婉拒:"亡国之臣,不敢语政,败军之将,不敢言勇。"在主子精神上最为饥渴难耐之时,范蠡的"心灵鸡汤"总能及时奉上,够忠诚。君臣二人在险象环生的吴国,奴颜婢膝,强颜欢笑,讨好夫差,凭借超凡的毅力和超群的演技最终让夫差放松了警惕。

第二步,痛定思痛,整理内政博得民众谅解。吴既赦越,勾践在范蠡、文种的辅佐下,痛定思痛,苦身焦思,置胆于坐,坐卧即仰胆,饮食亦尝胆。身自耕作,夫人自织,食不加肉,衣不重彩,折节下贤,厚遇宾客,振贫吊死,与百姓同甘共苦,以自己的实际行动赢得举国上下的谅解支持。

第三步,施美人计,声色犬马消磨夫差斗志。为了讨好夫差,更为了魅惑夫差,越国将绝色美女献给吴国。经过范蠡悉心调教的西施不但国色天香,娇艳动人,而且能歌善舞,多才多艺,如此尤物把夫差迷得是神魂颠倒,儿女情长。为博美人欢心,夫差还广建楼堂馆所,大兴奢靡之风,在夜夜笙歌中醉生梦死。

第四步,施离间计,挑拨离间吴国君臣关系。吴国之所以强大,主要得力于伍子胥的鼎力辅佐。伍子胥老成持国、忠肝义胆,可也有致命缺点,那就是性格刚烈、屡犯龙颜。一个人只要有缺点,除掉就不难。一方面夫差早已对这位不懂规矩的元老重臣颇为反感。另一方面,伯嚭一直在明里暗里与伍子胥斗法争权,越国正好利用吴国君臣之间的嫌隙巧施离间,最终让伍子胥命丧黄泉。

第五步,瞒天过海,暗修兵甲只待复仇时机。自古都是"枪杆子里出政权",越国要复仇,必须有一支庞大且强大的军队。可是,作为战败国,大张旗鼓招兵买马必招猜忌,于是,越国制定了"十年生聚,十年教训"的基本国策。经过十年休养生息,兵源足了,国力厚了,吴国的警惕也放松了。越国厉兵秣马,一支训练有素的精锐之师横空出世。

第六步,运筹帷幄,乘虚而入斩杀吴国太子。夫差与后来的项羽颇为相似,都有英雄气概,都很迷信武力,南征北讨,四处树敌。范蠡趁吴国精锐倾巢出动参加"黄池会盟"之际,把握时机,率兵突袭,一举端了夫差的老窝,还斩杀了吴国太子。越国初战告捷,虑及吴国主力犹存,范蠡见好就收,吴越罢兵和谈。

第七步,围而不攻,以小代价赢得最后胜利。夫差虽在黄池会盟当了盟主,却也耗尽了国力,而此时的越国则是养精蓄锐,见吴士民罢弊,轻锐尽死于晋齐,越国再次出击,吴军败绩,困于姑苏。范蠡深知"攻心为上,攻城为下"的道理,不想越国将士血流成河,而是采取温水煮青蛙的办法将吴军整整围困了三年,直到斗志彻底消磨殆尽,最后,夫差实在撑不住了,羞愤自杀。

三、功遂身退的商界奇才

勾践平吴,以兵北渡,与齐、晋诸侯会于徐州,致贡于周。周元王使人赐勾践胙,命为伯。当是时,越兵横行于江淮东,诸侯毕贺,号称霸王。范蠡官拜上将军,位极人臣。知进更懂退的范蠡明白,他曾亲眼目睹勾践威严扫地,他又知晓勾践太多秘密,他太明白功高震主者危的道理。日正则移,水满则溢,与其兔死狗烹,坐以待毙,不如"三十六计,走为上计"。

退隐后的范蠡泛舟五湖,自谓"鸱夷子皮"❶,从事商业贸易,苦心戮力,重信重义,施善乡梓,千金散去,骤然复集❷,谱写了一部神话般的商界传奇,接下来我们就一起解读一下范蠡从谋神、战神转型成为财神的秘密。

---

❶ 鸱夷子皮是一种皮制的袋子,可作为酒囊,听起来是个粗俗古怪的名字,范蠡为何取此怪名,其间缘由,仁者见仁,智者见智:有说是为了怀念被鸱夷葬江的西施;有说代表能屈能伸、包罗万象之意;也有说就是一个商标,如同今之"王麻子""狗不理"。

❷ 范蠡三徙,散其家财与乡梓,成名于天下,非苟去而已,所止必成名。卒老死于陶,故世传曰"陶朱公"。

其一，正视商品价值。重农抑商是农业文明的一贯国策，商人被视为当时最为卑贱的行业，从士人变为商人，范蠡的社会地位可谓飞流直下三千尺，此举在当时绝对雷人。而范蠡是一个很有远见又很务实的人，他坚信："富贵不能淫，贫贱不能移"只是道德要求；"仓廪实而知礼节，衣食足而知荣辱"才是人性使然。

其二，选准经商之地。范蠡对政治有着敏锐的嗅觉，入仕前斟酌再三，选择经商之地同样深思熟虑，最终他选择置业于齐地，是因为齐国这里有着浓厚的商业气息，有着丰富的商品类型，有着便利的水陆交通，有着宽松的商业环境……这里才是最佳经商之地。

其三，打造驰名商标。富有商业头脑的范蠡非常重视注重商业文化和商业理念建设，坚持商亦有道：一曰：至诚至信，童叟无欺；二曰：保质保量，利人利己；三曰：薄利多销，十利取一；四曰：综合经营，多元相济；五曰：预测行情，网罗信息；六曰：富而好德，广施仁义……良好的经营保证了良好的品质，良好的品质打造了良好的品牌，良好的品牌赢得了良好的口碑，良好的口碑博得了爆棚的人气，爆棚的人气赚足了巨量的货币。

四、香艳美仑的绯闻女友

自古才子多情，佳人有义。范蠡是吴越第一才子，西施是吴越第一美女。范蠡才学与人品皆佳，西施美貌与才艺兼具，一个是文韬武略的帅哥，一个是深明大义的美女，才子佳人皆大欢喜最符合善良纯朴的国人心理，于是乎，民间便有了范蠡与西施相亲相爱的浪漫传奇。

话说勾践、范蠡君臣为了媚惑夫差，欲施美人计，并由范蠡负责搜罗全国美人。当选美小组来到诸暨苎萝村时，只见一浣纱女清丽脱俗，楚楚可人，范蠡便上前搭讪。那女子花容玉貌，惊为天人，当范蠡回过神来告知来意，西施初以难堪重任为由婉拒，范蠡动之以情，晓之以义。面对这位率真坦荡、勇于担当、气宇轩昂的才子，西施由衷欣赏，决意受命入吴。为了实现从浣纱女到宫女的职业转变，也为了与心中女神朝夕相伴，范蠡亲自调教西施。为了国家使命，也为了情郎志向，西施勤学苦练。浑金璞玉经过范老师的精雕细琢，一件倾国倾城的绝世珍品惊艳登场。当勾践献上这位气质高贵、妩媚动人、蚀骨销魂的尤物时，强烈的视觉美感瞬间便将不可一世的夫差彻底征服，从此君王懈于朝政，纵情歌舞，吴、越国势在美人的柔情蜜意之间发生了悄然逆转。后来，西施完成使命，范蠡辞官归隐，才子佳人泛舟五湖，有情人终成眷属……

从相遇到相知，从相知到相爱，从相爱到相守，虽历经坎坷，但终成正果。风雨彩虹式的爱情故事固然令人神往，但历史真相往往令人失望，其实，范蠡与西施成为神仙眷侣的概率十分渺茫：

其一，代沟差距。范蠡约生于公元前536年，与西施相识的时间约是公元前490年，范蠡是年近半百的中年大叔，西施是豆蔻年华的纯情少女，范蠡教西施宫廷礼仪时演绎一场师生恋尚不算稀奇。可十七年后，二人重逢，范蠡已然年过花甲的白发老者，西施仍是风姿卓越的窈窕少妇，老夫少妻再次擦出激情火花似乎不太合乎常理。

其二，国情使命。国家生死存亡之际，越王勾践入吴为奴，尝尽辛酸，受尽屈辱，图的就是有朝一日能够一雪前耻。美人计是乱吴、灭吴计划的重要组成部分，作为一个胸怀大志的成熟政治家，范蠡岂会因儿女私情乱了分寸，毁了主子勾践的全盘计划。

其三，西施结局。除了与范蠡泛舟五湖的浪漫传说，西施的命运至少还有四个残酷版本：一曰：西施爱上了夫差，夫差死后，西施殉情；二曰：吴人泄愤，将西施这个红颜祸水投入江中；三曰：勾践要求西施伴寝，西施不从，勾践恼羞成怒将其投入江中；四曰：越王夫人嫉妒西施美貌，将其投入江中。就现有典籍记载而言，"沉江说"较为可信，《墨子·亲士》记载："比干之殪，其抗也；孟贲之杀，其勇也；西施之沉，其美也；吴起之裂，其事也。"《吴越春秋》也记载"吴王亡后，越浮西施于江，令随鸱夷以终……"

大家不禁要问，俊男美女何其多也？为何偏偏范蠡能与西施传出绯闻？笔者认为，这固然缘于国人锦上添花的完美追求，范蠡多才、多金，再若多情，有第一美女相伴，作为一个男人，夫复何求？更缘于国人同情西施的善良初衷。西施，一个美丽的女子，一个淳朴的女子，一个大义的女子，一个悲情的女子……为了民族大义，成为政治祭品，如此残酷，情何以堪？

范蠡者，本布衣，存大志，有奇才，历千辛，经万苦，居官则至卿相，居家则至万金，贵知急流勇退，富懂仗义疏财。既有儒家修身治国的宏伟志愿，又有道家顺乎自然的潇洒恬淡；既有兵家克敌制胜的阴谋暗算，又有佛家慈悲为怀的纯真良善……

范蠡，一个博学的人，一个忠诚的人，一个大智的人，一个务实的人，一个洒脱的人，一个慈善的人……一个近乎完美的人，笔者对范蠡的景仰如滔滔江水连绵不绝。情不自禁自创七律一首，以示敬仰之意。

《范蠡赞》

年少落魄伴癫狂，良驹幸得宛令赏。

一朝择得越主侍，为奴依旧伴君王。

卧薪尝胆霸业成，飞鸟尽后良弓藏。

一生功名若朝露，三富三徙美名扬。

为功名扭曲灵魂的名将良相

——吴起的多面人生

　　战场上，他是一位纵横驰骋、威震天下的常胜将军；庙堂上，他是一位锐意改革、善于治国的变法先驱；学术上，他是一位通晓百家、著书立说的兵家泰斗。他痴迷功名，戕害乡邻、母丧不归、杀妻求将、频繁易主，一生背负不忠、不孝、不仁、不义的千古骂名，最终乱箭穿心、死于非命。他就是战国初期著名的军事家、改革家、法家和兵家代表人物——吴起。是什么铸就了吴起的性格？是什么促就了吴起的功绩？又是什么导致了吴起的覆亡？为探寻一代名将吴起跌宕起伏的人生之谜，接下来，笔者就结合《史记》《吴子》《战国策》《武备志》《东周列国志》等相关文献的记载带大家一起解读这位千古奇才波澜壮阔之人生传奇。

一、胸怀大志的问题少年

　　据《史记》记载："吴起者，卫人也，其少时，家累千金，游仕不遂，遂破其家，乡党笑之，吴起杀其谤己者三十余人，而东出卫郭门。与其母诀，啮臂而盟曰：'起不为卿相，不复入卫'"。假定上述记载客观真实，它至少给我们透露了以下关于少年吴起家境、性格、志向三方面的信息。

　　其一，家境富而不贵。吴起先人应该经商，而且可能是商人世家，史书的记载是"家累千金"，关键词有两个，一个是"千金"，这里"千金"

不是指具体财产数额，而是代指财富很多的意思。这么多的财富如何得来？另一个关键词"累"告诉我们财富通过一点点累积攒下来的。吴起是富二代，但不是官二代，如果其父是显贵，吴起可以继承官爵，自然不存在游仕不遂之说。在凭出身、重门第的东周时期，世卿世禄仍是官僚生态系统新陈代谢主流，散尽千金，游仕不遂实属正常。

其二，性格坚忍冲动。吴起是典型的胆汁质类型性格。正值一腔热血，满怀希望，散尽家财，撞破头皮也没混入仕途而落魄沮丧的时候，遇乡党嘲讽讥笑便气急败坏，杀谤己者三十余众❶，简直是头骇人听闻的冲动魔鬼。犯事后，与母诀别时，这孩子为竟然咬着自己的胳膊发下狠誓："不为卿相，不复入卫。"他还是个少年，为了追求目标竟如此坚忍执著，甚至达到了丧心病狂的境界。

其三，志向高大宏远。家境殷实的吴起本来可以凭借父辈家业过上安逸平淡的生活，可他不是一安分守己的孩子，他不甘心没有社会地位的现实境遇，一门心思试图通过仕途成就大名。可是当时的社会，士、农、工、商等级森严，官僚体系相对封闭，社会身份父死子继，平民百姓想混入仕途谈何容易。理想很丰满，现实很骨感，纵然吴起耗尽千金依然四处碰壁，祖国伤透了他的心。犯事后，倔强刚烈的吴起与母诀别，生死攸关之际，还惦记着自己官拜卿相的崇高志向。

少年吴起，在家长眼里，他是个离经叛道的逆子；在乡党眼里，他是个挥霍败家的傻子；在世人眼里，他是个杀人如麻的疯子；只有吴起本人始终坚定自己是个存大志、干大事的苗子。应该说，高远的志向和坚忍的性格为他以后刻苦努力、成就伟业提供了不竭动力，然而，痴迷于功名，为达目的而不择手段的残暴品行也为他以后屡遭排挤、不得善终埋下了伏笔。

---

❶　其真实性可疑：首先，一个少年手里既没有大规模杀伤性武器，又不懂如来神掌这般盖世神功，如何短时间内杀死三十余众而毫发无损；其次，司马迁对少年吴起的记载是引用鲁国贵族向鲁君诋毁吴起时的原话，既然是诋毁就难免无中生有或添油加醋；再次，司马迁深受儒家思想熏陶，对刻薄寡恩的法家和诡道嗜杀的兵家没有太多好感，况且吴起还曾被儒家逐出师门。

二、勤奋聪颖的任性学生

当你的才华撑不起你野心的时候，你应该加强学习。逃亡在外的吴起想通过知识改变命运。当时是，诸子学说百花齐放、百家争鸣，摆在吴起面前的有两个问题：第一，学什么？选择专业很关键。第二，跟谁学？选择导师很重要。吴起发现当时的齐鲁大地儒学备受推崇，是显学，儒家大师曾子❶声名显赫，是大贤，于是，吴起就拜曾子为师。逮着来之不易的机会，吴起非常珍惜，他悟性极高，又刻苦钻研，很快就成了曾子的得意门生。恰逢齐国大夫田居到鲁国出差，得知吴起机敏好学，二人交谈，非常投机，历史又给了吴起一次婚姻改变命运的机会：识才不识人的田居发现吴起是个优秀青年，顶级的潜力股，一激动竟将女儿许配给了吴起。这真是天上掉馅饼的好事，从流浪汉，到高材生，又一跃成为了官宦之家的女婿，吴起的人生由此华丽转型。

拜孔门圣贤为师，娶大家闺秀为妻，吴起可谓少年得志，前途无量，然而正当吴起春风得意朝着人生奋斗目标大步迈进之时，意外出现了，曾子得知吴起的老母还健在就找他谈话："汝游学六载不归，为人子心安乎？"吴起回答："吾尝别母盟誓，不为卿相，死不返乡。"任性的学生非但没有丝毫惭愧，还竟敢振振有词跟老师顶嘴，自此，视孝道为做人之根本的曾子开始鄙视这位昔日的高徒。不久，卫国又传来噩耗，母亲病故，吴起哀嚎三声，旋即收泪，诵读如故。这一次老师真的很生气，后果真的很严重，怒斥吴起曰："竖子与母盟誓，游学数载，母丧不奔，置人伦纲常于不顾，真是枉披人皮。"遂将吴起逐出师门，永不相见。

当你的能力驾驭不了你的目标，你应该静下心来修炼。一个求名心切的人骨子里本就排斥儒家修身齐家、克己复礼的繁文缛节，在功利主义者眼里，成功才是王道，故而，遭此挫折，吴起并没有气馁，很快就调整了适合自己性格和志向的专业，他选择了学习兵法。跟谁学习？如何学习？史书没有任何记载，可能是遇到了世外高人点拨，也可能是得到了《太公

❶ 学界有争议，大多数学者都认为，此处的曾子是"孔庙四圣"之一的曾参。也有人认为此处的曾子是曾参的次子曾申，笔者认同《经典释文叙录》的观点，曾子就是曾参之子。

兵法》《司马穰苴兵法》《孙子兵法》或其他绝世兵家宝典真传，吴起闭关苦修三年，凭借聪颖的天资和惊人的毅力终于练就了一身领兵打仗、治国安邦的本领。

三、牛刀小试的军事奇才

"学成文武艺，货与帝王家"是绝大多数是人才实现自身理想的最佳途径。从人才到人物的转变需要平台，吴起学成之后选择的第一个平台是鲁国，经鲁相公仪休举荐被任命为鲁国大夫，吴起终于步入仕途，初步实现了自己的梦想。可是一个无资深阅历、无政治根基、无丰功伟绩的"三无"小伙如何才能在鲁国政坛崭露头角呢？

吴起运气不错，齐国很快就给了一个让他初露锋芒的绝好机会。公元前412年，齐国向鲁国挑起战端，悍然出兵进攻鲁国。齐强鲁弱，大兵压境，危在旦夕之际，公仪休想起了吴起的军事才华，遂向鲁穆公举荐吴起，可吴起妻子是齐国人，鲁穆公有所疑虑。一门心思琢磨着位列卿相、名垂青史的吴起得知结发妻子竟是自己建功立业路上的绊脚石，索性一不做，二不休，拎起快刀就扮演了无毒不丈夫的狠角。杀妻求将，以表心迹，鲁君也被吴起的狠辣惊呆了，只是迫于解燃眉之急，不得已任命吴起为抗齐主帅。

吴起的开山之战并不好打：论国力，敌强我弱；论兵力，敌众我寡；论士气，敌盛我衰。理论上，鲁国几乎毫无胜算，再说齐鲁争锋，历史上除了曹刿指挥鲁军打败过一次齐军，鲁国几乎从来就没占过什么便宜。可是，一流军事家总有化不利为有利、化腐朽为神奇的魔力。那么吴起是如何在极为不利的形势下赢得了这场几乎没有胜算的战争的呢？吴起克敌制胜的成功秘诀有以下四点：

其一，以同甘共苦获得将士认同。吴起初入军营，便和士卒打成一片，身为统帅，卧不设席，行不乘骑，官兵平级，同食同衣，凭借亲和的人格魅力，很快三军将士都成了吴起的生死兄弟。上阵父子兵，打仗亲兄弟，鲁军将士个个摩拳擦掌，愿为死战，全军上下心往一处想，劲往一处使，拧成了一股绳，抱成了一个团，随时随地可以爆发出惊人的战斗力。

其二，以示弱示怯骗得敌军骄纵。骄兵必败，当然，齐军有足够的骄傲资本：首先，齐国大军长驱直入，所向披靡，士气高涨；其次，在齐军眼中，吴起本乃一介儒生，未经战阵，不过无名小辈而已，根本不足为虑；再次，齐强鲁弱，齐众鲁寡，两国争锋鲜有败北；最后，最为关键的是两军对峙，吴起避而不战，隐其精锐，以老弱病残示齐，骄其志，懈其备。自以为胜券在握、做梦凯旋的齐军深陷危局，却浑然不知。

其三，以诈和谈判取得备战时机。良将不打无备之仗，吴起初来乍到，需全面了解敌我双方态势，尤其是需要做好鲁军思想动员、兵力部署、守战工事、战略战术等一系列战前准备工作。为赢得充足时间，吴起避而不战，毕恭毕敬与齐使讲和。吴起求和的理由很充分：一是不敢打，我吴起本一介儒生，不善刀兵之事，只是鲁国大臣明白谁当统帅都无胜算，鲁人恐惧畏战，鲁君无将可派，我这个冤大头才被派往前线，其实，明眼人都明白，齐强鲁弱，胜败已定，我吴起也很无奈。二是不愿打，我吴起本是齐国田氏贤婿，和齐国有姻亲关系，外面传言我"杀妻求将"纯属谣传，我乃孔门子弟，深受圣贤教诲，怎会干出这等违背天理人伦之勾当？我拜将时恰逢妻子病故，一场误会而已；三是不能打，齐鲁历来是友好邻邦，鲁国愿继续和齐国绵延百年友好之睦邻关系，若不罢兵，岂不既损国力，又伤和气？

其四，以出其不意赢得一战克敌。战争的直接目标是克敌制胜，自古兵者，诡道也，不厌其诈。当齐军上下被成功蒙蔽而沉浸于美梦时，战争形势已悄无声息地发生了根本性逆转，鲁军有了充足时间做充分动员、充分谋划和充分战备，趁齐军松弛懈怠之机，集精锐，出奇兵，以迅雷不及掩耳之势发起猛烈攻击，齐军如梦初醒，兵不及甲，马不及驾，仓促应战，一触即溃，伤亡过半，落荒而逃，鲁军大胜。吴起初试牛刀，一战成名。

得此奇才，鲁君喜之，鲁臣妒之，鲁邻惧之，不谙世故的吴起却对此浑然不知。不久，被吴起打落花流水的齐国缓过神来，施离间之计，遣密使献美色珍宝于吴起。一时间流言四起，鲁臣细数吴起败家业、屠乡邻、弃孤母、惹恩师、杀发妻等斑斑劣迹，且鲁国蕞儿小邦，无力称霸，留此煞星，恐遭诸侯图谋。鲁君信谗，欲究其罪，吴起闻讯，弃鲁奔魏，由此开始了他寻觅功名之路的漫漫苦旅。

四、功成名就的一代将星

雄才大略的魏文侯广揽英杰，任用李悝为相，率先变法图强，整顿吏治、发展经济，使魏国有了雄霸中原的综合国力。经翟璜、李悝举荐，求功心切的吴起得见于求贤若渴的魏文侯，最渴望展现才华的人碰到了最需要满腹才华的人，最辉煌历史篇章就此在魏国谱写。

吴起侍魏二十余载，内修文德，外治武备，创建并率领无坚不摧、无往不胜的魏国武卒 ❶ 东征西讨，南征北战，与诸侯大战七十六，全胜六十四，其余钧解，无一败绩，辟土四面，拓地千里，威震诸侯，魏国雄霸天下，吴起也因赫赫战功显名于诸侯，成为中国乃至世界军事史上最为显赫的将星之一。

能将三军、治百官、亲万民、实府库、慑诸侯的吴起自恃文武相济，本以为能在魏武侯继位后顺理成章实现人生终极梦想，荣登相位，可是幼稚率直的他不懂政治之险恶，不谙权术之真谛，主少国疑，大臣未附，百姓不信，功高震主再加位高权重的下场他更未曾虑及。

因娶了魏国公主而攀登相位的公叔痤能力平平，没太大本事的人往往缺乏自信，缺乏自信的人往往嫉贤妒能，功高望重的吴起自然成了魏相公叔痤的头号政敌，公叔痤必除之而后快，于是，公叔痤家奴献计，利用吴起节廉而自喜名的性格巧妙布局，只是略施小计，便让魏武侯对吴起的忠诚产生了质疑，吴起又一次被小人成功排挤出局，不得不依依不舍离开他倾注了半生心血建功立业的土地。

❶ 凡能身着全副甲胄，执 12 石之弩，背负矢 50，荷戈带剑，携三日口粮，在半日内跑完百里者，即可入选为武卒，免除其全家的徭赋和田宅租税，并对武卒严格训练，使之成为魏国的精劲之师，诸侯闻之色变。

五、赴汤蹈火的变法良相

有志者事竟成，苦心人天不负。饱经风霜的吴起已近暮年❶，来到楚国，终于遇到了一生中真正懂他的知音楚悼王，并很快就被任用为国相，人生夙愿终于如愿以偿。

士为知己者死，虽赴汤蹈火亦在所不辞。吴起深知楚国弊政，针对大臣权重、王权旁落、官僚臃肿、人浮于事、经济落后、民生凋敝的症结，对内铁腕变法：废世卿，集王权；整吏治，废无用；明法令，信赏罚；塞私请，易楚俗；破游说，奖耕战。对外开疆拓土：平百越，并陈蔡，却三晋，征西秦，无往不胜，楚国迅速从一个没落衰败的弱邦变成了一个朝气蓬勃的强国。

正当楚国变法顺利进行，国势日盛的时候，公元前381年，楚悼王却溘然长逝。异国他乡、根基尚浅、树敌过多、积怨过甚，突然失去靠山意味着大难临头已为时不远。已近花甲之年，少时梦想实现，一生流离辗转，得遇知音无憾。缅怀白发苍苍的母亲，追忆美丽贤惠的妻子，冥思谆谆教诲的恩师，遥想血染沙场的将士，感恩提携自己的故主……这一次，吴起没有再次选择离开，而是伏在悼王尸体上被追赶而至的楚国权贵乱箭射杀，楚国历史上这场轰轰烈烈的吴起变法就此夭折。

吴起者，天降英才，善领兵，能理政，文武兼备，将相全才，助鲁则鲁赢，侍魏则魏强，辅楚则楚盛。战无不胜、攻无不克的辉煌战绩；舍身忘己、锐意改革的变法尝试；内修文德、外治武备的兵家思想是他留给后人的丰厚遗产。军事上的功绩、政治上的革新、理论上的造诣足以让其彪炳千秋，而为后人所铭记。

---

❶ 战国时期人的平均寿命很短，此时吴起已经五十多岁。

从狗屠到将军

——屠夫中的伟丈夫樊哙记事

说起屠夫，很多人脑海中可能浮现出一个油光满面、膀阔腰圆、头脑简单、粗暴野蛮的彪形大汉，可能是影视《水浒传》中镇关西的不雅形象太深入人心，导致大家产生定势思维。其实，历史上有的屠夫还真不简单，甚至能影响到了历史的进程和发展。我们今天故事的主角就是一位屠夫：他身先士卒、勇猛善战；他舍身救主、见识不凡；他劳苦功高、忠肝义胆；他表里如一、低调恭谦……他就是西汉开国元勋、大将军、左丞相、舞阳侯——樊哙。接下来，笔者就结合《史记》《资治通鉴》等史料记载带大家一起品读了解一下这位赫赫有名的西汉开国大将军。

仗义樊哙。明朝"闽中十大才子"曹学佺有副著名对联："仗义每从屠狗辈，负心多是读书人"。此对联虽不是专门为樊哙所作，但确是对樊哙仗义形象的真实反映。卖狗肉本是小本生意，刘邦白吃白喝，樊哙宁伤狗肉，不伤感情；刘邦落草芒砀，樊哙抛弃产业，誓死追随；每逢恶战，樊哙都是身先士卒，一马当先，口号从来都是"兄弟们跟我冲"，而不是"兄弟们给我上"。

威武樊哙。鸿门宴中出尽风头的既不是力能扛鼎的项羽，也不是老谋深算的刘邦，更不是运筹帷幄的张良，而是大义凛然的樊哙。得知刘邦遇险，樊哙的第一句话就是："此迫矣，臣请入，与之同命。"得知主公遇险，樊哙二话不说，持剑拥盾，闯入军帐，瞋视项羽，怒发冲冠，目眦尽裂。估计樊哙是第一个敢在楚霸王面前吹鼻子瞪眼的主儿，瞬间爆发的小宇宙让项羽都没缓过神来，又是赐酒，又是赏肉，樊哙豪吃豪饮完毕，又义正词严细数刘邦劳苦功高，奚落项羽欲诛功臣，实乃亡秦之续……项羽无言以对，刘邦死里逃生。

远见樊哙。如果大家觉得樊哙仅仅是一介武夫，粗俗之辈，那就大错特错。泗水亭长出身的刘邦率先攻入咸阳，没见过大世面的乡下汉迷恋秦皇宫之富丽堂皇，面对数不尽的奇珍异宝、后宫佳丽，刘邦动了凡心，欲留宿秦宫。樊哙虽不懂"生于忧患，死于安乐"之类的圣贤哲理，但他知道大秦帝国二世而亡就是因为贪图享乐，追求奢靡，于是第一个站出来公开反对刘邦入住秦皇宫，后来张良也认为不可。大老粗代表和知识分子代表都强烈反对，刘邦终于渐渐冷静下来，还军霸上，秋毫不犯，广得民心。

谦恭樊哙。作为刘邦发小、皇帝心腹、开国功臣、吕后妹夫，樊哙有太多理由可以居功自傲，但樊哙依然保持淳朴厚道的率真本色。当功高震主的韩信被剥夺楚王封号，降为淮阴侯软禁长安，人生落魄失意之时，路过樊哙家门，樊哙跪拜送迎，言称臣曰："大王乃肯临臣。"信出门，笑曰："生乃与哙等为伍。"虽说樊哙热脸贴上了冷屁股，可"羞与哙伍"这个成语却反衬了樊哙的低调淳朴。

樊哙者，出草莽，逢乱世，随高祖，诛暴秦，灭西楚，平异王，身经百战，从一而终。其胆略、其功绩、其见识、其人品皆无愧世间之伟丈夫也！

这个天才太天真

——在纠结中走向沉沦的韩信

　　他是驰骋疆场的兵家巨子，也是不谙宦海的政治矬子；他是洞悉天下的无双士子，也是不通人情的单纯孩子；他是以德报怨的正人君子，也是卖友求荣的不义小子。曾受胯下之辱，却能坚守抱负；曾也壮志难酬，却总不断追求；曾立盖世奇功，却是不得善终。在追寻王侯将相的道路上迷失自我❶，在忠诚与背叛的纠结中丢了性命，他短暂而又精彩的生命轨迹留给我们太多经典故事，他大起而又大落的不幸遭遇留给我们太多人生启迪。接下来，笔者就结合《史记》《汉书》《资治通鉴》等史料记载带大家一起品读这位天才将星——韩信的传奇故事。

一、穷困潦倒的落魄公子

　　史料关于韩信的出身背景语焉不详。是否将门之子？是否奇遇名师？有无兵法秘笈？有无红颜知己……正史关于韩信老爹、老娘、老师、老婆等基本信息几乎是只字未提。然唯物主义者不相信这位"兵仙"真是横空出世，笔者试图从支离破碎的史料中用排除法和推理法来破解韩信的身世之谜。

　　《史记·淮阴侯列传》开篇记载："淮阴侯韩信者，淮阴人也。始为布

---

　　❶ 韩信曾被封齐王、楚王、淮阴侯、大将军、左丞相，王、侯、将、相是一个不落。

衣时，贫无行，不得推择为吏，又不能治生商贾。常从人寄食饮，人多厌之者……"说白了，当时韩信就是个无权、无钱、无工作的"三无小伙"。这个身材高大、相貌堂堂的男人衣食堪忧，还喜欢佩带宝剑在街上晃晃悠悠，真是既可人怜，又讨人厌。亭长夫人不愿其老是蹭饭，避之，撵其滚蛋；城下漂母不忍其饱受饥寒，怜之，施舍以饭；淮阴屠户不屑其虚荣耍酷，辱之，让其难堪……

韩信所出生的时代社会身份等级森严，流行世袭制。据《管子·小匡》记载，统治者将万民划为士、农、工、商四大阶层，自古都是龙生龙、凤生凤、老鼠的孩子会打洞，韩信不懂耕种、不会手艺、不事商贾，据此基本可以排除韩信是农民、商贾、手工业家庭出身。受漂母赠饭，不忘以礼答谢，有礼节❶；受胯下之辱，不忘忍辱负重，有大志❷；受饥寒之苦，不忘随身佩剑，有身份❸；受穷困之扰，不忘钻研典籍，有文化❹。这个遗传基因非常好❺、文化功底很了得、落魄佩剑不寻常、逆境知礼诚可贵的"四有青年"，典型的落魄公子派头，祖上很有可能有着贵族血统。

二、壮志难酬的执戟郎中

秦二世元年（公元前 209 年），被逼入绝境的陈胜、吴广揭竿而起，拉开了声势浩大的武装反秦序幕，一时间，华夏大地风起云涌，豪杰并起。大凡天才者，多非池中之物，岂会甘心苟全性命于乱世？恰逢项梁起兵渡

---

❶ 礼仪规制多流行于上流社会。

❷ 草莽英雄多是走投无路或被裹挟才成就人生的辉煌，如刘邦。败落贵族成就大业的主动性、积极性更强，如项羽。

❸ 当时冶金技术不发达，佩剑是身份的象征，连饭都吃不饱，韩信买不起宝剑，估计此剑应是祖传。

❹ 从韩信拜将后与刘邦君臣二人的"汉中对"可以推断韩信自幼熟读文献典籍和兵书，当时书籍都是竹帛制成，成本很高，穷苦人家鲜有藏书。

❺《史记·淮阴侯列传》直接或间接表述了韩信容貌：淮阴屠户说韩信是外强中干，中看不中用；韩信在项羽手下当过执戟郎中，相当于现在三军仪仗队成员；初投刘邦时被分配到接待部搞公关礼仪接待，后触犯军法快被砍头时，适见滕公夏侯婴，曰："上不欲就天下乎？何为斩壮士！"滕公奇其言，壮其貌。

淮，二十出头的韩信便意气风发，杖剑从军，居其麾下，未得知名。后项梁败，又属项羽，官不过郎中，位不过执戟，数以策献项羽，只可惜，项羽是言不听，计不用。一个满脑子计谋、一肚子才华的军事谋略家却整天干着站岗放哨的差事，大才难展，壮志难酬，韩信很是郁闷。

　　一个是血统高贵、勇冠三军、称雄诸侯的楚霸王。一个是贫而无行、夸夸其谈、寸功未建的执戟郎。萤火之辉岂堪比日月之光？以下三条理由足以注定韩信在项羽麾下只能郁郁凄凄、窝窝囊囊。

　　其一，信条不同。在项羽眼里，克敌制胜的首要秘诀是勇，项羽军事思想秉承的是狭路相逢勇者胜之信条。巨鹿之战，凭借破釜沉舟之勇气，以寡击众，大破四十万秦军主力。彭城之战，三万铁骑，以迅雷不及掩耳之势完胜刘邦五十六万诸侯联军。起兵八岁，七十余战，所当者破，所击者服，未尝败北。而在韩信眼里，这一切不过是匹夫之勇。韩信军事思想秉承的是"兵者，诡道"之信条，将在谋，不在勇。纵观韩信用兵多是以奇制胜，破魏以木罂，破赵以赤旗，破齐以沙囊，破楚以歌声，鲜有血战，用苏东坡那句"谈笑间，樯橹灰飞烟灭"来形容韩信用兵颇为得当。一个是勇战派代表，一个是谋战派代表，正所谓，道不同，不相与谋。

　　其二，性格难容。项羽性格率真，直来直去，快意恩仇，是个急性子，手下云集了龙且、季布、钟离眜等一大批勇武过人、能征惯战的将军，而身边文臣谋士多不得善终，譬如，因受离间计被疏远的范增，气死了，因反对迁都彭城被扔热锅里的韩生，烹死了。自古，惺惺惜惺惺，好汉惜好汉，物以类聚，人以群分，项羽喜欢樊哙那样勇猛豪放的汉子，而韩信性格隐忍，外表深沉，多思善谋，是个慢性子，根本不是项羽喜欢的菜，二人性格迥异，水火难容。

　　其三，韩信无功。初到项羽麾下，韩信工作经历不足一年，以现在新招录公务员标准，试用期都没过。况且，项梁在定陶被章邯所败时，几乎全军覆没，主帅战死，小卒幸存，项羽会怎么想？就算不是逃兵，也是残兵、败兵。这样一个没资历、没背景、没战功的新兵蛋子还喜欢班门弄斧，经常在上司面前唧唧歪歪发表高见，试图引起领导注意以便脱颖而出，这么天真的想法在一般的领导面前不能凑用实属正常，毕竟自古无功不受禄。

综上，我们可以得出这样的结论：韩信这样的天才在项羽手下注定没有前途。是碌碌无为，默默坚守？还是另投贤明，自谋新路？关于韩信的抉择，《史记》用了四个字表述"亡楚归汉"，连个招呼都不打就投奔刘邦去了，真是一次说跳槽就跳槽的跳槽。

三、所向披靡的三军统帅

韩信初来汉营仍是未得知名，在项羽手下被安排当门卫，来到刘邦帐下又被用来搞接待❶，后坐法当斩，幸得滕公❷相救，非但大难不死，还因祸得福，被提拔当了治粟都尉，并有机会结识了他一生中的第一个大贵人，有了萧何月下追韩信的千古佳话，有了从治粟都尉直接到三军统帅的火箭式提拔。

凭借对萧何的了解和信任，素来傲慢无礼的刘邦居然择良日、斋戒、设坛场、具礼，以最高规格的仪式将最高军事指挥权交给这个素不相识的年轻人。后来的实践证明，韩信对得起这样隆重的礼遇。拜将礼毕，刘邦约谈韩信，韩信针对天下局势侃侃而谈，披露了项羽残暴不仁、弑君背盟、处事不公、尽失民心的诸多弊病；分析了刘邦仁爱贤明、约法三章、秋毫不犯、广得民心的称雄资本；勾勒了重奖掖、兴义兵、任武勇，出陈仓、定三秦，平诸侯，争天下的宏伟蓝图。"汉中对"❸解决了刘邦"敢不敢与项羽争天下，凭什么与项羽争天下，以及如何与项羽争天下"的三大难题，韩信的见解让刘邦醍醐灌顶、茅塞顿开，彻底看清了项羽"匹夫之勇、妇人之仁"之真实面目，更看到了打败项羽、夺取天下的胜利曙光，以致激动不已的刘邦直呼相见恨晚。

---

❶ 按照以貌取人的惯性思维，我们推测韩信体貌特征应该不是力量型的猛男，而是俊朗型的美男，貌似不适合冲锋陷阵的战斗岗位。

❷ 此人是刘邦的心腹夏侯婴，曾有恩于刘邦，甚得刘邦信任，后被封为汝阴侯。

❸ 只有四百年后刘备和诸葛亮的"隆中对"可以与之相媲美。

遇到了人生的伯乐，有了施展抱负的平台，韩信凭借天才的战略谋划和出神入化的指挥才能，四年间，出陈仓，定三秦，涉西河，破代，攻魏，灭赵，降燕，伐齐，亡楚……一路凯歌，所向披靡，无一败绩。井陉之战、潍水之战、垓下之战都是中国军事史上出奇制胜的经典战例。明修栈道、暗度陈仓、临晋设疑、夏阳偷渡、背水一战、半渡而击、拔帜易帜、传檄而定、四面楚歌、十面埋伏等成语典故也足以让后人缅怀韩信的不世之功绩。

四、死于非命的开国元勋

"君王薄情，功臣薄命"仿佛是不解的历史魔咒，这位"连百万之军，战必胜，攻必取"的韩大将军，功勋卓著，威名远播。刘氏登基，论功行赏，被封楚王，本是衣锦还乡，无限风光，却又是如何一步一步遭猜忌、被排挤，最终落得了个殒命长乐、夷灭三族的下场？

出于战略上的考虑 ❶，老谋深算的刘邦击败项羽不久便袭夺了齐王韩信兵权。汉五年（公元前202年），徙齐王为楚王，这个没有政治头脑的呆子还以为这是刘邦的"美意"，沉迷于荣归故里的荣耀，陶醉于春风得意之中，全然不知刘邦、吕后夫妇会对他出什么阴招、损招和狠招。

第一招，伪游云梦。就在韩信做楚王的第二年，就有人告发韩信谋反 ❷。刘邦召集群臣应对，诸将皆欲发兵，问及陈平时，陈平反问："陛下的兵有韩信精吗？陛下的将有韩信强吗？"刘邦坦诚曰："莫及也，然为之奈何？"最终，君臣商定采用陈平之计，依天子巡狩惯例，伪游云梦，会诸侯于陈（楚国西界），待韩信郊迎时就地抓捕。韩信一听说皇帝要来视察工作，

---

❶ 一则，齐国原是老牌诸侯国，人口密集，经济发达，文化繁荣；二则，齐赵毗邻，韩信与赵国关系非同寻常；三则，楚国（地域面积远不如秦灭楚时的面积）东临大海，其余三面均在刘邦的战略包围之中。

❷ 《资治通鉴·汉纪》：接到密信后，刘邦反应很淡定。当陈平问及刘邦："韩信知道他被人举报谋反吗？"刘邦回答很确定："不知。"这么敏感重大的事情，刘邦反应这么平静实属反常。"反应淡定""回答确定"也实在耐人寻味，笔者怀疑这一切都是刘邦的安排，举报者可能是刘邦的线人，刘邦也明白韩信是被人诬告的。

莫名其妙的疑惧起来，竟不知所措，自乱阵脚，想发兵，但又觉得自己无过，还听从了手下的馊主意，砍了昔日项羽心腹钟离昧的人头献给刘邦。可刘邦丝毫不领韩信这份厚礼的情，仍以被人举报谋反为由，一见面就把韩信绑了押解长安。

第二招，软禁京城。离了封地，没了军权，韩信已然虎落平阳，对大汉帝国的威胁已基本铲除。韩信是否真反，刘邦心知肚明，何况也没有确切证据证明韩信真反，仅凭一纸密信就把开国元勋砍了，杀之无名，还会落下滥杀功臣的恶名。刘邦可不傻，索性大赦天下，放了韩信，夺去楚王之位，降为淮阴侯，不过封地是回不去了，留在京城挂职，听候差遣。从此，韩信永远失去了天高皇帝远的逍遥自在，一举一动皆在刘氏掌控之中。

第三招，诱杀宫中。虽然鸟儿已被束缚翅膀，鱼儿已被放进水缸，可刘邦、吕后夫妇丝毫没有放松对韩信的提防。已然徒有虚名的淮阴侯在京城消极却不消停，日夜牢骚不断，郁郁寡欢，称病不朝，还与手握重兵的陈豨私交甚好。后来，陈豨造反，刘邦御驾亲征，韩信假病不从，欲做内应，诈诏赦诸官徒奴，发以袭吕后、太子，不幸东窗事发。吕后与萧何密谋，由萧何亲入韩府，诈称皇帝已平定叛乱，凯旋回朝，诚邀韩信朝贺。韩信不明真伪，一入宫便被擒拿，斩于长乐宫钟室，还被夷灭三族。

五、永不瞑目的九泉怨魂

韩信之死给后人留下无限惋惜，也博得了后人无限同情。不少人诘责刘邦过河拆桥、忘恩负义，吕后阴险狡诈、蛇蝎心肠。然笔者坚信，世界上没有无缘无故的爱，也没有无缘无故的恨，韩信的盖世才华遇到了刘邦的求将若渴，二人很快步入蜜月期。可韩信的任性脾气和过人才气却让刘邦日渐反感和忧虑，二人关系很快转入了微妙的磨合期。韩信一直在反与不反中徘徊，刘邦一直在杀与不杀中摇摆。那么，是什么让刘邦对韩信且爱且怨？又是什么让吕后最终对韩信痛下杀手？请看十过韩信：

一过韩信，请封张耳。原本是常山王的张耳被昔日好友陈馀打败后投奔汉王刘邦，并被刘邦派去协助韩信并肩作战。二人配合默契，井陉一战，一举击垮赵国，后又一纸檄文迫降燕国，出于镇抚燕赵之考虑，夹杂投石问路之私心，韩信请封张耳为赵王。迫于楚汉前线战事吃紧，刘邦迫切需要盟友，不得已违心许诺，可精明的刘邦已然看透了韩信笼络张耳，投石问路以期裂土封王的小算盘，对韩信已心生芥蒂。

二过韩信，郦生之死。正当韩信厉兵秣马准备一举破齐之际，刘邦手下知名说客郦食其竟凭三寸不烂之舌，不费一兵一卒就成功说服齐国投靠汉王。韩信在明知齐国已经投降的情况下，全然不顾刘邦的战略部署和郦食其的生死安危，悍然出兵，结果不但搅乱了刘邦的局，还导致楚汉第一说客郦食其被烹，刘邦很生气，仇恨的种子埋在了心里。

三过韩信，齐地讨封。经过潍水一战，韩信消灭田广、龙且，平定齐国后，假以"齐伪诈多变，反覆之国也"为由，非但不救刘邦被围荥阳之急，反而要拥兵自立，扭扭捏捏地要求做假齐王。被敲竹杠的刘邦虽很震怒，却识时务，索性封了韩信真齐王。韩信表露了心迹，刘邦也动了杀机。

四过韩信，当断不断。楚汉争雄后期，刘、项两家僵持不下，韩信独当一面，成为了左右天下的第三支力量。历来迷信武力的项羽也不得不对韩信刮目相看，一生中第一次，也是最后一次使用外交手段，派出说客武涉笼络韩信，希望韩信联楚反汉，但韩信念及刘邦推衣解食的知遇之恩，未从。武涉走罢，辩士蒯通费尽口舌分析形势，讲解利弊，又是摆事实，又是讲历史，苦口婆心劝说韩信参分天下，鼎足而居，韩信始终犹豫未决。

五过韩信，得意忘形。刘氏初定天下，论功行赏，韩信被封楚王，荣归故里的韩信春风得意，日子过得滋润潇洒：又是知恩图报，馈漂母以千金；又是以德报怨，拜屠户为中尉；又是巡行县邑，陈兵甲于封土……这不是大张旗鼓的立德、树威吗？已是不赏之功，威名远播了，下一步你韩信还想干什么？太招摇！太高调！

六过韩信，私藏钦犯。钟离眜在楚汉交锋时，多次击溃汉军，搞得汉王很狼狈。刘邦怨恨此人，项羽自刎后，下诏追捕钟离眜。走投无路的钟离眜投奔昔日同僚韩信，韩信收留钟离眜意味着舍忠，缉拿钟离眜意味着去义，忠义两难（二者择其一为下策）。当然，韩信可以既不收留，也不缉拿，礼法讲究亲亲相隐不处罚，朋友相纵也不为过（中策）。此外，韩信还可以像夏侯婴替季布求情一样，向刘邦求情宽恕钟离眜❶（上策）。可惜，韩信选择了下策，私藏钦犯，跟皇帝对着干。

七过韩信，卖友求荣。私藏朝廷钦犯于府上已是下策，更为要命的是韩信又走了一步臭棋。一听说刘邦要巡狩自己的封地，可能是自觉心里有鬼，莫名其妙地心虚起来，居然听从了手下建议，借用钟离眜人头向刘邦献媚，当初既然选择了不忠，如今又出卖故友，选择了不义，这一下子，韩信完全成了不忠、不义的小人。真下下之策也！

八过韩信，桀骜任性。在项羽阵营不受重用，韩信不辞而别，在刘邦阵营开始不受重用时还是不辞而别，在被降为淮阴侯不受重用时索性称病罢工，刘邦让韩信随驾讨伐叛逆，韩信借故不从。如此我行我素，受不得任何委屈，只要不合心意，动不动就撂挑子，这么任性的臣子，试想，哪个君王不想收拾你。

九过韩信，羞与哙伍。一步登天的人往往会目中无人，韩信就是其中之一。自恃功高，矜才自傲，耻与周、灌等列，羞与樊哙为伍。绛侯周勃和颍阴侯灌婴都是开国元勋，也是后来荡平诸吕的功臣，樊哙更是大汉的功臣、刘邦的心腹、吕后的妹夫，这些人韩信统统不放在眼里。难怪刘邦收到韩信打算在楚地谋反的举报信时，诸将异口同声说："亟发兵，坑竖子耳。"狂夫韩信，性格孤傲，拙于交际，人缘太差！

十过韩信，不识时务。追随项氏诛苛秦，投奔刘氏灭暴楚，韩信功垂

---

❶ 同样是项羽手下"五虎上将"之一的季布和钟离眜情况雷同，经夏侯婴进谏，刘邦不但赦免了季布，还委以重任，可见刘邦并非心胸狭隘之人。以韩信的地位和威望，如果向刘邦讲明利弊得失，刘邦应该给面子。

青史，彪炳千秋。然天下初定，在历史已经选择郡县制，抛弃分封制的大趋势下，仍患得患失，幻想裂土封王 ❶，最终，在怨天尤人中自暴自弃，在自暴自弃中迷失自我，在迷失自我时铤而走险，在最不该造反的时候参与谋反。临死还执迷不悟抱怨："吾悔不用蒯通之计，乃为儿女子所诈，岂非天哉" ❷！真是死不悔改！

天才韩信！天真韩信 ❸！军事天才！人情庸才！政治蠢才！

---

❶ 汉初刘邦迫于形势分封的异姓王没有一个有好下场。

❷ 韩信不是后悔没有反，而是后悔没有早点反。他跟项羽一样缺心眼，鸿门宴项羽失口把通风报信的曹无伤给卖了。韩信临死失口把自己的手下蒯通给卖了，而蒯通无愧为顶级辩士，凭借自身镇定和机智免遭刘邦杀害。

❸ 韩信一直自以为有功于汉室，刘邦不会杀他。明代钟山居士甄伟小说《西汉演义》讲述了刘邦曾许诺有三不杀韩信："一曰，天不杀韩信；二曰，君不杀韩信，三曰，铁不杀韩信。"韩信太天真，他没揣测到刘邦的想法，你韩信现在不反，不等于将来不反；你本人不反，不等于你后人不反，反正留着就是隐患。

悲情英雄

——岳飞的抗金传奇

北宋末年，二帝不贤❶，六贼作奸❷，朝纲混乱，政治黑暗，内有饥民起兵反叛，外有强敌虎视眈眈，农民起义刚散，金兵铁骑又犯，徽钦二帝蒙羞靖康之变，宗室大臣惨遭亡国之难，赵氏江山命悬一线，幸得三军将士浴血奋战，总算保住半壁江山。皇帝只想苟且偏安，岳飞一心恢复中原，主战派与主和派彻底闹翻，一代名将竟以"莫须有"之罪惨死临安……宋军为何经常狼狈败窜？岳家军缘何能让金兵闻风丧胆？赵构有何隐情难言？岳飞奈何蒙受不白之冤？假使岳飞不死，历史是否因此改变？接下来，笔者就结合《宋史》《金史》《三朝北盟汇编》等史料记载为大家解开心中的谜团。

一、武将的短暂春天

自古时势造英雄，个人命运受制于时代背景，要破解岳飞的成败密码，有两个基本问题不能回避：一是北宋历来重文抑武的基本国策；二是南宋初期岌岌可危的基本国情。

首先需要谈一下北宋历来重文抑武的基本国策。众所周知，北宋政权

---

❶ 宋徽宗赵佶在位期间，宠幸蔡京、童贯、高俅等奸臣，穷奢极欲，荒淫无度，民不聊生，后金兵围攻汴梁，宋徽宗让位，继位的宋钦宗赵桓优柔寡断，忠奸不辨，最终导致了靖康之变。

❷ 蔡京、童贯、王甫、朱勔、梁师成、李邦彦合称"北宋六贼"。

乃谋篡所得，禁军首领赵匡胤本是周世宗心腹，却在周世宗英年早逝后黄袍加身，以实际行动证明了武将的危险。为杜绝后来者故伎重演，北宋历代君王对武将的态度是猜忌、猜忌、再猜忌！措施是防范、防范、再防范：广赐良田美宅，让其安于享乐，武将也就没了谋朝篡位的心思；天下精锐收归中央禁军，老弱病残充实地方厢军，武将也就没了割据一方的实力；实行轮流戍边，将不识兵，兵不识将，武将也就没了一呼百应的号召；实行文官领兵，甚至太监领兵，武将也就没了拥兵自重的机会……如此一来，没了飞扬跋扈的军阀，北宋经济、文化、科技等都取得了举世瞩目的成就。可是，这样的军事政策也有致命缺陷，一旦强敌入侵，战场形势瞬息万变，前线将军束缚手脚，处处掣肘，如此这般，如何取胜？

接下来，还需要再谈一谈南宋初期岌岌可危的基本国情。公元1126年，金兵再次大举南下，一路所向披靡，很快就攻陷东京汴梁。公元1127年，俘获了徽钦二帝、皇室宗亲、后宫嫔妃、文武大臣的金兵满载而归，北宋灭亡。靖康之变，皇室宗亲几乎被一网打尽，唯独康王赵构因公务在外成为漏网之鱼❶，并在应天府仓促称帝，史称南宋。建国初期，南宋的基本国情是这样的：一者，金国铁骑屡屡侵犯；二者，国内流寇骚乱不断；三者，禁军孱弱重任难堪；四者，国库亏空财力有限；五者，逃跑主义让百姓不满；六者，战和两派各持己见……赵构接手的是支离破碎的祖宗江山。

面对危局，赵构的当务之急就是组建一支强大的卫国军团，可是朝廷缺兵少将又没钱，生死存亡之际不得不将祖宗遗训抛到一边。于是乎，"天高任鸟飞，海阔凭鱼跃"，压抑太久的武将终于迎来了一展拳脚的明媚春天。几经洗牌，在抗击外辱和平息内乱的战场上涌现出了岳飞、韩世忠、刘光世、张俊、吴玠、刘锜等一大批杰出将领❷。不过，随着"苗刘兵变"❸"淮

---

❶ 康王赵构领命第二次出使金营，遇到宗泽劝阻，转回相州，后汴梁城陷，赵构躲过一劫。

❷ 宋人刘松年绘制的《中兴四将图》，将岳飞、张俊、韩世忠、刘光世合称"中兴四将"，当然说法不一，也有将吴玠、刘锜取代张俊、刘光世列入"中兴四将"之说。

❸ 公元1129年，苗傅、刘正彦发动兵变，杀死宋高宗宠幸的权臣及宦官，并胁迫赵构退位。

西兵变"❶等一系列骚乱事件的出现，很快就令宋高宗寝食难安，"兔死狗烹，鸟尽弓藏"的宿命注定会在这些武将身上重演，因为明媚春天毕竟太过短暂。

二、岳飞的常胜秘诀

在将星云集南宋初期，岳飞无疑是其中最耀眼的一颗，他年纪最轻、治军最严、功劳最大、晋升最快、人气最旺，就连不可一世的金兵也不禁感叹："撼山易，撼岳家军难。"大家可能好奇，气势如虹的金兵五年就消灭了自己的宗主国大辽，两年就灭了昔日盟国北宋，可谓气吞万里如虎，为何刚刚组建的岳家军能成为金人的噩梦？要破解其中谜团，就必须解读岳飞的常胜秘诀，总结岳飞的取胜秘诀，主要有以下有四点：

其一，旗号鼓舞人心。兵家历来讲究师出有名，旗帜凝聚人心，口号鼓舞士气，作为一名出色的军事统帅，岳飞深谙此道，他的宣传工作做得很好。岳飞打出的抗金旗号是"直捣黄龙，迎回二圣"❷。这个旗号有五大特点：一是言简意赅；二是朗朗上口；三是目标明确；四是气势雄浑；五是正义凛然。为国家而战，为正义而战，为荣誉而战，广大官兵的爱国主义热情和建功立业的激情被迅速点燃❸。

其二，统帅德才兼备。岳飞自幼胆识过人，武艺超群，尤好《左氏春秋》《孙吴兵法》，不但文武双全，而且颇有人格魅力，是近乎完美的"四不元帅"：一不专权，欲有所举，尽召诸统制与谋，谋定而后战，故有胜无败；二不徇私，举贤不避仇❹，惩罚不避亲；三不贪财，凡有颁犒，均给军吏，秋毫不私；四不好色，同僚吴玠素服飞，愿与交欢，饰名姝遗之，岳飞坚辞不受。统帅很给力，将士皆愿为之效命。

---

❶ 公元 1137 年，南宋原属刘光世所部统制官郦琼等杀死监军官，带领四万余众叛变投奔伪齐政权。

❷ 黄龙即黄龙府，辖地在今天吉林一带，是金人腹地。

❸ 该口号是一柄双刃剑，军事上鼓舞士气，政治上绝对败笔。

❹ 杨再兴原本曹成手下一员猛将，曾经斩杀岳飞的弟弟岳翻和手下一员大将韩顺夫，岳飞爱其才，不计前嫌，将其收编，并委以重任。

其三，军纪严明如铁。国有国法，军有军规，军纪的有效性不但取决于其严厉性，还取决于其必然性，这两点岳飞都做到了极致。史书记载"卒有取民麻一缕以束刍者，立斩以徇"。"卒夜宿，民开门愿纳，无敢入者"。岳家军"冻死不拆屋，饿死不卤掠"的声誉广为美传，岳家军走到哪里，老百姓都箪食壶浆以迎王师，金兵陷入了人民战争的汪洋大海❶。

其四，将士同仇敌忾。宋金两国政治、文化、生活习惯迥异，金国灭宋的胜利来得太过突然，金国人根本没想到富庶繁华的北宋如此不堪一击，原本只是为了掠夺财富、美女、奴隶而来，因此，如何统治管理占领区的宋朝民众，金人根本没有思想准备❷，所以金兵南下，金戈铁马，一路上烧杀掳掠，坏事做绝。后来金国扶持刘豫建立的伪齐傀儡政权更是横征暴敛，鱼肉百姓，敌占区生灵涂炭，三军将士无不期望恢复中原，救父老乡亲于水火之中。

三、岳飞的生死密码

世上没有无缘无故的爱，也没有无缘无故的恨。岳飞忠肝义胆、南征北战，为朝廷立下赫赫战功，宋高宗也是看在眼里，记在心里，开始对岳飞也颇为器重，授予其节度使、少保、枢密副使等高官要职，甚至还多次召见岳飞密谈，手书"精忠岳飞"，制旗以赐之，君臣关系一度颇为融洽。可是后来究竟发生了什么让君臣关系产生隔阂？岳飞又犯了哪些忌讳让宋高宗对其痛下杀手？接下来请看岳飞的生死密码。

其一，岳飞性格。岳飞之所以被奸人所害，很大程度上取决于其四大性格缺陷：一是冲动，赵构刚刚继位，岳飞还是一个低级军官，就越级给皇帝上书❸，慷慨激昂，痛批朝政，岳飞因不按规矩办事被免职；二是任性，

---

❶《宋史·岳飞传》记载：其所揭旗以"岳"为号，父老百姓争挽车牵牛，载糗粮以馈义军，顶盆焚香迎候者，充满道路。自燕以南，金号令不行，兀术欲签军以抗飞，河北无一人从者。

❷"靖康之变"后，金兵无心、也无力统治宋地人民，便扶持汉人张邦昌建立伪楚政权，后来又扶持刘豫建立了伪齐政权。

❸ 岳飞的《上皇帝书》连主战派李纲也一起痛批一番，简直敌我不分。

岳飞追随"八字军"领袖王彦时，不听军令，轻敌冒进，损失惨重，因无法在王彦处继续立足，只好单身改投宗泽；三是倔强，皇帝原本打算让岳飞收编刘光世的部队，后来反悔，岳飞耿耿于怀，索性就撂挑子不干，赵构对此亦是耿耿于怀；四是单纯，岳飞是军事天才，战略天才，政治上却十分幼稚，手握重兵，干预立储，犯了忌讳，还屡次在现任皇帝面前建议迎回前任皇帝，岂非找死节奏？

其二，战和抉择。《孙子兵法》开宗明义："兵者，国之大事，生死之地，存亡之道，不可不察也。"战争不能感情用事，有无胜算，能否开战，战争范围等问题均应慎重❶，知己知彼，方可百战不殆。宋金鏖战十余年，互有胜负，已成对峙状态，一时间谁也没有实力吃掉对方，经过综合考量，宋高宗和绝大多数朝臣的态度是进行一场局部战争，以战促和，保住半壁江山，至于收复失地问题，只能静待时机。基本国策已定，谁再挑起战端，那就是破坏和平，违抗朝廷决定。

其三，赵构隐痛。宋高宗的日子远不如他的艺术家老爹滋润，赵构是风流老爹和苦命母亲韦氏一夜情所生，在宋徽宗的三十几位皇子中排行老九，非嫡非长，又不受父皇宠爱，若不是皇室宗亲被金兵一网打尽，赵构根本与皇位无缘。从伦理道义上讲，父兄被掳，理应相救；从个人感情上讲，赵构对父亲的怨恨、对兄长的妒忌成分更多，"恢复中原，迎回二圣"只是口头上呼吁一下作罢，来之不易的皇位岂会拱手相让？岳飞太天真，把口号当成真。此外，赵构在逃亡过程中因惊吓过度身患疾病，唯一的儿子也三岁夭折，作为一个已丧失生育能力的男人，作为一个没有皇子的皇帝，真是有苦难言，岳飞明知皇帝无子，还妄议早立太子，真是哪壶不开提哪壶。

其四，秦桧煽动。是谁害死了岳飞？大多数人第一反应就是秦桧，以致秦桧都成了奸臣的形象代言人，但理性人都知道对于岳飞这样级别的重臣，没有皇帝手谕或默许，秦桧没胆量，也没能量害死岳飞。秦桧智商很

---

❶ 南宋和北宋的灭亡很大程度上是因为军事外交政策失误所致，北宋与金国结盟，将百年和睦的辽国灭了，南宋与蒙古联盟，将已被汉化的金国灭了。联合强国灭掉邻国，开门揖盗，唇亡齿寒，岂非拿国事当儿戏？

高，情商更高，善于分析形势、善于人情世故、善于察言观色、善于揣摩圣意，他了解宋高宗对武将"且用且防"的心理，他理解宋高宗以战促和的心意。秦桧扇阴风，点邪火，在纠集党羽、罗织罪名、刑讯逼供、诬告陷害，最终成功煽动皇帝杀死岳飞方面没少出力。试想，秦桧顺着如下思路引导皇帝，岳飞岂有不死之理：岳飞不贪财、不好色，他到底图什么？岳飞的能力、岳飞的功勋、岳飞的威望、岳飞的忠诚与太祖皇帝相比如何？陛下还记得"苗刘兵变"和"淮西兵变"吗？朝廷的军队姓赵啊，岳飞的军队怎么能称"岳家军"呢？岳飞的倔强任性陛下您是知道的，万一真把金人逼急了，金人使出杀手锏（让宋钦宗复位），将为之奈何？

四、假设的历史结局

时至今日，仍不少人（包括笔者）对宋高宗自毁长城的做法深感惋惜，甚至认为，如果没有十二道金牌勒令岳飞班师回朝，说不定岳家军真可以恢复中原，直捣黄龙。然而，慎思后方觉天真，我们可以用假设的办法进行分析：

第一，假设岳飞坚持"将在外，军令有所不受"，孤军深入，结果如何？打仗讲究天时、地利、人和。就天时而言，金国刚刚兴起于白山黑水之间，政治清明、地域广阔、军事过硬，可谓朝气蓬勃。而相比宋朝开国白余年，政治黑暗，偏安一隅，可谓暮气十足；就地利而言，北方地域辽阔，平原居多，更适合金国骑兵作战，宋朝以步兵为主，不占优势；就人和而言，宋朝主战派与主和派势同水火，将相不和，用兵大忌，而金国以完颜宗弼（金兀术）为核心的主战派则占据主导地位。岳飞孤军北上，在天时、地利、人和均不占优势的情况下，纵然可能取得局部胜利，但想灭掉金国简直天方夜谭。岳飞死后二十年，南宋最出色的皇帝宋孝宗为岳飞平反，并于次年誓师北伐 ❶，结果惨败而归。

---

❶ 公元 1163 年，徽钦二帝已故，少了人质顾忌，南宋最想有所作为的皇帝宋孝宗为一雪前耻，不宣而战，出兵北伐，结果，被金兵打得丢盔弃甲，史称"隆兴北伐"。

第二，假设岳飞坚持"将在外，军令有所不受"，孤军深入，在人民群众的支持拥护下取得了一定胜利，岳飞还能重返南宋朝廷吗？在封建专制王朝，皇帝对统帅的要求历来都是政治过硬第一，军事过硬第二，皇帝十二道金牌都不当成回事，这是公然抗旨藐视皇帝，岳飞回到朝廷绝对不会有好果子吃。岳飞要么疆场战死，要么回朝领死。想要活命，要么投降金人，要么自立为王，其他别无选择。总之，继续北进，胜败都是绝路。

第三，假设宋高宗大力支持岳飞北伐，并且节节胜利，又当如何？对此，完颜宗弼临终遗言道破了天机："如宋兵势盛敌强，择用兵马破之；若制御所不能，向与国朝计议，择用智臣为辅，遣天水郡王桓（宋钦宗赵桓）安坐汴京，其礼无有弟与兄争。"金兀术不愧为深谋远虑的政治家，后事安排得非常周密：如果宋军北伐，能打军事牌，就打军事牌，军事牌不灵，就打政治牌，扶持宋钦宗做傀儡皇帝。岳飞口口声声说要迎回二圣，却没考虑是否有能力迎回二圣？更没考虑迎回后如何安置二圣？如果金人让宋钦宗复位了，岳飞还要继续打吗？那宋高宗怎么办？而这正是赵构最不愿看到的结果。

然而，历史没有假设，公元1142年，在没有确凿证据的情况下，大英雄岳飞竟以"莫须有"之罪惨死于风波亭。此时此刻，千言万语难表心境，只想与诸君再次重温经典名篇《满江红》：

怒发冲冠，凭栏处，潇潇雨歇。抬望眼，仰天长啸，壮怀激烈。三十功名尘与土，八千里路云和月。莫等闲，白了少年头，空悲切！

靖康耻，犹未雪；臣子恨，何时灭？驾长车，踏破贺兰山阙！壮志饥餐胡虏肉，笑谈渴饮匈奴血。待从头，收拾旧山河，朝天阙！

直木先伐，甘井先竭。壮志难酬，满腔悲切。

呜呼哀哉！呜呼哀哉……

大明悲歌之满门忠烈

——当年明月心中的大明偶像孙承宗

　　每逢王朝更迭之际，便是群魔乱舞之际，也是英雄辈出之际。经营二百余年的大明王朝到了万历皇帝后期，已然凸显颓败之迹，传至天启皇帝，更是糟糕至极：皇帝朱由校钟情木匠，乐此不疲；巨奸魏忠贤祸乱朝纲，铲除异己。庙堂之上是乌烟瘴气，江湖之远是饿殍遍地。奈何屋漏又逢连夜雨，关外努尔哈赤、皇太极强势崛起进一步加剧了大明王朝的生存危机。风雨飘摇的大明江山迫切呼唤一位英雄人物来收拾残局，一代帝师孙承宗正是在这样内外交困之际，不惜年逾花甲之躯，毅然奔赴山海关前线抵御来犯虎狼之敌，并以慷慨赴难之勇气誓死捍卫着大明王朝的江山社稷……接下来，笔者就结合《明史》《高阳集》《明季北略》《明史纪事本末》等文史资料记载带大家一起重温明末那段荡气回肠的悲壮历史。

一、老成持重的皇家教师

　　孙承宗，字稚绳，北直隶高阳人，嘉靖四十二年（公元 1563 年）出生。初现江湖的孙承宗，既没有声名显赫的家庭背景，也没有惊世骇俗的特异功能，就是万历年间一名靠着"传道、授业、解惑"来谋求生计的教书先生。照理说，教书先生这个职业可谓平凡的不能再平凡，普通得不能再普通，那么，为什么名不见经传的孙老师可以被皇帝委以重任并青史留名？

想要一探究竟，还得从孙老师的教书生涯和特殊的军事爱好开始阐明。

史书开篇介绍了孙老师的三大特征：相貌奇伟，声如洪钟，且喜欢军事理论实践活动 ❶。对这样一位相貌很有吸引力，声音很有穿透力，授课很有感染力的优秀先生，自然深受广大小朋友和家长朋友的热烈欢迎，以至于雇主远赴边塞任职巡抚期间都要带着孙老师一起随行，也正是这段难忘的边关生活经历改变了孙承宗后来的一生。

大明王朝历经二百余年的薪火传承，朝野方方面面已然弊病丛生，万历二十年（公元 1592 年）至万历二十八年（公元 1600 年）的八九年光景，大明王朝又先后在西北、西南边疆和朝鲜开展了三次大规模军事行动，史称"万历三大征"。虽说战争的胜利暂时巩固了边疆稳定，但是巨大的战争消耗也让大明王朝元气亏空，忧国忧民的孙承宗在边关实地考察和与前线将士的交谈中，也深深察觉到了百姓疾苦和国家弊病。为了能够学以致用，孙承宗毅然决定通过考取功名来报效朝廷。万历三十二年（公元 1604 年），年逾不惑（四十岁）的孙承宗以优异的笔试和面试成绩高中进士第二名，由于受到皇帝器重，入仕后的孙承宗一直留在京城，后来又由翰林院调入詹事府中，具体负责处理皇家事务及太子教育等相关事情。

身处宫廷是非之地，自然难免是非纷争，如果智商和情商有一样不行，没有人能够长期在皇帝眼皮子底下做事情，更何况孙承宗所要面对的万历皇帝还格外任性。这位年方十岁便登上皇位的万历皇帝自幼十分聪颖。照理说，聪明的孩子往往会有点不服管从，如果聪明孩子的自由天性被扼杀于牢笼之中，势必会给孩子稚嫩的心灵留下阴影。说幸也幸，说不幸也不幸，万历皇帝的童年就遇上了一个精明强干但却十分强势严厉的老师张居正，叱咤风云的张居正在位时，万历皇帝是战战兢兢、如履薄冰，可是，谁也没想到，张居正老师还尸骨未冷，叛逆的万历皇帝便开始着手清算活动，还险些将张居正从棺材里刨出来鞭尸示众。后来，又由于与朝

---

❶ 《明史·孙承宗传》记载：孙承宗，字稚绳，高阳人。貌奇伟，须髯戟张。与人言，声殷墙壁。始为县学生，授经边郡。往来飞狐、拒马间，直走白登，又从纥干、清波故道南下。喜从材官老兵究问险要厄塞，用是晓畅边事。

臣长达十五年之久的"国本之争❶"，颜面扫地的万历皇帝索性长年不上朝理政……

皇宫的水很深，深得波澜不惊，深得暗流涌动，万历四十三年（公元1615年）发生了一件十分吊诡、十分敏感、十分棘手的事情：有一个名叫张差的"疯汉"居然手持木棍闯入了太子朱常洛的寝宫行凶。是刺客？黄昏时分拿根木棍就敢擅闯太子寝宫？莫非张差是独孤求败附体不成？是疯子？什么样的疯子随随便便就能闯入太子所居的慈庆宫？张差是真疯，还是假疯？谁才是导演这场闹剧的幕后真凶？幕后真凶为什么要导演出这么一幕无厘头的剧情……

秃子头上的虱子，明摆着的事情，谁有能力？谁有动机？谁有机会向当今太子行凶？当然是在"国本之争"中败下阵来而又不死心的郑贵妃集团（朝中势力以郑贵妃兄弟郑国泰为首）最有可能，更何况刑部办案人员在审讯时已经从现行犯张差口供中得知，郑贵妃的亲信太监庞保和刘成涉案其中，如果对庞保、刘成二人施以酷刑让其招供，恐怕郑贵妃就是"跳进黄河也洗不清，浑身是嘴也说不清"。可是，如果真的将万历皇帝的真爱郑贵妃，甚至将万历皇帝与郑贵妃的爱子朱常洵牵涉案中，恐怕万历皇帝是一万个不答应……

对于这件案情貌似简单，可处理起来却很棘手的皇储之争，办案人员感到非常头疼，于是，大学士吴道南便来咨询孙承宗。孙承宗当然明白"秃子头上的虱子是明摆着的事情"，但老到睿智的孙承宗还明白"秃子头上会有虱子本身便是一件很奇葩的事情"：郑贵妃又不是脑残，怎么会故意引火烧身，命心腹庞保、刘成（就算是郑贵妃脑残，庞保和刘成也都是脑残吗？难道此二人本身就是卧底或被挟持不成？）指使一个疯子手持木棍擅闯慈庆宫，去做一件几乎不可能成功的事情？为什么几次审讯鉴定结论，有的是认定张差真疯，有的是认定张差装疯？如果张差是真疯，从疯子口中

---

❶ 万历皇帝正牌皇后无子，长子朱常洛是万历皇帝与宫女一夜情所生，并不受皇帝宠爱，万历皇帝宠爱郑贵妃，希望册立郑贵妃儿子朱长洵为太子，却遭到文武大臣强烈反对，双方围绕立长还是立宠之争展开了长达十余年的激烈对抗，最终，万历皇帝妥协，于万历二十九年册立长子朱常洛为太子。

得出的口供难道也能算口供？为什么从外地跑来京城的疯子会招供被素未谋面的郑贵妃心腹庞保、刘成买通……一系列违背常理的事实足以排除郑贵妃是幕后真凶，甚至可以得出郑贵妃是被人栽赃陷害的推定。

排除了万历皇帝最爱的郑贵妃作案可能性，谁才是真凶？按照犯罪侦查学"谁受益，谁犯罪"的常理推定，难道是由万历皇帝一时兴起而与太后身边宫女一夜情所生，自幼被父皇冷落，一波三折费尽九牛二虎之力才被册封为太子，却一直因担心被弟弟朱常洵取代而惶惶不可终日的朱常洛不成？理论上最有可能，此案的最终结局也确实是朱常洛获胜，但从后来朱常洛在"移宫案"和"红丸案"中的拙劣表现来看，这位后来当了一个月皇帝便驾崩的"脓包"根本没有如此运筹帷幄之水平。

排除了当事人朱常洛直接作案可能，但并不等于排除拥立朱常洛的势力集团作案可能。一直持续到万历皇帝驾崩的福王朱常洵和太子朱常洛之间的皇储之争，实则是万历皇帝、郑贵妃与王恭妃、皇后、整个文官集团之间的斗争。子以母贵，母以子荣，王恭妃力挺儿子自然情理之中；皇后名义上主宰后宫，却远不如郑贵妃得宠，就斗争策略而言，同情帮助同是情场失意人的已故王恭妃（已于1611年去逝）也算落个顺水人情；而数量庞大且又实力强大的文官集团更是为了维护所谓"有嫡立嫡，无嫡立长"的道统，不怕罢官、不怕流放、不怕廷杖、不怕牺牲，矢志不渝、前赴后继地与皇帝死磕硬碰，经过十五年的斗智斗勇，总算实现了皇位继承"长幼有序"的道统，但是"不见黄河心不死，见了黄河不死心"的郑贵妃仍然蠢蠢欲动，眼看革命果实处于被窃取的危险处境，文官集团耍点贼喊捉贼之类的"苦肉计"也不是什么不可思议的事情。之所以得出如此推论，可以从事后以东林党为首的文官集团对此案（猴精、猴精的文官们不可能不明白此案的蹊跷）的积极、执著、激烈反应，以及明朝人文秉的著作《先拨志始》中记载的张差遗言得到印证❶。

"梃击案"把东宫太子和皇帝宠妃同时推向了风口浪尖，如果任其升级发展，稍有不慎就会让风雨飘摇的大明王朝因最高权力争夺而陷入内乱。

---

❶ 《先拨志始》记载：张差临死遗言："同谋做事，事败，独推我死，而多官竟付之不问。"

迫在眉睫之际，最理想的处理结果是，既要让所谓的"受害人"得以申冤，又不能让所谓的"加害人"过于难堪，孙承宗深谙该案的重点和难点，深思熟虑后，孙承宗向大学士吴道南提供了如此处理意见："事关东宫，不可不问；事连贵妃，不可深问。庞保、刘成而下，不可不问也；庞保、刘成而上，不可深问也。"

世界上有很多事情，实效往往比真相关键，扑朔迷离的"梃击案"最终按照孙承宗之处理意见稀里糊涂结案：万历皇帝亲自出面，让自己最心爱的女人郑贵妃前去找太子和解服软，被给足面子的太子也很识趣，欣然接受了郑贵妃的致歉，最终，张差以"疯癫奸徒罪"问斩，除庞保和刘成两名太监被秘密处决外，并没有进行大规模株连。就这样，一场血雨腥风的宫廷争斗暂时得以释缓，因祸得福的朱常洛太子之位也因此变得相对安全，老谋深算的孙承宗三言两语就把剑拔弩张且纷繁复杂的纠纷化解于无形之间。

"梃击案"的妥善处理让万历皇帝、太子，以及文武百官皆对孙承宗刮目相看。万历四十五年（公元 1617 年），被委以重任的孙承宗出典应天乡试考官。也许是孙承宗的人气真的爆棚到了极点，也许是命题人真的缺心眼，或者确实有阿谀奉承之嫌，竟然把孙承宗语录写入了乡试考卷。这下子孙承宗可惹了大麻烦，这岂不是将孙承宗等比于圣贤？要知道在专制王朝，搞个人崇拜（皇帝和先贤除外）随时随地都有掉脑袋的危险。万幸的是，孙承宗被那些羡慕忌妒恨的大臣弹劾之后，万历皇帝和太子朱常洛对他的信任反而有增无减。

二、临危受命的辽东主帅

万历四十七年（公元 1619 年），杨镐坐镇指挥"萨尔浒之战"，十余万大明精锐被努尔哈赤的八旗大军仅用五天时间便歼灭过半。万历四十八年（公元 1620 年），忧愤成疾的万历皇帝撒手人寰，宫廷之中又先后发生了号称明末三大奇案中的"移宫案"和"红丸案"，在位短短一个月时间，悲催苦命的泰昌皇帝朱常洛便溘然宾天。年方十六，还没坐上太子之位便登上皇帝宝座的朱由校（天启皇帝）接管了帝国政权，孙承宗以左庶子（正五品的官）身份出任讲官。

虽说这位钟情于木匠事业的天启皇帝对朝政和学业都很厌倦，却唯独对孙承宗老师的授课内容格外喜欢❶。天启元年（公元 1621 年），小皇帝刚将孙老师晋升为少詹事（正四品的官），天启二年（公元 1622 年），又接二连三给孙老师升官。当沈阳、辽阳相继被努尔哈赤攻陷，朝臣皆以孙承宗知兵为由请其出山。虽说战事吃紧且有群臣强烈推荐，可天启皇帝却始终不想让这位如师如父的老师离开讲筵，直到努尔哈赤兵逼广宁，王化贞弃城败走，熊廷弼与俱入关。眼看战火都烧到了山海关，天启皇帝才遂了朝臣们请愿，拜孙承宗为兵部尚书兼东阁大学士，没过几天，又给了孙承宗内阁大臣的头衔（一品大员）。不久，袁崇焕等前线将领给首辅叶向高奏请的一封紧急军情让所有的文武大臣都傻了眼——广宁不战而陷，接任熊廷弼的辽东经略王在晋打算彻底放弃山海关外四百里的大好河山，决计死守山海关。

辽东战局，从危局变成了败局，从败局又变成残局，如果任由努尔哈赤蚕食扩张下去，残局真就要成了无局。战局如棋局，讲的是审时度势和谋篇布局。面对努尔哈赤的步步紧逼，朝廷上下出现了盲目的积极出击和消极的被动防御两种战略观点对立。自古兵家讲究"知己知彼"，以当时明军的战力，野战根本无法对抗八旗铁骑，如果将大明精锐龟缩于山海关消极防御，谁能保证努尔哈赤不会凭借强大的军事实力让朝鲜、蒙古等昔日大明藩属盟友向后金屈膝？谁又能保证失去战略牵制的八旗铁骑不会绕道对大明腹地进行攻袭？如何破解进退两难之困局？年近花甲（六十岁）的孙承宗决心亲赴前线寻求御敌之计。

经过实地考察和深思熟虑，孙承宗发现了明军与后金军作战屡屡败绩的五大根深病弊：

其一，兵员问题：疏于操练，军备废弛，三军缺乏战斗力。

---

❶ 《明史·孙承宗传》记载：帝每听承宗讲，辄曰"心开"，故眷注特殷。

其二，粮饷问题：贪腐横行，物资不济，将士心中有怨气。

其三，体制问题：武将临阵，文官牵制，戴着脚镣去杀敌。

其四，内耗问题：离心离德，派系林立，朝廷缺乏凝聚力。

其五，信任问题：君王猜忌，卸磨杀驴，统帅心中有顾虑❶（自古以来，君王的习惯是兔死狗烹、鸟尽弓藏，武将的对策是养寇为患、拥兵自重）。

如果不从根本上克服以上五大病弊，主动出击根本无从谈起。如果采纳王在晋的建议，增加四万大军于山海关外八里铺筑重关御敌，无异于画地为牢、坐以待毙❷。于是乎，孙承宗决定以"善战者无赫赫之功"的方式悄无声息地进行积极防御。

敲定了宏观的战略问题，接下来孙承宗随即开始着手解决人才、兵源、军资、战术等一系列具体问题。

人才问题：自古千军易得，一将难求。孙承宗胸襟开阔，求贤如渴，善于发现人才，重用人才，并能放开手脚使用人才。孙承宗在任期间，麾下凝聚了袁崇焕、满桂、祖大寿、赵率教、何可纲、毛文龙、马世龙、孙元化等一大批勇猛善战的武将和精于火器的专家。后来，大名鼎鼎的袁崇焕（本人很能干，性格有缺陷❸）就是依托孙承宗在宁远、锦州修筑的坚固工事和置办的红衣大炮让不可一世的努尔哈赤和皇太极父子先后铩羽而归。

兵源问题：战场最终还是双方士兵的角斗场，是战士们精神士气、组织纪律、搏击技艺、体能毅力等综合素质的生死较量。针对关外大量士兵背井离乡、水土不服、士气不旺之现状，孙承宗揭出了"以辽人守辽土，

---

❶ 《明史·孙承宗传》记载：迩年兵多不练，饷多不核。以将用兵，而以文官招练；以将临阵，而以文官指发；以武略备边，而日增置文官于幕；以边经、抚，而日问战守于朝；此极弊也。今天下当重将权，择一沉雄有气略者，授之节钺，得自辟置偏裨以下，勿使文吏用小见沾沾陵其上。边疆小胜小败，皆不足问，要使守关无阑入，而徐为恢复计。

❷ 《明史·孙承宗传》记载：孙承宗诘在晋曰："新城成，即移旧城四万人以守乎？"在晋曰："否，当更设兵。"曰："如此，则八里内守兵八万矣。一片石西北不当设兵乎？且筑关在八里内，新城背即旧城趾，旧城之品坑地雷为敌人设，抑为新兵设乎？新城可守，安用旧城？如不可守，则四万新兵倒戈旧城下，将开关延入乎，抑闭关以委敌乎？"曰："关外有三道关可入也。"曰："若此，则敌至而兵逃如故也，安用重关？"曰："将建三寨于山，以待溃卒。"曰："兵未溃而筑寨以待之，是教之溃也。且溃兵可入，敌亦可尾之入。今不为恢复计，画关而守，将尽撤藩篱，日哄堂奥，畿东其有宁宇乎？"在晋无以难。

❸ 袁崇焕的性格缺陷主要体现在霸道专横、自以为是、不顾大局、信口雌黄，干了不少荒唐事，如与满桂闹不和、擅杀毛文龙等，为其以后的悲剧人生埋下了伏笔。

以辽土养辽人"的构想。不谈什么保家卫国之类的空远口号和革命理想，本土战士打仗就是为了自己打仗，就是为了保卫妻儿、保卫爹娘、保卫家乡。实践证明，与八旗铁骑有着血海深仇的辽东战士确实善于打仗、勇于打仗、敢打硬仗❶。

军资问题：工欲善其事，必先利其器。欲先利其器，必先筹其款。打仗归根结底打的就是银海米山，将士要吃饱饭，还要发饷钱，修筑工事、添置战马、配备武器、褒奖军功等方方面面也都需要钱。打富仗容易，打穷仗很难。万历后期以来，张居正改革释放的红利基本上被耗干，连年的自然灾害更是让原本捉襟见肘的政府财政愈加困难。为应对时艰，孙承宗采取了打击贪腐、淘汰冗员、垦荒屯田等一系列手段节流开源。三四年间，孙承宗就练得精兵十余万，营造城堡、甲胄、器械、弓矢、炮石、卤楯等攻守之具不胜其算，直到李自成攻克北京之前，兵强马壮的关宁锦防线始终是八旗铁骑未能完全逾越的东方"马其诺防线"。

战术问题：战争是门艺术，是根据敌我双方的长处、短处，围绕战略目标进行的军事部署。孙成宗的战略战术是：以稳扎稳打、步步为营的办法不断蚕食后金领土，同时防止后金取道海上或蒙古对大明进行反扑。孙承宗充分利用明军坚固城防和火炮技术，用最土、最笨、最务实有效的筑城办法拓展了四百里疆土，如果再推进四百里，那就到了后金国都。由于后金没有像样水军的缘故，汪洋大海就成了大明边防的天然屏护；由于悍将毛文龙东江根据地和帝师袁可立（成功策反了深为努尔哈赤宠信器重的姻婿刘兴祚）登莱水师对后金后方牵制的缘故，八旗大军绕道蒙古攻击大明就是一场几乎毫无胜算的豪赌。此时此刻的努尔哈赤简直是欲哭无泪、进退维谷。

孙承宗的出现，可以说是力挽狂澜，其战略战术有效遏制了"萨尔浒之战"后明军兵败如山倒的颓废局面，孙承宗坐镇辽东三四年间，关门息警，中朝宴然，为大明王朝赢得了宝贵的和平发展时间。如果大明王朝能

---

❶ 从宁远大捷、宁锦大捷，以及崇祯初年北京城保卫战中的出色表现来看，关宁军确实勇猛彪悍。当然，后来学者批评孙承宗"辽人守辽土，辽土养辽人"的做法造就了军阀割据尾大不掉的局面。

够珍惜利用这段来之不易的和平时间，无需急于主动和后金进行战略决战，而是摒弃党争，抱成一团；整顿吏治，消除内患；与民生息，发展生产；打击豪强，均衡田产；普及藩麦（玉米），熬过荒年；解除海禁，增收税源；养精蓄锐，历兵备战……也许"明亡清兴"之历史走向真的可以改变。

三、宁死不屈的满门忠烈

然而，历史的发展不可能因为有一个孙承宗的出现就可以改变，此时此刻，历时二百余年的大明王朝官僚队伍总体上已经腐烂蜕变：文恬武嬉，夸夸其谈；鼠目寸光，缺乏远见；结党营私，内耗不断；推诿扯皮，懈怠懒散；欺下瞒上，贪腐糜烂；不讲原则，不讲底线；鱼肉百姓，横征暴敛……指望这样的官僚队伍拯救大明江山简直是天方夜谭！

孙承宗苦心经营辽东的三四年间，关外形势不断好转，孙承宗的威望、人气、权势也爆棚到了极点，如此这般，不得不让独断专行的九千岁魏忠贤（魏忠贤开始还很有大局观）有点红眼、有点不安。魏忠贤先是派心腹刘应坤等携带蟒袍玉带、金银细软对手握重兵的孙承宗进行拉拢试探，碰壁之后又心生隙嫌 ❶，不断纠集党羽对孙承宗进行弹劾诬陷 ❷，不断设置障碍对辽东军务进行掣肘拖延 ❸。

天启五年（公元 1625 年），随着以"东林六君子"（杨涟、左光斗、魏大中、周朝瑞、袁化中、顾大章）为代表的"反阉斗士"被相继构陷，朝野上下布满了魏忠贤的鹰犬眼线，自此以后，控制了皇帝、控制了后宫（主要

---

❶ 《明史·孙承宗传》记载：当是时，忠贤益盗柄。以承宗功高，欲亲附之，令应坤等申意。承宗不与交一言，忠贤由是大憾。

❷ 《明史·孙承宗传》记载：天启五年四月，给事中郭兴治请令廷臣议去留，论冒饷者复踵至，遂下廷臣杂议。吏部尚书崔景荣持之，乃下诏勉留，而以简将、汰兵、清饷三事责承宗。遂有柳河之败，死者四百余人。于是台省劾魏忠并及承宗，章疏数十上。后来，魏忠贤遣其党梁梦环巡关，欲傅致承宗罪，结果，经过一番调查，因无所得，不得已而止。

❸ 《明史·孙承宗传》记载：时宁远城工竣，关外守具毕备。承宗图大举，奏言："前哨已置连山大凌河，速界臣饷二十四万则功可立奏。"帝命所司给之。兵、工二部相与谋曰："饷足，渠即妄为，不如许而不与，文移往复稽缓之。"承宗再疏促，具以情告。帝为饬诸曹，而师竟不果出。

通过中国历史上最牛奶妈、天启皇帝的乳母、魏忠贤的伴侣——奉圣夫人客氏）、控制了朝廷的魏忠贤开始一手遮天，内阁、六部，还有地方政府多是迎合魏忠贤、投靠魏忠贤、谄媚魏忠贤，甚至给魏忠贤修生祠❶的文武百官，而那些"不识时务"、不买九千岁魏公公账的官员下场一般都很惨。

天启四年（公元 1624 年），孙承宗倚重的登莱巡抚袁可立被调离了辽东海上防线。天启五年（公元 1625 年）九月的某一天，孙承宗麾下马世龙因听信降虏生员刘伯镪之言，派遣辽东副总兵鲁之甲、参将李承先发动了偷袭仅有三百人驻守的耀州之战，结果柳河兵败，前锋被歼，后队溃散。同年十月，因损兵折将（副总兵鲁之甲、参将李承先阵亡，另伤亡四百余众，损失战马六七百匹）而再次遭到阉党猛烈弹劾的孙承宗不得不带着无限遗憾愤然辞官，孙承宗的职务由兵部尚书高第接管。

也许是因为朝廷财政实在困难，也许是因为继任者高第压根没胆或缺乏远见，新任辽东经略高第刚一上任居然就要放弃孙承宗苦心经营的关外四百里防线退守山海关！如此这般折腾一番，耗资甚巨的城池堡垒怎么办？数以万计的当地百姓怎么办？不计其数的甲仗、器械、粮草、弹药怎么办？万一撤退的十万大军被八旗铁骑尾随追击又该怎么办？

不可否认，孙承宗的关锦陆上防线和袁可立的登莱海上防线确实很烧钱，但正是因为有了这样海陆两方面强有力的牵制羁绊，努尔哈赤才不敢轻易挑动大规模战端，更不敢贸然绕道蒙古叩关。主动放弃四百里战略纵深空间，将北京城的安危完全寄托于山海关，万一丢了山海关，北京城就再无任何可以依赖的天险。如果真的进行大规模战略决战，如果真的让八旗铁骑绕道入关对内地烧杀抢掠一番，明朝的人员损失和经济损失恐怕要远远超过积极的战略防御预算（每年耗约白银四百万，即使退守山海关，保守估计每年也得耗银二百万）。据此，笔者断言，高第肯定没能真正理解《黄帝内经》中注重防患于未然的经典名言："是故圣人不治已病治未病，不治已乱治未乱。"

---

❶　一般只有像孔子这样仙逝的圣人才有资格修祠堂，只能说权奸魏忠贤不一般，或者说某些阿谀奉承的官员没底线，修生祠是浙江巡抚潘汝桢首倡，包括孙承宗的老部下袁崇焕。

果不其然，孙承宗卸任才两个来月时间，关外军队、难民撤退的脚步还没走远，天启六年（公元 1626 年）正月刚过完年，兴奋不已的努尔哈赤便亲率八旗铁骑来犯，如果不是孙承宗的老部下袁崇焕、满桂、赵率教、祖大寿等将领冒着抗命杀头危险坚守孤城宁远，并让触了霉头的努尔哈赤无功而返，大明王朝的国运真的很难预言。宁远大捷之后的半年，不可一世的努尔哈赤命丧黄泉，袁崇焕也趁机恢复了被高第放弃的关外防线。天启七年（公元 1627 年）五月，努尔哈赤的继任者皇太极心有不甘，再次兴兵来犯，八旗大军在锦州城、宁远城闹腾了二十多天，再次被袁崇焕、满桂、赵率教、祖大寿等一干猛将打得狼狈不堪。

天启六年（公元 1626 年）的"宁远之战"和天启七年（公元 1627 年）的"宁锦之战"成就了袁崇焕，也毁灭了袁崇焕，袁崇焕因战功卓著先后被授予了右佥都御使、辽东巡抚的头衔，一战成名屡屡升官后的袁崇焕却变得日渐骄悍，先是因故与大将满桂产生隙嫌，后来又因故与经略王之臣心生隙嫌，最终满桂和王之臣都被排挤到了一边。纵观袁崇焕的专横霸道表现，大权独揽的九千岁魏忠贤怎么会容忍这么一个浑身是刺的人手握兵权？于是乎，"宁锦大捷"再立新功的袁崇焕非但没有升迁，反而被魏忠贤找借口排挤到了老家赋闲。

天启七年（公元 1627 年），年仅二十几岁的天启皇帝溘然宾天，意气风发的崇祯皇帝接管了风雨飘摇的帝国政权，继位不足百日，便不动声色一举铲除了权倾朝野的阉党头目魏忠贤。崇祯元年（公元 1628 年），急于建功立业的少年天子刚坐稳皇位便亲切召见了因被魏忠贤排挤而辞官的袁崇焕。一个十六七岁的少年自然没什么政治经验，崇祯皇帝只看到了袁崇焕在"宁远之战"和"宁锦之战"中的出色表现，却忽略了袁崇焕心胸狭隘、霸道独裁、只适合做大将而不适合做主帅的性格缺陷，甚至还轻信了袁崇焕一时心血来潮而夸下的"五年收复辽东"之豪言，于是乎，袁崇焕要钱给钱、要权给权。崇祯帝的期望值到达极点，袁崇焕的膨胀值也到达了极点。一个怀揣美好愿景的急性少年，一个轻诺豪言壮语的狂妄莽汉，火花与火药的碰撞注定了崇祯帝、袁崇焕，甚至大明帝国悲剧的悲情上演。

崇祯二年（公元 1629 年），胆大包天且毫无战略全局观的袁崇焕刚刚奔赴前线，就因为东江根据地的毛文龙不服管、不顺眼，未经请示就擅杀了这位手握尚方宝剑的朝廷一品大员。此举无异替皇太极解除了肘腋之患，自此失去战略牵制的皇太极便肆无忌惮。毛文龙死后才几个月时间，皇太极十余万大军便避开关锦防线，突破大安口、龙井关，很快就杀到了北京城前。捅了大娄子的袁崇焕被逮捕入监（后来被凌迟问斩），心灰意冷的祖大寿关键时刻又率领大明精锐擅离火线，北京城危如累卵，谁来收拾这个烂得不能再烂的烂摊？

危机时刻，孙承宗再一次被群臣推荐力挽狂澜，并受到了崇祯帝的亲切召见。这位年近七旬的老人再次凭借自己的威望、胆识、韬略和满腔热血收罗残部、凝聚军心，并统领各路勤王兵马与八旗铁骑殊死鏖战。崇祯三年（公元 1630 年）五月，孙承宗率众收复了被清军攻占的滦州、遵化、永平和迁安，最终将来犯八旗大军全部逐还。告慰太庙后的崇祯帝大行赏赉，甚至要赐予孙承宗力辞不受的太傅头衔。

崇祯四年（公元 1631 年）正月，孙承宗出关东巡，抵锦州、松山，复西巡，遍阅三协十二路而还。故地重返的孙承宗不禁感慨万千，昔日固若金汤的关宁锦防线，兵足将广，粮足城坚。而如今，被高第折腾了一番，又被袁崇焕折腾了一番，满桂、赵率教等勇猛悍将皆落得马革裹尸还，作为牵制八旗铁骑的东江根据地主帅的毛文龙被袁崇焕擅斩，费尽九牛二虎之力兴建的右屯、大凌河等坚固城堡也被清军毁于一旦，更为可怕的是中原饥民流寇如星火燎原，减免矿税、工商业税后的中央财政愈加困难。当年的魏忠贤虽然作恶多端，但好歹知道压榨富人而不是压榨穷人的血汗，道理如此浅显，为什么饱读经史的东林党集团和崇祯皇帝不加征富人的税款，反而偏偏不停加重底层百姓负担？最终数以万计的劳苦大众被逼上梁山，内忧外患的大明帝国不得面临内外两线作战的巨大军事风险。

崇祯四年（公元 1631 年）七月，大凌河城刚刚重建，八旗铁骑就来捣乱，孙承宗派遣吴襄（吴三桂的爹）等领兵救援，结果中了八旗大军围点打援之计惨败而还，孙承宗再一次被那些"严于律人，宽以待己"的朝廷大佬们以"丧师辱国"为由撵回了高阳老家赋闲。

明朝末期的官场氛围出奇怪诞，那些不在前线、不知实情、不懂军事的皇帝、朝廷大佬，还有数量庞大、能量非凡的言官十分热衷于对前方战事发表高见：打了胜仗，他们说你有什么冒领军饷、奢靡浪费、居功自傲，甚至意图谋反之类的危险；打了败仗，他们说你有指挥不当、丢失城池、丧师辱国，甚至通敌卖国之类的缺陷。总之，事任既重，实为多怨，像张居正、袁崇焕等这些想干事、能干事，但又有些缺点的官员下场都很凄惨；像魏藻德、周奎等那些不干实事，却喜欢高谈阔论的朝廷大佬们却坐等升迁。于是乎，有了这样的用人导向，"不求有功，但求无过"风气便开始在整个官场蔓延。

崇祯皇帝虽励精图治，志向高远，勤于政事，通宵达旦，但也狐疑猜忌，优柔寡断，缺乏担当，固执己见。崇祯皇帝执政期间，因"重驭世之术，轻经世之道；重治表之急，轻治本之策；重眼下之急，轻长远之谋；重名节之虚，轻惠真之实"等一系错误决断，最终导致了大明王朝"内有义军星火燎原，外有后金屡屡进犯"的局面。大明将士疲于奔命，不胜其烦，刚平息南边，又乱了北边，如此折腾几番，大明帝国已然病入膏肓，无力回天。

崇祯十一年（公元 1638 年）秋天，皇太极派多尔衮率领八旗精锐再次入寇中原。骁勇善战的清军是一路凯旋，士气低落的明军是一路溃散，中原腹地再次成为了八旗铁骑的狩猎乐园，可以尽情掳掠，可以肆意霸占。从秋天抢到了冬天，意犹未尽的八旗大军来到了几乎没有明军把守的高阳城前。虽说明知城破毫无悬念，但是已逾古稀之年（七十岁）的孙承宗并没有举家南迁，而是毅然率领子孙和百姓登上城头殊死抗战。

当围城清军得知高阳城内孙承宗的身份非同一般，遂采取了政治诱降手段，如果能将这位曾让后金吃尽苦头的一代帝师、太子太保、东阁大学士、辽东主帅成功策反，那将是对大明王朝国格尊严和反抗意志的一次沉重摧残，其政治影响绝不亚于歼灭明军精锐十万。史书记载："清兵绕城呐喊者三，守者亦应之三。"诱降无望的清军遂发起了猛烈的攻城战，激战一昼夜后，无奈城陷，视死如归的孙承宗选择了"宁为玉碎，不为瓦全。"在那个北风呼啸、天寒地冻的冬天，孙承宗整理好自己的衣冠，朝着紫禁城的方向行叩首礼后慷慨赴难，他的五个儿子、两个侄子、六个孙子、八个侄孙，还有孙家百余口也全部遇难……

疾风知劲草，板荡识诚臣。孙承宗及其家人以最悲壮的方式谱写了中华儿女视死如归抗击强敌的最壮丽诗篇！

虽说历史已经悄无声息流逝了近四百年，虽说而今满族、汉族都是中华民族大家庭的一员，但是无论岁月如何变迁，无论世道如何发展，当我们的国家面临磨难，当我们的同胞遭受涂炭，总会一些矢志不渝的人坚守信念，总有一些无私奉献的人披肝沥胆。面对国家弊病，他们冒死劝谏；面对百姓疾苦，他们仗义执言；面对刀山火海，他们勇往直前；面对威逼利诱，他们大义凛然……

他们的英雄壮举值得我们永远怀念！

番外篇

喋血玄武的反目兄弟

对于帝王而言，最核心的是兵权，最敏感的是兵权，最危险的也是兵权。三军统帅非但需要出色的军事才干，更需要对皇帝的忠肝义胆，而与李渊血缘关系最近的天才帅星李世民无疑成为了最佳领兵人选。命运的安排让李世民的军事才华得以充分展现，连年的征战，非但让李世民功勋屡建，还让一大批运筹帷幄的谋臣和一大批冲锋陷阵的武将凝聚在自己身边。特别是当这位"决神机而速若疾雷，驱英豪而从如偃草"的三军统帅荡平郑（王世充）、夏（窦建德）两大割据政权胜利凯旋，李世民的人气和威望爆棚到了极点❶。然而，辉煌的背后往往是黯然，李世民不会忘记"勇略震主者身危，功盖天下者不赏"之警世格言，一次次挽狂澜于既倒的丰功伟绩对于一个藩王来说是福是祸还很难言。

老二太优秀，老大很烦忧，老爹也犯愁。毕竟嫡长子相继的传统由来已久，毕竟废长立幼需要十分充足的理由，老大李建成虽比不上老二李世民能出风头，但李建成处世为人还算稳健仁厚，治国理政也算一把好手。也许纠结的李渊心中曾经有过改立李世民为太子的优柔，但权衡再三之后，还是放弃了立李世民为太子的念头，还通过让李建成领兵剿灭刘黑闼建立

❶ 《旧唐书·太宗本纪》记载：当时凯旋的场景是：太宗亲披黄金甲，阵铁马一万骑，甲士三万人，前后部鼓吹，俘二伪主及隋氏器物辇辂献于太庙。高祖大悦，行饮至礼以享焉。高祖以自古旧官不称殊功，乃别表徽号，用旌勋德。

军功的办法来压制李世民日渐崛起的势头。维持现状，剪除李世民羽翼，使其不能对太子构成威胁，起码老二可保性命无忧。废长立幼，仅凭废太子的尴尬身份，恐怕老大就很难长久。可是，一位父亲的良苦用心有哪个儿子能够真正悟透？

世上有很多条路，但摆在李世民面前的却没有一条坦途：要么是委曲求全的苦路，与世无争，平平碌碌；要么是手足相残的血路，拼死相搏，刀兵相戮。每条路都充满艰辛和苦楚，梦想与亲情注定无法兼顾，李世民的抉择也注定是非常痛苦。

也许李世民不止一次仰问苍天："为什么自己要求贤若渴？为什么自己要功勋赫赫？为什么自己不是大哥？为什么自己注定只能是配角？为什么自己要梦想缔造一个空前绝后的盛世帝国？为什么实现自己的梦想要背负沉重的道德枷锁？为什么？为什么？这究竟是为什么"……冥冥中他仿佛听到上苍的答复："这就是命运的阴差阳错。"

也许李世民也曾想过做一个乖巧的好儿子，一个恭顺的好弟弟，一个忠诚的好臣子，然而，随着一次次陷阵冲锋，随着一次次盖世奇功，随着一次次爵位晋升，随着越来越多的文臣武将向自己聚拢，李世民心中渐渐萌发了攫取最高权力的冲动。武德四年（公元 621 年），刚刚平定窦建德、王世充，李世民与房玄龄微服私访来到一道观中，"真人"王知远给李世民算了一命，半仙一句"方作太平天子，愿自惜也"的预言使得李世民攫取帝位的欲望更加坚定。

权力斗争向来都是你死我活，因为有资格继承皇位的真命天子只有一个。武德四年（公元 621 年），虎牢关一战使得李世民声名显赫，凯旋后的李世民受到了大唐天子、文武百官和长安百姓最为隆重的欢迎仪式，并被册封为天策上将，领司徒、陕东道大行台、尚书令，开文学馆以待四方之士，麾下更是聚集了房玄龄、杜如晦、虞世南、长孙无忌、秦叔宝、尉迟恭、程知节、侯君集等一大批文臣武将，成了李唐王朝最为耀眼的政治明星，当然也成了太子李建成最为隐忧的政治克星。自此，兄弟二人渐生嫌

喋血玄武的反目兄弟

161

隙，李渊也开始对李世民有所猜忌，并不断对其进行打压排挤❶，当然，性格强悍而又多谋善断的李世民也不会坐以待毙。

武德五年（公元 622 年）以后，天下初定，虽说李唐王朝的外部斗争日渐平息，然而秦王集团与太子集团的内部斗争却日趋加剧。到了武德七年（公元 624 年），随着诡异的"杨文干事件"爆发，"秦王党"与"太子党"之间的斗争已然公开化、白热化。

据胜利者编纂的史书记载："武德七年（公元 624 年）夏，李渊带着李世民、李元吉幸仁智宫避暑，留太子居守京城。李建成从亲信庆州总管杨文干处募得精兵送往京师，又遣郎将尔朱焕、校尉桥公山赍甲以赐文干。谁料尔朱焕、桥公山等行至豳乡，惧罪驰告太子和杨文干图谋造反。李渊一听勃然大怒，立刻将李建成召到仁智宫训诫并将其软禁起来，同时派使者宇文颖传唤杨文干觐见。也不知宇文颖对杨文干说了什么，杨文干听罢居然立即造反。李渊意识到事态很严重，便派李世民率兵征剿，并许诺事后封李世民为太子。未料，李世民大军还未到，杨文干就被部下斩杀。按理说太子的亲信杨文干造反，太子肯定要受牵连，然而事情的发展却很诡异，在李元吉、封德彝和后宫宠妃的努力下，李建成居然逢凶化吉，太子还是太子，秦王还是秦王，李渊仅仅以兄弟不能相容为由，各打五十大板不了了之，仅仅流放了东宫中允王珪、左卫率韦挺及天策府兵曹杜淹。

以上是正史记载的"杨文干事件"梗概，然而细细推敲起来，不免让人觉得疑点重重：

其一，私运军用物资当属绝密，这事李建成肯定会交给自己最信任的心腹，尔朱焕、桥公山怎么会这么不靠谱，如此轻易就将主子给出卖了？此二人是不是被人收买或被人胁迫，抑或本来就是卧底？

其二，要说李建成从地方抽调精兵加强东宫卫队用于防范李世民可信，

---

❶ 《旧唐书·高祖二十二子列传》记载：初平洛阳，高祖遣贵妃等驰往东都选阅宫人及府库珍物，因私有求索，兼为亲族请官。太宗以财簿先已封奏，官爵皆酬有功，并不允许，因此衔恨弥切。时太宗为陕东道行台，诏于管内得专处分。淮安王神通有功，太宗乃给田数十顷。后婕妤张氏之父令婕妤私奏以乞其地，高祖手诏赐焉。神道以教命在前，遂不肯与。婕妤娇奏曰："敕赐妾父地，秦王夺之以与神通。"高祖大怒，攘袂责太宗曰："我诏敕不行，尔之教命，州县即受。"他日，高祖呼太宗小名谓裴寂等："此儿典兵既久，在外专制，为读书汉所教，非复我昔日子也。"

但要说李建成勾结地方武装进行谋反确实难以置信，因为自己本身是储君，尤其是在平定刘黑闼建立军功之后，太子之位非常巩固，自己为什么还要铤而走险？

其三，就算是李建成真要谋反，在李渊仍然牢牢掌控着军政大权的前提下，要想取得成功，只能在长安城或仁智宫以迅雷不及掩耳之势同时对李渊和李世民实施"斩首行动"，李建成为什么要傻乎乎勾结远在庆州的杨文干起兵？

其四，使者宇文颖究竟给杨文干传达了什么信息？如果实情相告，讲明太子正在被皇上召见调查私运赍甲之事，杨文干应该不会仓促起兵，因为仅仅还在调查阶段起兵就等于把造反的事情给坐实了，主子李建成岂非"浑身是嘴说不清，跳进黄河洗不清"？宇文颖是否撒谎？如果真的撒谎，又是受了谁的指使撒谎？

其五，平息杨文干造反后，李渊为什么没兑现改立李世民为太子的承诺？是不是冷静后也觉得李建成是被人诬陷的？如果李建成是被人诬陷，那么李渊为什么不将此事查个水落石出？而是各打五十大板，仅仅以耐人寻味的"兄弟不睦"❶ 为由，流放了李建成手下的王珪、韦挺和李世民手下的杜淹这几个相关人员不了了之？

鉴于上述疑点，笔者斗胆推断（历史的微妙和魅力往往就在于有些历史事件总让人感觉犹抱抱琵琶半遮面，引得好奇观众遐想翩翩，以下分析推演，如有不妥观点，权当笔者遐想妄言），"杨义干事件"就是一个局，一个精心策划构陷太子的局，而有实力、有动机精心策这个大局的幕后黑手极有可能就是秦王李世民。事实真相很有可能是：李世民一直在密切关注太子的一举一动，当秦王党发觉太子私运军用物资给杨文干时，收买或胁迫（不排除卧底）尔朱焕、桥公山出卖李建成，东窗事发后，如果李建成失去理智孤注一掷，那就正中李世民下怀，李世民就可以名正言顺领兵平叛，如此这般，太子之位自然非李世民莫属。谁料想在幕僚赵弘智的规劝下，

❶ 处理太子和秦王手下的理由非常微妙，《旧唐书》的表述是兄弟不能相容，《资治通鉴》的表述是兄弟不睦。明明是一桩政治谋反案，李世民本应是平叛功臣，怎么莫名其妙成了兄弟不睦，耐人寻味。

李建成选择了理性，诣上请罪以期皇帝查明真相予以宽恕。李世民一计不成又生一计，收买或胁迫李渊的使者宇文颖（不排除卧底）用谎言刺激杨文干造反，达到坐实太子谋反的罪名。可是，李世民低估了李渊的政治智慧，冷静后的李渊发觉了这是场阴谋，也断定了是谁策划的这场阴谋，却以各打五十大板的方式草草了结了这场惊天大案。

可能有不少史学家对李渊这种和稀泥的处理方式颇有微词，可有谁能理解李渊作为政治家的明智之举和作为老父亲的良苦用心。其实，有一种智慧叫作看透不说透，有一种父爱叫手心手背都是肉。试想，这种兄弟相残的丑闻公之于众，当爹的是否颜面上挂不住？如果将整个事情查个水落石出，李世民是否要因诬告反坐而受诛？也许最聪明的办法就是揣着明白装糊涂。接下来，李渊、李建成要做的就是凭借皇帝和皇太子的身份优势，一步步不动声色地将这个不能安分守己的二皇子羽翼一根根剪除。

"杨文干事件"李世民打草惊蛇，很快就引发了一系列不利后果，既然二弟不仁，也休怪大哥不义。在从"杨文干事件"结案到"玄武门之变"爆发不到两年的时间里，李世民麾下的段志玄、尉迟恭、程知节、张亮、房玄龄、杜如晦等心腹爱将、亲信谋士被以各种冠冕堂皇的理由下狱、外放、调离。到了武德九年（公元 626 年），太子党更是借口突厥犯边，决定对秦王党釜底抽薪，李建成举荐齐王李元吉督军北伐，欲抽调秦王府骁将秦叔宝、尉迟恭、程知节、段志玄等并与同行，又追秦王府兵帐，简阅骁勇，以益齐王府。如此一来，秦王府的精兵猛将皆归太子党统辖。龙游浅水遭虾戏，虎落平阳被犬欺。眼看秦王府大势已去，李世民是否会坐以待毙？李世民的心腹是否会坐以待毙？

山雨欲来风满楼，箭在弦上已难收。面对太子党咄咄逼人的凌厉攻势，秦王党也在秘密酝酿一场孤注一掷的绝地反击。李世民清醒地意识到自己每况愈下的处境，无论是自身实力，还是名分道义，秦王集团都处于绝对劣势，要想在这血腥冷酷的皇城里谋得立锥之地，从感情层面上讲，必须六亲不认摒弃伦理；从技术层面讲，必须出奇制胜一招制敌。形势已然万分紧急，李世民急召房玄龄、杜如晦、尉迟恭、侯君集、长孙无忌等心腹连夜商议，经过一番缜密的深思熟虑，确认了心腹们个个都死心塌地，李世民最终说服了自己❶，决定对皇帝、太子和齐王发动一场突袭，一张由欲望、阴谋和杀戮编织的大网正朝着李唐皇族的头顶悄然盖去。

由于李世民对这场不堪回首的政变讳莫如深，甚至不惜冒天下之大不韪，指使贞观史臣对政变始末进行了篡改歪曲。如今真相已然面目全非，我们只能通过零星残缺的史料和一般常识来推理还原这段被尘封的历史。

玄武门之变终极目标是李世民要篡位称帝，而仅凭秦王府不足千人（史书记载是八百勇士）的现有兵力要达到目的，就必须针对少数关键人物实施闪击，也就是说要在极短的时间内控制李渊，并除掉自己最大的政敌李建成、李元吉，而要同时做到这些，必须将这三人引诱到一起，究竟引诱到哪里？思来想去，皇宫大内无疑是最理想的动手之地，因为李建成、李元吉的大队人马无法进驻这里，而李世民则可以通过掌控帝国命门（玄武门）的心腹常何将自己的大队人马放进宫里❷。

根据政变发动者的终极目的和必须采取的犀利手段可以推断，玄武门之变至少要开辟两大战场：一个是正面战场，也就是李世民弯弓搭箭射杀李建成，尉迟恭纵马疾驰追杀李元吉，史料记载基本属实。另一个是隐形战场，那就是控制胁迫李渊，史书对此却讳莫如深，甚至记载的内容让人匪夷所思：正当太子党和秦王党在皇宫内外杀得人仰马翻之际，李渊居然正与群臣优哉游哉地泛舟海池（皇宫内人工湖）❸，莫非李渊，还有皇宫里所有的太监、嫔妃、宫女都成了聋子、瞎子、呆子？此外，虽说政变是一项高回报的事，但更是一项高风险、高难度的事，如果天时、地利、人和不能兼具，万一失败，那可是灭九族的。试想，万一有一个人走漏风声，

---

❶《旧唐书·尉迟敬德列传》记载：太宗犹豫未决，无忌曰："王今不从敬德之言，必知敬德等非王所有。事今败矣，其若之何？"太宗曰："寡人所言，未可全弃，公更图之。"敬德曰："王今处事有疑，非智；临难不决，非勇。王纵不从敬德言，请自决计，其如家国何？其如身命何？且在外勇士八百余人，今悉入宫，控弦被甲，事势已就，王何得辞！"敬德又与侯君集日夜进劝，然后定计。

❷ 玄武门乃李渊所居太极宫北门，禁军屯驻地，名副其实的帝国命门，谁控制了玄武门，谁就控制了太极宫，谁控制了太极宫，谁就控制了长安城，谁控制了长安城，谁就可以号令天下。

❸ 海池极有可能是李渊被劫持软禁的地方，考虑的李世民现有人手不太宽裕，将人质劫持至于湖中央，利用水域天然屏障，可以有效确保劫持者的自身安全。

万一太子、齐王有一人借故不能进宫，或者二人不能同时进宫，政变就几乎不可能成功。"房谋杜断"素来以缜密周全著称，想必"玄武阴谋"还存在备用的第三战场也极有可能，那就是长安城东门守卫也有可能被秦王党买通，万一政变未成，李世民极有可能由此逃往由心腹温大雅、张亮等人苦心经营的洛阳根据地来与中央抗衡。

透过上述分析，事实很有可能是：为把李建成、李元吉同时引进宫里，李世民费尽心机，以贼喊捉贼的自诬式苦肉计，指使善观星象的太史令傅弈密奏谶言："太白见秦分，秦王当有天下。"❶ 而早有准备的李世民利用被父亲召来兴师问罪之机，除了向父亲申辩太子、齐王诬陷自己 ❷，还向父亲密奏了一个爆炸性新闻："建成、元吉淫乱后宫"。李渊一听脑子顿觉一阵眩晕，但冷静一想，毕竟是秦王一面之词，如果密奏属实，是可忍，孰不可忍？如果秦王没有证据，那就是诬告陷害兄弟，正好以此为由彻底剪除秦王府势力，于是乎，李渊省之愕然曰："明日当勘问，汝宜早参。"

武德九年（公元 626 年）六月初四，太阳还未冉冉升起，在朦胧的黑幕掩饰下，秦王府的人马通过玄武门悄然进入太极宫，当还沉浸在温柔乡的李渊从梦中惊醒，等待他的噩梦才刚刚开始。而此时的太子、齐王对死神的逼近更是一无所知，直到行至临湖殿时才忽觉有变，可惜为时已晚，李世民弯弓射箭，李建成应弦而毙，李元吉中流矢而走，被尉迟恭追而杀之。冯立、薛万彻、谢叔方等东宫及齐王府将领闻讯率领精兵两千人结阵驰攻玄武门，直到尉迟恭持建成、元吉之首以示之，太子和齐王的卫队方才树倒猢狲散。紧接着，尉迟恭提着太子、齐王两颗血淋漓的头颅来到李渊被软禁的地方逼宫："秦王以太子、齐王作乱，举兵诛之，恐陛下惊动，遣臣来宿卫。"事已至此，李渊和群臣只能默认这个既定事实……

---

❶ 可以断定，傅弈的这份密奏肯定是受人指使，不然一个小小的太史令吃了豹子也不敢陷害秦王。那么，谁来陷害秦王？一般常理而言，大家会认定是太子，但是眼看李世民的羽翼就将被彻底剪除，李建成已经胜券在握，完全没必要再采取如此下三滥的手段。再说，如果是太子党指使傅弈干了这样卑鄙龌龊的事，为什么政变成功后，李世民还重用傅弈，将这样的卑鄙小人放在身边？

❷ 《旧唐书·高祖二十二子列传》记载：因自陈曰："臣于兄弟无丝毫所负，今欲杀臣，似为世充、建德报仇。臣今枉死，永违君亲，魂归地下，实亦耻见诸贼。"

抑或是为了梦寐以求的皇位，抑或是为了济世安民的理想，李世民撇开了手足亲情，突破了传统规则，终于，以失去人类内心深处最为珍贵而美好的情愫为代价，踩着兄弟尸骨，踏着幼侄鲜血❶，登上了皇帝宝座。很难说，玄武门之变是迫于无奈的正当防卫，还是蓄谋已久的谋朝篡位。毕竟以臣谋君是不忠，以子逼父是不孝，弑杀兄弟是不义，屠戮子侄是不仁。无论如何，李世民都要背负难以释怀的道德枷锁。如何才能救赎昔日罪过以期灵魂解脱？如何才能以脱胎换骨的面目向世人展示全新自我？答案只有一个，那就是用崭新的丰功伟绩来证明历史选择李世民绝对不是错！

---

❶ 杀死了李建成、李元吉算是消灭政敌，杀死李建成和李元吉的十个儿子算是斩草除根。而将李元吉的媳妇杨氏收编进自己的后宫，杀弟夺妻实在有损其伟岸形象，也实在让人匪夷所思。

斧声烛影的千古谜团

　　官修《宋史》关于赵匡胤死亡的记载十分简单："癸丑夕，帝崩于万岁殿"。仅用九个字就交代了赵匡胤的死亡时间和地点。《辽史》的记载也很简单："宋主匡胤殂，其弟炅（赵光义登基后改名赵炅）自立。"最受关注、最为敏感的具体死因居然都没有深入勘验。

　　如此重大之诡异事件，北宋官方却如此缄口不言，难免让人浮想联翩，于是乎，《续湘山野录》（作者北宋文莹和尚）、《涑水记闻》（作者北宋司马光）、《续资治通鉴长编》（作者南宋李涛）记载的各种版本"斧声烛影"之谜案就广为流传。"字越少，事越多"的种种遐想也不停在笔者脑海盘旋：事发当晚，赵匡胤究竟是为了何事急召赵光义进入万岁殿？为什么案发时大宋皇帝身边居然没有嫔妃、宫女、太监？赵匡胤之死是否被人暗算？如果被人暗算，为什么会被人暗算？究竟又是被谁暗算？暗算者是以何种方式作案？是单独作案，还是团伙作案？是临时起意作案，还是蓄谋已久作案……

　　赵匡胤临死前没有留下遗诏指定让谁接班，临死前两个月还组织筹划讨伐北汉，临死前十几天还临幸西教场观瞻士兵演练。据此推断赵匡胤对自己的健康状况还是自信满满。

　　赵匡胤属于猝死的事实真实客观，既然历史留给了后人诸多谜团，笔者在此斗胆作一个不太成熟的分析推断（不妥之处望读者朋友们海涵）：就猝死而言，平日里除了脑溢血、心肌梗死之类的心脑血管疾病与自身体质有关，其余情形多系外界因素使然。心脑血管疾病要么是先天遗传，要么就与后天长期酗酒、暴饮、暴食、焦虑、失眠等不健康作息习惯有关。据史书记载，赵匡胤的父亲赵弘殷（享年 58 岁）和母亲杜太后（享年 60 岁）之死都与心脑血管疾病无关，赵匡胤患有先天性心脑血管疾病的概率十分渺然。既然不是遗传，那么是不是与饮食或作息习惯有关？据史书记载，赵匡胤不是吃货，相反生活还比较节俭，习武之人又喜欢锻炼，几乎不可能发生高血压、高血脂、高血糖之类的风险。再说，一千多年前，赵匡胤吃的蔬菜瓜果、鸡鸭鱼肉都是绿色纯天然，传统工艺纯粮发酵的美酒（没有蒸馏技术的酒精度一般 10 度左右）也不会对心脑血管造成很大负担。据此分析，不满 50 岁的正常人几乎不可能因为饮食问题而命丧黄泉。此外，赵匡胤生性豁达，宽容包涵，婚姻、家庭和事业也都比较顺展，应该也没什么大的烦心事使其长期焦虑失眠。

透过上述分析，笔者推断，赵匡胤之死极有可能与外界因素有关。为了搜寻充足证据佐证笔者推断，我们还需要综合对案发前、案发时、案发后赵匡胤本人及相关人员的一系列表现进行系统分析研判。

如果初步断定赵匡胤之死确属弑君事件，且是蓄谋作案，而蓄谋作案总有动机相伴。那么，作为侦探，首先要做的就是对行凶者的动机进行筛选：常见的"谋财害命"或者"为情所困"之类的凶杀案发生在皇宫之内确属荒诞，可以直接排除不管。

接下来，要分析的是，赵匡胤会不会是被昔日所灭的后蜀、南唐、南汉等国余孽死党或者一直与大宋王朝敌对的北汉、契丹所派的卧底、刺客谋害而命丧黄泉？且不说皇宫戒备如何森严，行刺者成功概率何其渺然，就算是刺客侥幸得偿所愿，全身而退的概率更是渺然，因为皇宫侍卫和大宋王朝的司法机关不可能个个都吃闲饭。

排除以上可能，行凶者的动机就只有一种，那就是谋权！因为谋权篡政者可以一手遮天，凭谁也不敢查办此案，再根据"谁作案，谁受益"的犯罪学原理推断，赵匡胤的亲弟弟赵光义身上的诸多疑点就很难洗涮。

在正式确定弑君嫌疑人之前，我们先探讨一下案发前的一个千古谜团——为何赵匡胤登基十六七年仍迟迟不确定太子人选？应该说，赵匡胤驾崩前，有三个候选人最有可能接班：一是赵匡胤业已仙逝的贺皇后所生嫡子赵德昭（时年 26 岁）；二是生母不祥却被现任宋皇后喜欢的四子赵德芳（时年 18 岁）；三是杜太后所生的赵匡胤同胞兄弟赵光义（时年 38 岁）。

无论是就历史传统、国际惯例、血缘伦理，抑或帝国政权的可持续发展而言，赵匡胤的儿子都是皇位继承人之首选。毕竟皇位继承顺序，"父死子继"是传统习惯，"兄终弟及"多属意外事件，只有在皇帝无子、被弑等极少数情形下才会出现，而且皇位"兄终弟及"很容易因为皇位继承顺序紊乱而诱发宗室内讧之类的政治风险，精明过人的赵匡胤不可能不知道这一点。

关于储君人选，笔者推断，赵匡胤非但希望能让自己儿子接班，更希望让自己儿子能安安稳稳地接管帝国政权。试想，赵匡胤如果真想让弟弟赵光义接班，完全可以相信赵光义有能力、有实力坐稳江山。可是，赵匡胤自己拼死拼活打下的江山，凭什么让弟弟赵光义的子子孙孙代代相传？

历经五代十国之乱的赵匡胤深知，皇储年幼很危险，即使成年，没有能力、没有资历、没有功勋、没有权威、没有根基同样也很危险。篡权之初，基于巩固江山亟须心腹之盘算，赵匡胤只能信任并重用业已成年（陈桥兵变时赵光义 22 岁）且精明强干的弟弟赵光义辅佐自己打理江山，怎奈，历时十余年，身为晋王兼开封府尹的赵光义羽翼日趋丰满，对最高权力亦有所垂涎。只是基于儿子们资历尚浅，贸然将赵德昭或赵德芳置于风口浪尖，极有可能会诱发叔侄相斗，甚至叔侄相残。

毕竟赵匡胤仍然掌控着帝国军政大权，毕竟赵匡胤对自己的健康状况还是自信满满，毕竟儿子们业已渐渐成年大任可堪。赵匡胤深信儿子们年轻就是最大本钱，只要对弟弟赵光义严加防范，同时让小弟赵光美和儿子赵德昭、赵德芳多加历练，耗上个十年八年，随着时过境迁，不愁弟弟赵光义不乖乖就范。

在自己生命的最后几年，赵匡胤防范赵光义，提携赵德昭、赵德芳、赵光美的意图已经十分明显，赵德昭、赵德芳、赵光美的食邑和官位频频升迁。尤其是在开宝九年（公元 976 年），赵德昭被钦定负责接待吴越国王钱俶这样隆重的外交庆典。赵光美和赵德昭还同时被授予了开府仪同三司这样的官衔，开府仪同三司官阶之高自不待言，能够拥有自己私人幕僚并独立开府办公才是这个头衔的亮点。赵匡胤驾崩前的三个月期间，赵光美可能是偶感风寒、患有眼疾结膜炎或得了什么急性阑尾炎，堂堂大宋天子赵匡胤居然一月三次亲自前往赵光美府邸嘘寒问暖。

与之相反，开宝九年（公元 976 年）上半年巡幸洛阳期间，赵匡胤特意将赵光义带在身边（以往赵匡胤离京都会留赵光义镇守京城），还因为迁都问题，兄弟二人闹得不欢而散❶。赵匡胤提议迁都洛阳、长安，冠冕堂皇的理由是为了国家长治久安。毕竟开封城周边是一马平川，几乎没有任何天险，唯有布置重兵防范，方可确保帝都安全，如此又势必大大增加财政负担。而地理位置优越的洛阳、长安作为帝都之优越性十分明显，西周、东周、西汉、东汉和隋唐时期的帝都洛阳、长安都曾风光无限。关于迁都，赵匡胤更深层次的谋虑还是借机打压赵光义集团，是要将赵光义在开封苦心经营十余年的势力网予以扯裂剪断。

由此可见，赵匡胤对待赵光义和赵德昭、赵德芳、赵光美的态度可谓一边是海水，一边是火焰。久居官场的大臣们明显感受到了朝中政治风向之转变，野心勃勃且神经敏感的赵光义也切实感受到了前所未有之危机感！

从正史中我们无法得知赵光义集团如何谋划实施抢班夺权，但可以断定赵匡胤以迁都为由对其进行的政治试探确实让其惴惴不安，不甘坐以待毙的赵光义集团已经开始谋划抢班夺权，而且具体实施时间就选在了赵匡

❶ 《续资治通鉴长编》记载：帝生于洛阳，乐其土风，尝有迁都之意。始议西幸，起居郎李符陈八难，帝不从。既毕祀事，尚欲久留之，群臣莫敢谏。铁骑左右厢都指挥使李怀忠乘间言曰："东京有汴渠之漕，岁致江淮米数百万斛，都下数十万兵咸仰给焉。陛下居此，将安取之？且府库重兵，皆在大梁，根本安固已久，不可动摇。"帝亦弗从。晋王又从容言迁都非便，帝曰："迁河南未已，久当迁长安。"王叩头切谏，帝曰："吾将西迁者，非它，欲据山河之险而去冗兵，循周汉故事以安天下也。"王又言："在德不在险。"帝不答。王去，帝顾左右曰："晋王之言固善，然不出百年，天下民力殚矣！"

胤将党进、潘美等心腹猛将派往太原前线期间。

据《续资治通鉴长编》记载，开宝九年（公元 976 年）十月十九日傍晚，赵匡胤急召弟弟赵光义入宫觐见，兄弟二人谈了很长时间。午夜时分，赵光义才离开宫殿，次日凌晨，赵匡胤就莫名其妙驾崩于万岁殿。四鼓时分，宋皇后匆忙命太监王继恩速召皇子赵德芳前往万岁殿，而吃了熊心豹子胆的王继恩却径直来到了开封府前，还与深夜在府前久候的程德玄（精通医术）碰面。开始，赵光义表现得有些裹足不前，还想与家人商谈。心急火燎的王继恩急言："事久，将为他人抢先。"于是，三人便冒雪前往万岁殿。宋皇后见到王继恩叛变，十分愕然，奈何，生米已经煮成熟饭，反正肥水也没流外人田，一介女流的宋皇后只能乖乖就范，乞求赵光义能够确保其母子人身安全。就这样，赵光义得偿所愿，成功接管了帝国政权 ❶……

细心的读者应该能发现《续资治通鉴长编》记载的诸多蹊跷和疑点：被赵光义亲自审阅修订的《宋太祖实录》为何不记载赵匡胤因何事由急召赵光义夜入万岁殿？赵光义当晚是否主动要求觐见？或者事先就知道当晚自己必然会被皇帝召见？赵光义与赵匡胤谈话时身边为何没有宫女、太监陪伴？武艺超群的赵匡胤为何在赵光义面前如此不堪？赵光义是否趁赵匡胤不注意，将程德玄秘制的含有"杀人于无形"之毒药放进了赵匡胤酒水里面？赵匡胤的内侍太监王继恩为何敢违背宋太后旨意不宣皇子赵德芳入万岁殿？王继恩是什么时候投靠了赵光义集团？赵光义深夜离宫为什么不回家休息而是去了开封府加班？精通医术的程德玄为何会深夜久候在开封府门前？难道程德玄真是神仙能够准确预知赵匡胤的猝死时间？深更半夜王继恩和程德玄为何都能准确得知赵光义仍在办公地点？为什么没人对赵匡胤暴毙之原因进行深入勘验？

---

❶ 《续资治通鉴长编》记载：冬十月，帝不豫，壬子，命内侍王继恩就建隆观设黄箓醮。是夕，帝召晋王入对，夜分乃退。癸丑，帝崩于万岁殿。时夜四鼓，皇后使王继恩出，召贵州防御使德芳。继恩以太祖传国晋王之志素定，乃不诣德芳，径趣开封府召晋王。见左押衙程德玄坐于府前，叩门，与俱入见王，且召之。王大惊，犹豫不行。曰："吾当与家人议之。"久不出。继恩促之曰："事久，将为他人有矣。"时大雪，遂与王雪中步至宫。继恩止王于直庐，曰："王姑待此，继恩当先入言之。"德玄曰："便应直前，何待之有"！乃与王俱进至寝殿。后闻继恩至，问曰："德芳来邪？"继恩曰："晋王至矣。"后见王，愕然，遽呼官家（皇帝），曰："吾母子之命，皆托于官家。"王泣曰："共保富贵，勿忧也。"

如果上述蹊跷和疑点仍不能使读者确信赵光义就是蓄谋已久的抢班夺权，我们可以接着往下看赵光义登基称帝后的一系列诡异表现：

原本名不见经传的叛徒王继恩和巫医程德玄事后很快就被赵光义提拔升迁。

迫不及待的赵光义突破传统习惯，改元不逾年（通常新皇帝仍沿用前任皇帝年号，次年改元）。

证明赵光义继位合法性的重要证据《金匮之盟》（杜太后所留遗嘱让赵匡胤百年之后传位赵光义）在赵光义称帝后五年方才莫名其妙出现。

坐稳江山后的赵光义彻底撕掉伪善，开始对威胁其政权延续的赵氏宗亲肆无忌惮地进行迫害清算：太平兴国四年（公元979年），赵德昭（殁年29岁）因为"好吃肥肉"而命丧黄泉❶；太平兴国六年（公元981年），赵德芳（殁年23岁）因为"睡眠问题"而命丧黄泉；太平兴国七年（公元982年），赵光美（后改名赵廷美，殁年38岁）因被诬告勾结卢多逊谋反而遭受谪贬，两年后也因郁郁寡欢而命丧黄泉。短短数年间，凡是能够对赵光义帝位构成威胁的宗室成员，或因饮食问题、或因睡眠问题、或因精神问题年纪轻轻就全部罹难，赵光义的嫡长子赵元佐也因看不惯父皇的所作所为而变得疯疯癫癫。宋太宗赵光义死后，"父死子继"的皇位继承原则一直延续到靖康之难，直到金人入侵俘获了北宋在京全部宗室成员，唯一的漏网之鱼赵构不得不因膝下无子可传，而将大宋江山重新移交到了赵匡胤的第七世孙赵昚手里面……

❶　关于赵德昭的死因，《续资治通鉴长编》记载与《太祖实录》记载有所不同：赵光义御驾亲征讨伐北汉、契丹，携赵廷美和赵德昭随军参战（笔者理解赵光义恐其留守京城有变），高梁河之战，赵光义兵败逃窜时与大军走散，军中一时无主，众将士欲拥立赵德昭接班，不料，命不该绝的赵光义并未遇难，事后，赵德昭因此被赵光义猜忌责难，委屈绝望的赵德昭选择了自寻短见。

大汉雄风之壮士荣归

——拯救英雄耿恭

　　西汉末年，中原混战，遍地狼烟，北匈奴趁汉王朝内乱之际，不断袭扰边关，同时还派大军向西域进犯，中原王朝与西域诸国的往来由此中断。经光武帝刘秀、汉明帝刘庄两朝休养生息，汉王朝渐渐从"王莽之乱"的创伤中恢复元气，并开始重新调整与西域诸国的关系。永平十六年（公元73年），汉明帝刘庄派窦固、耿秉、来苗、祭肜率领四路大军出兵西域，见汉军势大，匈奴遁逃，汉王朝重设西域都护府。可是好景不长，永平十八年（公元75年）春，窦固等率大军刚刚班师回朝，北匈奴就派遣左鹿蠡王率领两万铁骑卷土重来，留守西域的汉军兵少将寡，又逢汉明帝突然驾崩，国丧期间，援兵迟迟不到，守将陈睦、关宠以身殉国，唯独耿恭率众浴血苦战，誓死坚守，恶战、干渴、饥饿、严寒不断考验着大汉西域守军的肉体和心理耐受极限，一场展现大汉将士气节、谋略、勇气和毅力的"疏勒城保卫战"就此上演……

一

　　初春的清晨，艳阳从东方冉冉升起，从睡梦中苏醒的车师后国王都务涂谷城充满了祥和的生活气息。西域都护府的重置，不但恢复了西域诸国的和平秩序，也恢复了西域与中原的往来贸易。没有了战火硝烟，作为咽喉要道的务涂谷城便成了各国使者往来、商旅贸易的必经之地。一大早，东市、西市就已经商贾云集，街道上的客栈、酒馆、茶社，还有走卒小贩都忙着张罗自己的生意，如果不是接下来的一幕，也许这样平和而恬淡的生活会一直持续下去……

北门城楼的哨兵远远望去，黑压压的一片骑兵伴着滚滚扬尘，正朝着王城浩浩荡荡迎面扑来，哨兵顿时傻了眼，慌里慌张拎起身边的铜锣，一路小跑绕着城墙边敲边喊："匈奴人来了，快关城门，匈奴人来了，快关城门……"

突如其来的噩梦让人有些措手不及，一听说匈奴大军压境，务涂谷城顿时乱成了一锅粥，市民抱着哭闹的孩子藏身隐匿，士兵拿起武器奔赴城楼准备迎敌，文武百官也被紧急召往宫中商讨御敌之计……车水马龙的街道瞬间变得冷冷凄凄，昔日井然有序的王城只留下一片狼藉……

踌躇满志的左鹿蠡王率领两万铁骑很快兵临城下，将务涂谷城围得水泄不通。在以崇尚武力著称的众多匈奴将领中，左鹿蠡王算是少有的一个深谙汉人兵法的军事统帅，碰上这么一个文武双全而又老辣多谋的敌人，对西域诸国和留守西域的汉军来说注定是场噩梦。

匈奴大军刚刚抵达城下，左鹿蠡王手下的大当户呼延辍便迫不及待嚷道："大王，我们已经将车师王城团团包围，只等您一声令下，末将愿当先锋，踏平车师。"

左鹿蠡王幽幽道："汉人兵法上说，上兵伐谋，其次伐兵，其下攻城。车师蕞尔小国，民不过一万，兵不过两千，不足为惧。本王倒是担心留守西域的汉军，虽为数不多，却勇猛异常，而且装备精良，若他们据城坚守，而我们又不能速战速决，等洛阳援军赶来，岂不腹背受敌？"

见主帅瞻前顾后，呼延辍便开始抱怨道："大王，这到嘴边的肥肉不吃，唉，急死人了！"

左鹿蠡王道："就知道打打杀杀，殊不知，本王这是要围点打援，引诱附近金蒲城的汉军出城，然后一举将之歼灭，到时候，车师孤立无援，自然不攻自破。拿下车师，就等于打开了进入西域的门户。消灭了留守西域的汉军，就可以控制整个西域，最终，我们大匈奴就可以从西面和北面同时对汉朝形成包围之势。"

四肢发达，头脑简单的呼延辗俨然对左鹿蠡王的高谈阔论不感兴趣，依然牢骚不断道："大王言之有理，可是没仗可打，俺还是觉得闲得发闷。"

左鹿蠡王也觉得对牛弹琴，索性就将呼延辗打发走："既然闲不住，那你就派些斥候去往金蒲城，密切关注汉军动向，一有情况，立即报告。"

大当户欣然领命："诺。"随后策马扬尘而去……

二

匈奴再次来犯，国王安得极为震恐，在空旷的王宫大殿踱来踱去，如同热锅上的蚂蚁。车师国小民寡，人才匮乏，而今大难临头，既无主动请缨杀敌报国的将军，又无运筹帷幄出谋划策的文臣，安得很郁闷，他将目光移到了大将军格林身上："大将军，此次匈奴来犯，可有御敌之计？"

格林道："陛下，臣以为只要备足滚木礌石，弓弩箭簇，据城坚守，同时向汉军求援，匈奴久攻不下，定会退兵。"

话音刚落，相国甘容立刻反驳："陛下，匈奴大兵压境，已是迫在眉睫，车师国小兵弱，如果顽抗，无异于以卵击石。如今汉朝大军已撤，附近金蒲城的汉军也不过数百人而已，且不说能不能冲出重围搬到救兵，就算能等到汉朝援军，恐怕，车师国早就完了，还请陛下三思。"

是战是降，将相各执一词，焦虑的安得又将目光转向国师："国师，你是三朝元老，见多识广，你以为是该战？还是该降？"

国师捻捻长长的花白胡须，慢吞吞说道："陛下，匈奴和汉朝都是上邦，两边谁都惹不起，以前，咱们听命于匈奴，如今，又刚刚归顺汉朝，这汉朝大军前脚刚走，匈奴大军后脚就来，要是再投降匈奴，万一汉朝人又打回来，这可如何是好？"

安得被这个老糊涂气得哭笑不得："国师啊国师，本王是问计于你，你怎么反问起本王来了？唉……"

正当大家争吵不休而又一筹莫展之际，士兵来报："禀报大王，匈奴大军已将城池团团包围，只是安营扎寨，并未发起进攻。"

安得很纳闷："这匈奴人葫芦里卖的什么药，来，都来随本王到城楼上瞧瞧……"

安得率众登上城楼，倒吸了一口凉气，远远望去，黑丫丫的一片，小小王城已被围得是水泄不通，环城巡视一圈，只有东门匈奴士兵防守相对薄弱，安得顿时心中有了主意，便吩咐格林："大将军，你派人挑些快马良驹，再选些精壮勇士，今晚子时，先从西门突围，趁匈奴兵乱，再派一路人马从东门突围，速去金蒲城向耿恭将军请求援兵。"

大将军格林领命："末将即刻照办……"

三

子时，夜深人静，明月星稀，西城门悄然打开，六名黑衣使者牵着马蹑手蹑脚逼近匈奴大营，眼看不足百米，猛然跃马，急速狂奔，匈奴军营顿时一阵骚乱："车师人突围了，车师人突围了……"面对两万虎狼之师，六人的突围小分队，无异于飞蛾扑火，自取灭亡，随着几声凄楚的惨叫，西门很快恢复了平静。

趁着西城门突围造成的骚乱，东城门也悄然打开，另六名黑衣使者在夜色掩护下快马加鞭从东门冲出，幸运的是，他们只是遇到了一点象征性的攻击，顺利突围。不幸的是，呼延辍听说有车师人从东城门溜走，立即带了几名贴身随从快马扬鞭，追了不到二十里路，就射杀五人，俘虏一人……

自以为立了大功的呼延辍兴冲冲跑到左鹿蠡王帐中请功："报大王，有车师奸细分两路突围，从西门出来的已被全部斩杀，从东门跑出六个，被俺追上，射杀了五个，还给大王活捉了一个，请大王审讯，嘿嘿嘿……"

看着大当户的嬉皮笑脸，左鹿蠡王面色阴沉道："先把奸细关押起来，听候审讯。"

见黑衣使者被押出营帐，呼延辍诧异道："大王，为何不立即审讯？"

左鹿蠡王大怒："蠢货，你可知险些坏了本王大计？"

呼延辍被骂得云里雾里："大王，抓个奸细，怎就差点坏了您的大计？"

真是不怕狼一样的对手，就怕猪一样的队友，要不是看在呼延辍勇猛过人、忠实可靠的份上，左鹿蠡王真想把他给咔嚓了。还好有一个活口，计划还有挽回的余地。左鹿蠡王将自己的计策告知呼延辍："本王是故意放松戒备，让车师人去找汉朝人求救。如果汉朝人不派援兵，说明汉朝人假仁假义，车师人就会就会对汉朝人失望，从而归顺我们匈奴。这样，就可以不战而屈人之兵，到时候我们就可以和车师人一起联手剿灭这里的汉军。"

头脑还不算太笨的呼延辍追问道："万一要是汉朝人真敢来呢？"

左鹿蠡王哈哈大笑："如果汉朝人敢来，区区几百人马，够我们两万大军塞牙缝吗？"

听完左鹿蠡王高论，众将皆叹服："大王英明。"呼延辍也羞愧地低下了脑袋。

左鹿蠡王吩咐手下："不要将奸细看得太紧，让他乘机溜走……"

四

夜深人静，看守黑衣使者的匈奴士兵很快酣然入梦，不知是计的使者趁看守熟睡，慢慢挣脱绳索，悄悄溜出营帐，偷了一匹快马，头也不回就朝着金蒲城一路狂飙……

风尘仆仆而又惊魂未定的车师使者终于抵达了金蒲城，在汉军谒者的引领下来到营帐暂且休息。

须臾，只见一身材魁梧，浓眉大眼，披挂整齐的年轻将军疾步走进营帐，此人正是留守西域的守将耿恭，汉朝派驻金蒲城的军事统帅。

使者见耿恭立即跪拜哭诉："将军，请救救车师国吧，救救车师国吧……"

耿恭连忙搀起使者道："使者莫急，有事慢慢道来。"

使者起身哽咽道："将军有所不知，两万匈奴铁骑突袭车师，如今已将王城团团包围，国王派了十二名使者突围……唉，如今，仅剩我一人幸存，车师国危在旦夕，请将军速速发兵救援！"

耿恭安慰道："使者一路辛苦，暂且军中歇息，容我与诸将商议退敌之计……"

打发走使者，耿恭便立宣众将军中议事，待诸将齐聚，耿恭表情冷峻而又不失沉稳从容通报军情："诸位将军，刚得到紧急情报，匈奴两万大军进犯车师，如今已将车师王城团团包围，国王安得派使者请求援兵，诸位以为该如何处置？"

听闻匈奴两万大军来犯，众将皆惊，司马石修率先发言："将军，咱们只有区区数百人马，匈奴可是两万大军，援救车师恐怕也是杯水车薪，最好还是先上奏朝廷，再做定夺！"

司马张封附和道："石修说得有道理，匈奴来势汹汹，且兵锋正盛，还请将军三思。"

众将皆忧匈奴势大，面带难色道："请将军三思。"

有怯意也在情理之中，毕竟敌我兵力悬殊，只是，生死关头容不得丝毫犹豫，耿恭起身慷慨陈词："敌众我寡，乃是实情，以咱们现有兵力援救车师，确实无疑杯水车薪，但如若此时坐视不管，车师必降，其他西域诸国也会跟风倒戈，届时，匈奴和西域诸国联手，咱们必死无葬身之地。再说，咱们与车师生死兄弟，一荣俱荣，一损俱损，于情于理，咱们必须出兵！"

见耿恭态度坚决，分析得也在情在理，众将皆叹服道："一切听将军吩咐！"

耿恭正色道："听我将领：裨将杜煜，你接替本校尉，负责留守，修筑工事，加强戒备，明日一早，司马赵良随我领兵三百营救车师。"

一听说主帅亲自领兵打一场几乎毫无胜算的战争，众将皆劝阻道："将军万万不可"。杜煜跪倒伏地道："将军乃军中主帅，岂可轻易涉险，末将跟随将军多年，无以建功立业，今日愿代将军营救车师，请将军在此留守。"

众将皆附和："末将愿替将军营救车师，请将军在此留守。"

大汉雄风之壮士荣归——拯救英雄耿恭

见杜煜言辞恳切，众将阻却，耿恭争执不过，盈泪拍着杜煜的肩膀道："好兄弟，一路保重……"

五

第二天清晨，耿恭命士兵抬出二十坛皇帝赏赐的美酒为勇士壮行，杜煜及三百将士一饮而尽，随后，在使者的引领下直奔务涂谷城。

让人意想不到的是，刚出城三十里，呼延辍早已按照左鹿蠡王的指示率领三千骑兵列阵恭候。狭路相逢，何去何从？是考验一支军队判断力和战斗力的时候，只见杜煜抽出宝剑大呼："兄弟们，前面是十倍于我们的敌人，杀过去，我们是九死一生！可是，当逃兵，我们必死无疑！非但辱没了我汉军的威名，还会被匈奴骑兵追着射成刺猬。现在，我只想问兄弟们一句话，兄弟们，怕死吗？"

将士们大呼："不怕，不怕……"

听完杜煜的激情演说，将士们跟打了鸡血一样，个个斗志昂扬，三百汉家男儿在杜煜的率领下，个个奋不顾身，挥舞着手中的利剑冲向敌阵，朝着匈奴骑兵肆意挥砍，一时间，杀声震天，血肉横飞，空旷的戈壁滩顿时成了一个活生生的屠宰场。然而，毕竟兵力悬殊，胜负毫无悬念，战斗进行了半个时辰，三百勇士相继倒下，杜煜砍杀十几个匈奴骑兵后，身上也留下十余处创伤，整个成了血人。

仗打到这份上，向来以杀戮为人生最大乐趣的呼延辍也有点惺惺相惜，便劝降杜煜："汉朝人，投降吧，饶你不死"。只见杜煜怒目相视，一言不发，用尽浑身最后一丝力气，孤身策马向敌阵发起了最后的冲锋……

六

在付出千余人伤亡代价后，愤怒的匈奴人残忍地砍下三百壮士的头颅回到务涂谷城的城外。

虽然成功截杀了援军，但呼延辍并没有丝毫的成就感，只是面无表情地向左鹿蠡王报告："大王，有三百汉朝援军前来，已被末将截杀。"

　　左鹿蠡王复问："有没有抓到俘虏？"

　　呼延辍道："没有，这帮汉军狂妄至极，宁死不降，还杀伤了我们一千名勇士，末将命人砍下了他们的脑袋，请大王发落。"

　　一听这场伤亡不成比例的胜仗，左鹿蠡王恼羞成怒："奇耻大辱！简直是奇耻大辱！三百汉军竟然杀伤我们一千名匈奴勇士！去，提着这些汉朝人的脑袋给车师人瞧瞧，再不投降，踏平车师！"

　　匈奴士兵骑着战马，高举着汉朝士兵的头颅朝城上喊话："车师人听着，金蒲城派出的援军已经被全部截杀，还不速速开城受降……"

　　作为一个小国、弱国，在大国夹缝中生存，谁解其中滋味？既要卑躬屈膝，又得左右逢源，何来主权？何来尊严？听说汉朝援军被全部截杀，再看看城下残忍嚣张的匈奴士兵，城楼上的安得悲愤交加，转向三军将士道："匈奴抢掠我们的财产，奴役我们的百姓，汉朝帮我们驱逐了匈奴，解救我们于水火之中，如今，耿将军又不顾生死安危，派援军冒死相救，汉朝真乃仁义之邦，汉军真乃仁义之师，我等若是再投降匈奴，天理何在？颜面何在？寡人意已决，誓与匈奴血战到底！"

　　谁不想有尊严？谁不想当硬汉？见自己的君王终于挺直了脊梁，众将士心中的荣誉感也被迅速点燃，个个群情激愤，振臂大呼："血战到底！血战到底……"

　　左鹿蠡王见车师无意投降，便开始发起总攻，国王安得亲冒矢石率众激战，王后也带领医官慰问伤兵。正所谓王有必死之心，士无贪生之念，车师将士顽强抵抗，匈奴士兵潮水般涌上，又潮水般退去，城下堆满了横七竖八的尸体。

　　左鹿蠡王做梦也没想到，向来唯唯诺诺的车师国抵抗如此坚决，他将呼延辍召来骂道："一群饭桶，小小王城，攻了七天七夜都没拿下。"

　　呼延辍委屈道："大王，车师人仗着城高墙厚负隅顽抗，末将所率骑兵擅长野战，不善攻坚，所以才……"

还没等呼延辍说完，怒不可遏的左鹿蠡王就打断了他的辩解："这安得做了一辈子懦夫，难不成还想做一次英雄？本王不要任何借口，再拨你五千兵马，拿不下车师，提头来见。"

呼延戳领命："诺。"

被逼上绝路的呼延辍亲自督战，只见城头上有一衣着光鲜之人在众将士的簇拥下指挥作战，呼延辍心想，此人定是安得，擒贼先擒王，于是拉起满弓，朝着那人胸脯一箭射去，只听见一声惨叫，安得应声倒下，被众将士慌里慌忙抬下了城楼……

七

空旷的王宫，气氛十分凝重，奄奄一息的安得紧紧抓住王后的手道："王后，寡人不是懦夫……"

王后潸然了下，泣不成声："陛下，我只要你好好活着，好好活着，陛下"……

眼看就要与自己最心爱的女人阴阳两隔，安得拉着王后的手强打精神开始交代后事："王后，寡人恐将不久于人世，咳咳咳……"

王后泪水涟漪："陛下，不要说了，什么都不要说了"……

安得明白，此时不把该说的说完，以后就永远没有机会再说："寡人……担心……寡人走后，王后受委屈，寡人现在就把密道钥匙给你，不要管寡人，即刻动身走密道去金蒲城……去金蒲城找耿恭将军，去，快去……"情到深处，安得吐血而亡……

王后歇斯底里哭喊着："陛下，陛下……"

国王已死，大势已去，国相甘容背着王后率众开门投降。恼羞成怒的匈奴大军涌入王城，开始了报复行动，除了将府库劫掠一空，城中百姓也被搜刮殆尽。

左鹿蠡王闯进后宫，只见一哭得两眼红肿的俊俏女子偎依在一个已故男人的身旁，手里还拿着一把锋利的匕首，准备殉情的样子。那女子见有人闯进后宫，起身喝道："不要过来，不要过来……你再近一步，我就死给你看。"

左鹿蠡王料定，床上躺着的尸体应该就是国王安得，旁边这个准备殉情的女子应该就是安得的女人。匈奴人向来以勇武著称，平生最敬佩勇者，哪怕这个勇者是个女人。作为刀尖上过日子的男人，除了享受征服的快感，恐怕也只有美丽的女子最能慰藉自己空旷的心灵，而眼前这个哭得梨花带雨而又刚烈贞节的漂亮女子着实楚楚可人，这让刚毅勇猛的左鹿蠡王不由得顿生怜悯之情，心想，这么漂亮的烈女子轻易死去，实在可惜。狡诈老到的左鹿蠡王不再步步紧逼，只是轻描淡写地说道："如果王后给夫君殉葬，本王定会让全城的车师人为王后殉葬。"

看看眼前这个杀人魔王，想想自己的无辜子民，是一死了之，保全清白之身？还是忍辱负重，保全城中百姓？王后很纠结……见王后走神，身手敏捷的左鹿蠡王乘机一个箭步将王后手中匕首夺去，顺势将这个娇美的女人揽入怀中百般呵护："美人，不哭，本王一定会好好保护你，绝对不会让你受任何委屈……"

八

拿下了车师，就等于打开了通往西域的门户，初战告捷又得红颜相伴，左鹿蠡王意气风发而又踌躇满志，在温柔乡里消磨了半个多月，便召集诸将王宫议事，安排部署下一步更为宏伟的军事行动："汉人兵法上讲，兵少则无威，军分则势弱。根据我们的斥候侦查，汉朝人留守西域的汉军原本就不多，而今，又分兵据守，这是犯了兵家大忌。此乃天助我大匈奴！机不可失，失不再来。呼延辍，本王命你即刻率领本部三千人马去往柳中城，消灭那里驻守的汉军，而后占领车师前国。"

呼延辍欣然领命道："诺！"

左鹿蠡王："森沁，你率本部三千人马前往金蒲城，消灭那里残余的留守汉军。"

森沁领命道："诺！"

左鹿蠡王："蔑尔沁，琪琪格，你二人随本王领兵一万前往乌孙、焉耆、龟兹诸国，荡平汉朝在那里设立的西域都护府。"

蔑尔沁、琪格领命道："诺！"

部署完进攻线路，左鹿蠡王遂将目光转向都尉呼伦："呼伦，你负责留守此地，多派斥候，密切关注酒泉、玉门、敦煌汉军动向，如有援军，立刻报与本王。"

呼伦领命："诺。"

最后，左鹿蠡王面带羞色道："还有，呼伦，你给本王记住，车师王后是本王的女人，替本王好生照顾，有半点差池，本王拿你是问！"

见平素杀人不眨眼的左鹿蠡王也开始儿女情长，众将情不自禁哄堂大笑……

九

相对于汉朝西域都护府主力和柳中城的汉军，森沁本以为自己的对手最弱，理由是金蒲城中只不过是早已被呼延辍打垮的残兵败将，所以根本就没把对手放在眼里。

趾高气扬的森沁很快兵临金蒲城下，未等安营扎寨，就派人到城下劝降："城里的汉军听着，车师国已经完了，你们派去的救兵也全军覆没，速速投降，可饶你们不死……"

其实，森沁大军距离金蒲城三十里，就早已被耿恭派去的斥候探知，得知三百兄弟全部战死，再看看城下这帮匈奴人的嚣张气焰，耿恭不禁怒上心头，大喝一声："胡儿休得猖狂，尽管放马过来，让尔等尝尝我汉家神箭的厉害。"

见汉军无意投降，还口出狂言，森沁也懒得再费口舌，立刻派兵攻城。

眼看匈奴士兵抬着云梯嗷嗷冲来，早有防备的耿恭待敌人进入射程便一声令下："放箭！"涂有奇毒的箭簇雨点般砸向敌人，中箭者鬼哭狼嚎，惨叫不绝。谁也不知箭簇上涂了什么东西，竟然能让创口迅速溃烂，血肉模糊，痒如蚂蚁啃噬，痛如烈火灼烧，一种生不如死的感觉……

攻城的士兵见中箭者哀嚎打滚，痛不欲生，都傻了眼，谁还有心思恋战，纷纷败退。正当此时，忽然狂风大作，乌云压顶，电闪雷鸣，天空下起瓢泼大雨。耿恭抓住天赐良机，趁匈奴惊魂未定之际，率众杀出，汉军如有天神相助，左冲右突，如入无人之境，森沁一连砍杀了五个逃兵都未能挽回溃乱局面，只好狼狈退回务涂谷城。

毕竟兵力有限，只好穷寇莫追，回到金蒲城中，耿恭召集部属下达军令："金蒲城地势平缓，易攻难守，且周边缺乏水源，匈奴兵败，但绝不会善罢甘休，为了长久之计，明日即刻撤往咱们修建疏勒要塞？"

众将皆附和："诺……"

╋

为避免夜长梦多，天色微亮，耿恭便率众携辎重急行军开往疏勒城。疏勒城是一座军事要塞，规模很小，主要用于存储军需物资。小城处于半山腰处，北面是一陡坡，左右都是悬崖，地势险峻，易守难攻，更为难得的是，山涧有一条溪流缓缓而过，如果粮草充足，守个一年半载不成问题。

乍到疏勒，耿恭立即登上城楼勘察防务，巡视完毕，显得踌躇满志："疏勒城地势险要，易守难攻，就算百万雄兵也是施展不开，只要备好守城器械，坚守城池，等待洛阳援兵一到，咱们内外夹击，定将匈奴打得落花流水。"

身边的石修也很乐观："末将正在赶制五十辆抛石车，这山城最不缺的就是石头，咱们居高临下，再配上燃火油，万石齐发，够匈奴人喝一壶的。"

耿恭乐观但又不失谨慎："好，抓紧赶制，另外，粮草和过冬御寒之需也要备足。"

石修道："目前，城中粮草还能坚持三个多月，不过，洛阳援兵应该能在三个月内赶到。"

必要的乐观可以增强自信，鼓舞士气，但是过于乐观，往往容易麻痹大意，耿恭深谙此道，提醒诸将："不可大意，要做好最坏的打算，范羌，你明日启程，速去前往敦煌，催促援兵，还有，别忘了再押运些军需粮草。"

范羌领命："诺……"

十一

夜深人静，皓月当空，车师国王后秘密将贴身侍女小桃儿唤到身边："小桃儿，你跟随我多年，名义上是侍女，可我却一直视你为妹妹，今晚姐姐有件要事需要你办。"

小桃儿跪拜道："王后折杀小桃儿了，小桃儿自幼父母双亡，幸得王后收留，小桃儿愿为王后赴汤蹈火，在所不辞。"

王后搀起小桃儿："我听说耿将军在金蒲城让森沁吃了败仗，而今又转移到了疏勒要塞。毕竟匈奴人多势众，疏勒城粮草匮乏，我备了些粮草，趁现在左鹿蠡王领兵在外，城内相对空虚，你领几名心腹走密道给耿将军送去。"

小桃儿欣然领命："王后放心，小桃儿一定不辱使命。"

王后再三叮嘱："好，去吧，路上一定要多加小心……"

十二

小桃儿告别王后，领着七个侍女走密道出城，连夜前往疏勒要塞。

哨兵忽见城下人头攒动，趁着月光远远望去，隐隐约约发现七八个人影正牵着几头骆驼靠近，立刻警觉起来，厉声问道："城下何人？"

为首的小桃儿停下脚步向城上喊话："我们是车师国的使者，有要事向耿将军禀报。"

一听是女人的声音，哨兵放松了警惕："使者暂且等候，容我向将军禀报。"

来到将军帐前，哨兵发现耿恭正在秉烛夜读，研习兵法，于是轻声禀报："将军，城外车师国使者求见。"

耿恭放下手中兵书，十分很纳闷："车师不是早已沦陷，哪来的使者？走，去城楼上瞧瞧。"

耿恭登上城楼，只见七八个人牵着一群骆驼正在城下等候，警觉地问道："车师已被匈奴占领，何来使者？"

为首的小桃儿喊道："耿将军，你还记得吗？我是王后的贴身侍女小桃儿啊。"

听声音耳熟，耿恭趁着月光再细看看，果然是小桃儿，王后身边那个漂亮、活泼、机灵、可人的小侍女。半年前，在国王安得安排的宴会上见过面，耿恭这才放心："打开城门，请使者进城。"

小桃儿见了耿恭便哭诉："耿将军，车师国没了，国王也被匈奴人杀了，王后想殉情，可匈奴人说王后若敢自杀，就杀光全城百姓陪葬，王后只好忍辱负重，呜呜呜……"

耿恭安慰道："小桃儿姑娘不哭，我们一定会让匈奴人血债血偿！"

小桃儿擦干眼泪，哽咽道："王后让小桃儿告知将军，匈奴人已经兵分两路前往柳中城，还有乌孙、龟兹、焉耆，目的是要消灭留守西域的全部汉军。还有，匈奴人上次在金蒲城吃了败仗，很快还会卷土重来，请将军务必加强防备。"

耿恭拜谢道："知道了，替我谢过王后。"

小桃儿接着说："还有，王后知道疏勒城粮草不足，特命奴婢带来些许，请将军收下。"

王后冒着生命危险雪中送炭，耿恭感激之余，更多的还是忧虑："匈奴看守严密，万一被人发现，岂不连累你们？"

看耿恭见外，小桃儿面带愠色："什么连累不连累的？王后的母亲是汉人，小桃儿先祖也是汉人，咱们都是一家人，一家人帮一家人，客气什么？时间不早了，小桃儿还需连夜返回，从密道进入王宫，匈奴人是不会发现我们的。"

毕竟特殊时期，耿恭也不便挽留，只好作别："请转达对王后的问候，小桃儿姑娘多多珍重。"

小桃儿依依不舍挥泪作别："请将军放心，就此别过……"

十三

六月，左鹿蠡王相继降服了龟兹、焉耆、乌孙等西域诸国，西域都护府沦陷，都护陈睦殉国，柳中城的汉军也全军覆没，守将关宠战死。

三路大军，两路凯旋，唯独森沁兵败受辱，回到务涂谷城，左鹿蠡王立刻将森沁绑了兴师问罪："森沁，本王给你三千铁骑竟然打不赢三百汉军，你可知罪？"

森沁辩解道："大王，汉军龟缩城中，而且还有神箭相助，末将实在是英雄无用武之地啊。"

左鹿蠡王暴怒："饭桶就是饭桶，什么狗屁神箭？分明长他人志气，灭自己威风，拉出去砍了。"

眼看要被拖出去斩首，森沁鸣冤大呼："末将不服！末将不服……"

左鹿蠡王蔑视道："败军之将，还有脸说不服？你说，本王如何让你心服口服？"

森沁辩解道："大王若也能派他人领兵三千，将疏勒城的汉军拿下，末将甘愿领死。"

分明是自己无能，偏偏还想证明别人无能，为了证明森沁这个废物的无能，左鹿蠡王强压心中怒火道："好，本王定让你羞愧而死。"说完遂将目光转向其他将领："谁愿领兵剿灭疏勒城的汉军残部？"

随左鹿蠡王剿灭西域都护府立了大功的蔑尔沁还想再立新功，于是自告奋勇："末将只需领兵两千，保证踏平疏勒要塞。"

左鹿蠡王赞道："好，不愧是我大匈奴勇士，本王命你明日就领兵去灭了疏勒城的汉军残部。"

蔑尔沁瞥了森沁一眼，欣然领命道："诺。"

十四

第二天清晨，心高气傲的蔑尔沁率领两千铁骑浩浩荡荡开往疏勒城，很快被疏勒城派出的斥候探知，耿恭将平日里训练的敢死之士召集到一起："兄弟们，想不想替死去的兄弟们报仇。"

敢死队义愤填膺："报仇！报仇……"

见众将士群情激昂，耿恭开始布置行动计划："兄弟们，匈奴仗着人多势众，必然大意，一会儿，趁匈奴人立足未稳之际，兄弟们随我一起杀出，打他们个措施不及。"

将军都不怕死，士兵更不要命，敢死队个个摩拳擦掌，欣然领命："诺。"

蔑尔沁抵达疏勒城下，尚未立足，忽见城门打开，从城中飞出百余铁骑，挥舞着大刀长矛狼牙棒，闪电般扑来。不是说城中就一些残兵败将吗？如何还敢主动发起冲锋？太不按套路出牌了，匈奴士兵有点猝不及防，一下子乱了阵脚，狼狈溃逃十余里。蔑尔沁见无追兵赶来，方才稳住心神。

见了棺材才落泪，吃了败仗才后悔。识时务者为俊杰，通机变者为英豪。领教了汉军的神勇，蔑尔沁向左鹿蠡王禀报："大王，疏勒城中至少还有两千汉军，末将刚刚兵临城下，汉军就主动出击，末将拼死抵抗，方将汉军击退，目前，末将已将疏勒城团团包围，请大王派兵增援，围歼汉军。"

气急败坏的左鹿蠡王拍案大骂："饭桶！一群饭桶！从哪里又冒出两千汉军？呼延辍，你再领兵三千，务必给本王踏平疏勒城！"

呼延辍领命："诺……"

很快，呼延辍与蔑尔沁合兵一处，数千人马兵临疏勒城下。仗着人多势众，急不可耐的呼延辍立即下令攻城。耿恭以逸待劳，凭着疏勒城天险，还有汉家神箭、抛石车等御敌神器殊死抵抗。冲在前面的匈奴士兵如蝼蚁般顺着云梯攀爬，不是被滚落的礌石砸得皮开肉绽，就是被从城上泼洒的热油烫得面目全非，城下堆满了尸体和抓狂惨叫的伤兵……

呼延辍正要发动第五次自杀式冲锋，却被蔑尔沁拼命拦下："大当户，不能再冲了，才一天工夫，咱们已经损失了五百多名勇士。"

呼延辍喧嚷道："气死我啦，这帮汉人要是敢出来，我非扒了他们的皮不可！"

蔑尔沁安慰道："大当户息怒，这次咱们算是碰上硬茬了，你可知，城中守将是谁？"

呼延辍不屑道："是谁？"

蔑尔亲拍了拍呼延辍的肩膀，神神秘秘说道："听车师国相说，守将名叫耿恭，是光武帝刘秀时开国名将耿弇的侄子，当朝驸马都尉耿秉的堂弟。此人年方二十有三，文武双全，慷慨多谋，深得将士爱戴，据说他们家祖传的耿家剑法更是出神入化，无人能敌。前年，因随窦固大军征伐西域，凭借战功卓著被封为校尉，刚刚任职，就一纸檄文降服了乌孙，前不久又大挫森沁，而今连号称匈奴第一勇士的呼延辍也因此人而顿兵城下。唉！真是个不好对付的主儿啊……"

见棋逢对手，将遇良才，再想想前不久与耿恭派去援救车师的汉军惨烈遭遇，呼延辍有点惺惺相惜："真想与耿恭单挑，一决高下！"

蔑尔沁笑得很诡异："大当户是想请耿恭出城单挑，还是想进城与耿恭单挑？"

毕竟是两军对垒，呼延辍也发觉与汉军统帅单挑武功的想法实在荒唐可笑，于是转移话题："走，喝马奶酒去，明日再战……"

十五

一连七天，匈奴发起了数十次冲锋，士兵伤亡近半，疏勒城依旧岿然不动。左鹿蠡王得知消息，亲自前往疏勒城督战。

奇怪的是，脾气火爆的左鹿蠡王这次并没有大发雷霆，因为他心里清楚，森沁、蔑尔沁，还有呼延辍三员猛将同时败北，只能说明一个问题：不是手下无能，而是对手强悍。

左鹿蠡王安慰诸将："刚才我巡察了一遍疏勒城，地势险要，易守难攻，加上城中守将是个善于守城的行家里手，你们久攻不下也在情理之中。"

如果被痛骂一番，呼延辍心里也许会舒坦些，左鹿蠡王的意外安慰，反而让他有点无地自容："大王，请再给末将一次机会，拿不下疏勒城，末将提头来见。"

左鹿蠡王道："本王不能让我们的勇士白白送死，今晚，你派人将山上的水源改道，城中无水，我看这群汉军还能坚守多久？"

一根筋的呼延辍显然没有领会左鹿蠡王的谋略："大王，如此，恐怕胜之不武，末将还想与耿恭单独挑战。"

左鹿蠡王被眼前这个单纯到傻的杀人魔王气得哭笑不得："你觉得胜之不武，那你就别去了，蔑尔沁你去。"

蔑尔沁欣然领命："诺……"

十六

西域的夏天，骄阳炙烤着大地，被切断水源的疏勒城，开始人心浮动。匈奴人这招真够毒辣，竟然将溪流改道，没水源的日子，疏勒城是撑不久的。耿恭千算万算，就是没算到匈奴人如此阴损。活人还能让尿憋死？耿恭下令，立刻将现有水源整合，节约供给，并命人在城中低洼之处挖井取水。可是挖了七天七夜，愣是不见一滴泉水渗出，饥渴难耐的士兵连马粪都榨汁喝了。

没有水的日子是何等煎熬！整个疏勒城弥漫着绝望的气息。为了鼓舞士气，耿恭脱去铠甲，赤膊跳入枯井，继续深挖，直到挖了十余丈深，仍不见水源，耿恭仰天长啸："昔日苏武困于北海，犹能守节，又闻贰师将军征伐大宛，大军缺水，乃拔刀刺山，飞泉涌出。今汉德神明，我等岂能困死于此？"言毕跪地长拜，极为虔诚。士兵们被将军的虔诚感动，忘却了饥渴，忘却了疲劳，继续深挖，突然一股清泉涌出，喷出丈余，士兵们顿时欢呼雀跃，兴奋至极："水！水！吼吼吼……水！我们有水了！我们有水了……"

耿恭大喜："匈奴人不是想渴死我们吗？来，兄弟们，挑十桶送去让守城的兄弟们喝足了再冲冲澡，去，快去。"

守城的士兵，见到了水，个个欢呼雀跃，先狂饮一顿，而后泼水嬉戏。

见汉军泼水挑衅，左鹿蠡王被彻底激怒了，命令蔑尔沁率兵发起新一轮的冲锋，得到水源补给的汉军士气高昂，乱石神箭齐发，匈奴人丢下二百多尸体后，又一次灰溜溜地退却。

左鹿蠡王气得七窍生烟，蔑尔沁献计道："大王，汉军龟缩城中，占尽天时、地利、人和，不如假装撤兵，引诱汉军出城，只要他们出来，我们就可以将其一举歼灭。"

左鹿蠡王无奈下令："撤……"

见匈奴退兵，石修报告耿恭："将军，匈奴被咱们打退了，咱们也赶快趁机突围吧。"

耿恭反问："突围？匈奴人巴不得咱们突围呢，我们远离故土，现在仅剩二百余人，之所以能够活到今天，全赖此城，若是冲出去，匈奴骑兵还不把我们当成靶子？"

石修拜服："将军所言极是，可是咱们援军为何还迟迟不到？"

范羌都走了好几个月了，按理说，援军也早该到了，耿恭也是心中疑虑："也许朝廷有变故，求人不如求己，做好最坏的打算吧。"

石修也很无奈："诺……"

十七

一连二十天不见汉军出城，左鹿蠡王渐渐失去了耐心，天山北道最后一根硬骨头啃不下来，实在有损自己一世英名。万万没想到的是，听说匈奴大军疏勒城遇挫，大单于居然亲临车师国督战。

大单于将左鹿蠡王召回务涂谷城询问："西域军事进展如何？"

左鹿蠡王回报："回禀大单于，西域北道诸国已被我大匈奴全部拿下，汉军的都护陈睦、校尉关宠也全军覆没。"

大单于仿佛对西域军情了如指掌："听说疏勒城还有汉军主力？"

左鹿蠡王连忙解释："只不过是一小股汉军残余，不足为虑，如今他们已被我们大军团团包围，不出两月就会被饿死，即使饿不死，到了冬天也会被全部冻死。"

大单于大喜："好，务必全歼西域汉军。"

左鹿蠡王应声道："诺。"

说完正事，没想到大单于突然话锋一转："本单于还听说你对车师国王后颇有好感。"

左鹿蠡王被突如其来的提问羞得面红耳赤："大单于，这，这……"到嘴边的话，却结结巴巴怎么也说不出口。

见左鹿蠡王吞吞吐吐，大单于已然断定传闻属实，不冷不热道："好了，不用解释了，男欢女爱，人之常情，只是，非我族类，其心难测。"说罢，便转身离开，空旷的王宫只剩下左鹿蠡王一人傻傻待着……

十八

待大单于处理完公务，随同父亲一同前往车师的若雅公主正忙着在大单于面前大献殷勤，又是陪大单于唠嗑，又是给大单于捶背："父亲，听说疏勒城的耿恭十分了得，几百人就能抵挡住左鹿蠡王的两万大军，太不可思议了。"

大单于长叹一声："是啊，左鹿蠡王，还有那个大当户呼延辍都是狂得要命的主儿，能让这两人威风扫地，此人真不简单啊。"

若雅天真地问："父亲，要是这样的英雄能归附我们匈奴，那该多好。"

大单于觉得女儿的天真有点可笑："傻孩子，他是汉人，怎么会跟我们一条心呢？"

见父亲多虑，若雅很不服气，撅着小嘴道："父亲偏见，汉人怎么了？当年的汉朝名将李陵也是汉人，后来，不也归顺了咱们匈奴？还有，还有……听说他还娶了咱们匈奴的女人。"

女孩子还关心军国大事，再说，这李陵的事都过了一百多年，没想到这小丫头还记得这么清楚，大单于开始对女儿有点刮目相看："哦，确有此事，不过都过一百多年了，再说，这耿恭会是李陵吗？"

若雅羞羞地低下了头，有些吞吞吐吐："要是，要是……"

看女儿羞得满脸通红，大单于似乎明白了女儿的心思："哦，我的乖女儿，要是什么？"

若雅撒娇道："父亲，要是，要是……要是耿恭也能够成为咱匈奴人呢？"

大单于哈哈大笑："丫头长大了，好，父亲明白了，父亲给你做主，只要耿恭肯归顺，就将你许配于耿恭，还可以封他做咱们大匈奴的白屋王，好不好？"

父亲如此贴心，若雅高兴得都跳了起来，吻了一下大单于的额头，羞得转身像小鹿一样跑了出去……

十九

左鹿蠡王和大单于都到了务涂谷城，明显加强了防范戒备，小桃儿又两天不见踪影，王后心急如焚，难道？一种不祥的预感涌上心头，正当忧心忡忡的王后在寝宫踱来踱去，左鹿蠡王怒气冲冲闯了进来，将尚未缓过神来的王后一记耳光扇倒在地："贱人，本王对这你那么好，你居然还背叛本王，你说，是不是你派小桃儿给疏勒城的汉军偷运粮草？"

最担心的事情还是发生了，小桃儿果然出事了，即使小桃儿不招供，傻子都会联想到自己是幕后主使，更何况是多谋狡诈的左鹿蠡王。是福不是祸，是祸躲不过，既然事情已经挑明，王后便也无所顾忌："是！是我派的！就是我派的！有本事，你去大单于那里告发我吧！"

果然是自己最信任的人背叛自己，左鹿蠡王恼羞成怒："果然是你，信不信本王现在就杀了你？"

这些日子之所以苟且偷生，主要是因为还能为疏勒城的汉家兄弟提供些军事情报和军需粮草，而今东窗事发，如果仍继续苟延残喘，人生已经没有任何意义，想想这些，王后哈哈大笑，朝着左鹿蠡王瞪了一眼，那目光充满了仇恨，充满了愤怒，充满了鄙视："你以为我怕死吗？勿劳左鹿蠡王亲自动手！"说完就一头朝着柱子上撞去，王后顿时头破血流，不省人事。

没想到，此女子如此刚烈！左鹿蠡王赶紧扑上去抱着美人尸体声泪俱下道："美人啊，美人，那个小桃儿打死都不招供，本王就是随口试探试探你，有本王保你，不会有事的，不会有事的，你醒醒，你快给本王醒醒……"

失去了最心爱的女人，左鹿蠡王情绪低落到了极点，想想美人的死因，竟然是为了给疏勒城的耿恭偷运粮草。蛮横人的逻辑从来就是蛮横无理：如果耿恭不存在，王后就不会背叛自己；如果王后不背叛自己，就不会给耿恭偷运粮草；如果不是因为偷运粮草，王后就不会撞柱身亡。一切的一切都是因为这个耿恭而起，对，就是这个叫耿恭的让自己威风扫地，就是因为这个叫耿恭的让自己痛失红颜知己……

二十

厚葬完王后，左鹿蠡王越想越恨，便将呼延辍召来："呼延辍，你不是一直想和耿恭单独决斗吗？本王给你一个机会。"

呼延辍大喜："末将求之不得，不知大王如何让耿恭与末将单独决斗？"

左鹿蠡王坦言道："人单丁抓了 个奸细，是车师国的一个宫女，给疏勒城的汉军送了不少情报和粮草，明日你去城下挑战，如果耿恭见死不救，你就说要烧死这个宫女。"

呼延辍大惊失色："大王，呼延辍虽一介武夫，但也是堂堂男儿，拿一个弱女子要挟，末将丢不起这人。"

见呼延辍难为情，左鹿蠡王继续展开心理攻势："高手的悲哀莫过于无敌，无敌的煎熬莫过于寂寞，寂寞的解药莫过于遇到一个真正的对手。难道你就愿意放弃与耿恭一决雌雄的唯一机会？"

机会确实太诱人了，但条件未免过于卑鄙，呼延辍想让左鹿蠡王略微退让一步，便恳求道："只要大王答应末将，不管耿恭是否出城应战，都不许伤害那个宫女，末将就愿意出战。"

一介武夫就是一介武夫，还以为呼延辍会开出什么苛刻条件，不就是不杀一个无足轻重的宫女吗？只要能杀了耿恭，一解心头之恨，还有什么不能答应的？于是左鹿蠡王爽快答应："好！本王答应你……"

二十一

能与仅凭三百壮士就可傲视匈奴两万铁骑的耿恭一决雌雄，自恃武功天下第一的呼延辍兴奋到了极点，单枪匹马走到城下挑战："我乃大匈奴大当户呼延辍，久仰耿将军神勇，今日，想与将军单独对决，无论胜负，我都保证，绝不伤害这个车师国女人。"

车师国女人？哪来的车师国女人？原来呼延辍所说的女人正是暗中给汉军偷运粮草的小桃儿，前些天被匈奴哨兵逮着，大单于想让她供出幕后指使，但用尽酷刑，硬是没从这个娇弱的丫头嘴里掏出一个字。

被打得遍体鳞伤的小桃儿被绑着推到城下，见自己被当成人质，真想一死了之："耿将军，王后已经死了，小桃儿不过就是一卑贱的丫鬟，不值得将军冒死相救，只求将军给我一箭，了却小桃儿与王后黄泉相见的心愿，耿将军，求你了……"见小桃儿胡言乱语，匈奴人找了块布塞到小桃儿嘴里……

无计可施的匈奴人竟然拿一弱女子当人质，简直不择手段到了无耻境地，耿恭气得眼冒金星，大喝一声："呼延辍，你听好了，本将军愿意奉陪到底！"

见耿恭意气用事，石修劝道："将军万万不可，岂能为了一个丫鬟而置三军将士于不顾？"

众将士也纷纷急忙劝阻："将军万万不可！"

耿恭一意孤行："不要说了，小桃儿是为了我们才落难的，我们岂能见死不救？"说罢便跃马出城，一场真正的高手对决正式上演……

二十二

耿恭手挥精钢宝剑纵马杀出，呼延辗手持七星弯刀策马迎上，两虎相遇，奋力搏杀，呼延辗力大刀快，耿恭身捷剑巧。从巳时到午时，从马上到马下，看客都急得额头冒汗，战马也累得七窍生烟，可双方仍纠缠在一起，斗得是酣畅淋漓，谁也不敢松懈，谁也不肯服输……

眼看对决进入焦灼状态，难分胜负，狡诈的左鹿蠡王为了让耿恭分神，大声喝令身边的士兵："去，把那个丫头嘴里的布取出来，再给她加把火。"虽然被烤的愈发难受，但是小桃儿愣是咬紧牙关，一声不吭！

本来是一场君子对决，却无意被小人搅局。也许是冥冥中的天意安排，左鹿蠡王做梦也没想到，自己居然聪明反被聪明误，由于这个卑鄙龌龊的举动办得过于张扬，呼延辗见左鹿蠡王暗地里搞小动作，一股鄙视的愤怒涌上心头，一不留神被耿恭抓住破绽，被一脚踹飞倒地，回过神来，闪闪发光的精钢宝剑已经架在了脖子上。

耿恭胜而不骄，义正词严："今日一战，只决高下，不决生死，希望你恪守承诺，放了那个宫女。"

呼延辗一声叹息："哎！呼延辗一生从未遇到对手，今日能与耿将军一战，实属三生有幸，如果不是因为打仗，真想请耿将军到我们大草原上，大口喝酒，大块吃肉！"

耿恭也被眼前这位粗汉的率真感动："我们汉朝人也讨厌打仗，但我们从不害怕打仗，如果两国和平，耿某愿赴草原约定。"

呼延辗大喜："好，一言为定。哦，我都忘了，你快拿我当人质，赶紧让左鹿蠡王把那个丫头给放了。"

耿恭也如梦初醒，便向匈奴人喊话："左鹿蠡王，你的爱将呼延辗在我手上，赶快把那个宫女放了，咱们一命换一命。"

虽然败局已定，但左鹿蠡王仍不死心，他暗中吩咐蔑尔沁："你去把那个宫女放了，待他们转身回城时，放箭射死耿恭，算你头功。"

蔑尔沁欣然领命："诺。"

蔑尔沁将小桃儿交还耿恭，耿恭将呼延辍交给蔑尔沁，人质互换顺利完成，正当耿恭携小桃儿退还城中之际，忽听呼延辍大喊一声："耿将军小心。"小桃儿回首一看，蔑尔沁正要拉弓放箭，小桃儿赶紧用自己的身体护住耿恭，不幸后心被一箭射中。见耿恭未被射死，左鹿蠡王下令："杀，给我杀，杀了耿恭，快给我杀了耿恭！"百余名匈奴士兵在蔑尔沁的率领下一拥而上，却被呼延辍挥刀拦住："谁敢向前一步！"

蔑尔沁大喝："呼延辍，快闪开！不要忘了你是匈奴人。"

呼延辍蔑视道："蔑尔沁，你这个言而无信的小人，想过去，先过我这一关。"

立功心切的蔑尔沁懒得与呼延辍浪费口舌，大声吼道："呼延辍背叛匈奴，给我杀了这个叛徒。"

匈奴士兵一哄而上，呼延辍边杀便喊："耿将军，快撤，呼延辍不服，下辈子，还要找你挑战。"

见呼延辍正在为自己断后，耿恭趁机抱着奄奄一息的小桃儿进入城中，呼延辍在斩杀二十几个匈奴士兵之后也死于乱刀之下……

二十三

在众将士的接应下，耿恭进入城中，忙叫军中医官给小桃儿疗伤。医官查看了伤情，无奈地摇摇头："请将军恕罪，小桃儿姑娘这一箭正中要害，就是扁鹊重生，恐怕也是无力回天。"

失去理智的耿恭吼道："你再想想办法！"

医官一脸无奈，羸弱的小桃儿却感动得热泪盈眶，拉住耿恭的手，微微笑道："耿将军，你是小桃儿仰慕的大英雄，我可以叫你一声耿大哥吗？"

耿恭潸然泪下："可以，可以，当然可以……"

小桃儿偎依在耿恭身上："能有耿大哥这样的大英雄舍身相救，小桃儿死而无憾……咳咳咳……"

此时此刻，耿恭的心在滴血："好妹妹，耿大哥会想办法治好你的。"

小桃儿反而安慰耿恭："生死有命，何必强求？耿大哥，你一定要守住疏勒城，要相信……相信……咱们大汉朝是不会抛弃咱们的……"说罢，撒手人寰。

抱着小桃儿渐渐冰冷的尸体，耿恭悲痛欲绝："小桃儿，小桃儿，耿大哥答应你，不报此仇，誓不为人……"

二十四

又过了两天，大单于使者来到城下喊耿恭答话："耿将军，我乃大单于使者，听闻你们的皇帝刘庄已经驾崩，洛阳援军是不会来了。我们大单于很欣赏耿将军才华，只要耿将军肯归顺我们匈奴，大单于可封耿将军为白屋王，而且大单于还要把自己最心爱的若雅公主许配给将军，还望耿将军好好考虑考虑。"

皇帝正年富春秋，如何会轻易驾崩，谁也不会相信匈奴人的鬼话，但为了能将杀死小桃儿的凶手骗入城中，耿恭诈道："匈奴人言而无信，恕耿某不能接受大单于美意。"

大单于使者见耿恭没有严词拒绝，继而追问："耿将军如何才能相信我们的诚意?"

耿恭道："你们若有诚意，可派蔑尔沁入城商议。"

一听耿恭点名道姓要自己入城，蔑尔沁吓得两腿发软，央求使者道："末将刚射杀了那个给汉军偷运粮草的宫女，耿恭肯定对我怀恨在心，我若前去，耿恭定会杀了我的。"

大单于使者轻蔑地瞅了蔑尔沁一眼，阴阳怪气道："你若不去，大单于也会杀了你的。"

蔑尔沁遂将无助而又哀求的目光转向左鹿蠡王："大王，这分明是耿恭要诳我入城，请大王明鉴。"

左鹿蠡王何尝不知，但大单于的命令谁敢违抗，于是假装安慰道："两国交锋，不斩来使，况且汉朝自诩礼仪之邦，你不会有事的，放心去吧……"

二十五

蔑尔沁战战兢兢进入城中，一进城门就被埋伏好的士兵绑了押上城楼。

耿恭骂道："蔑尔沁，亏你还号称匈奴勇士，拿女人当人质，还暗箭伤人，你这个披着人皮的畜生，你说，想怎么死？"

蔑尔亲吓得尿了裤子，连忙跪地求饶："耿将军，那都是左鹿蠡王让我干的，将军饶命啊。"

耿恭蔑视道："卖主求生，无耻之徒。你可知，我们汉人有句话叫血债血还！"说罢便抽出宝剑，一剑刺入了蔑尔沁的胸口，顿时，鲜血汩汩流出。耿恭还不解恨，转身对随从道："这个畜生不是想烧死小桃儿吗，把他的尸体给我烤了。"

随从道："诺。"

此时的耿恭怎么也不会想到，一千年后，抗金名将岳飞经典名作《满江红》里的"壮志饥餐胡虏肉，笑谈渴饮匈奴血"的典故竟出自于己。

见耿恭城上焚烧蔑尔沁尸体，匈奴使者气得勃然大怒："耿恭，你，你，你欺人太甚……"

耿恭义正词严："这叫以其人之道还治其人之身。"

大单于使者肺都气炸了，立即下令："给我攻城。"

上千名匈奴士兵嗷嗷叫着蜂拥而上，耿恭早有防备，待敌人进入射程，立刻下令毒箭乱石齐发，一声声鬼哭狼嚎之后，匈奴士兵只好再一次潮水般退下……

二十六

日子一天天过去，天气一天天寒冷，粮草也一天天减少，虽说吃尽苦头的匈奴人不再急于攻城，但疏勒城的境况却日渐恶化。城中能吃的东西，包括树皮、草根、小动物，就连铠甲和弓弩上的皮革都被煮着吃了，没有粮草和御寒之需，疏勒城早晚不攻自破。

夜静悄悄的，天空又下起了鹅毛大雪，空旷的城楼上，耿恭和随军司马石修一起围着篝火守夜。饥肠辘辘的石修问道："将军，你说为啥洛阳援军至今还迟迟未到？"

被困半年多了，耿恭哪里知道，只能猜测："也许真如大单于使者所言，朝廷真出了变故。"

石修继续问道："那朝廷会忘了我们吗？"

虽说饿得直不起腰，但耿恭依旧信念坚定："朝廷不会忘记我们，范羌一定能搬来救兵！"

石修依然问个没完："可是，冬天来了，兄弟们衣衫单薄，粮草也吃完了。"

耿恭仰望夜空，一声长叹："不是还剩下几匹战马？明天宰一匹让兄弟们填填肚子……"

二十七

公元 75 年冬，帝都洛阳，天气干冷，北风凛冽，光秃秃的老树被大风摇曳得吱吱作响。料理完先帝丧事，政局稍稳刘炟便迫不及待召集文武大臣商讨西域兵事。这是这位年仅十八岁的君王第一次正式面对文武百官处理军国大事。遥想当年，高皇帝刘邦，诛暴秦，灭强楚，何等英雄！孝武帝刘彻，击匈奴，拓疆土，何等豪迈！光武帝刘秀，挽狂澜，兴汉室，何等风光！如今，自己顺利从父皇手中接管帝国权杖，如果也能像先祖一样指点江山，建功立业，定能告慰父皇在天之灵……

缅怀先烈，展望未来，刘炟踌躇满志。待群臣齐聚朝堂，在太监的引导下，径直走向龙椅，正襟端坐，接受文武百官朝拜，礼毕，俯视群臣，一种高高在上的优越，又一丝惴惴不安的怯怯。毕竟初登宝座，无阅历，也无功绩，在一大帮元老重臣面前难免欠缺底气，但只要坐上龙椅，凭借无比尊贵的地位，就足以睥睨天下。刘炟深吸口气，很快便进入了角色，将继位以来遇到的第一桩大事交由公卿商议。

刘炟神情肃穆，朗声道："先帝以仁孝治天下，内则抚恤万民，外则礼仪邦邻，国泰民安，四夷宾服。怎奈匈奴狼子野心，屡屡袭扰我大汉边关，而今，又对西域藩属大举进犯，朕已收到数十封六百里紧急军情，都护陈睦、戊己校尉耿恭、关宠已被困半年有余，希望朝廷火速派兵救援，诸位大臣以为此事该如何处置？"

虽说对西域军情早有耳闻，但一听新天子想要对西域用兵，整个朝堂还是像炸开了锅，群臣交头接耳，议论纷纷，就是没人挺身而出，提出应对之策。

良久，刘炟见无人自告奋勇，面带愠色道："司空第五伦，你是三朝元老，托孤大臣，对此，有何高见？"

第五伦上前一步道："启奏陛下，老臣以为，西域乃荒蛮之地，万里之遥，且路途艰险，大军行进不畅，粮草供应困难。孝武帝时，为获汗血宝马，派贰师将军远征大宛，耗费巨大，以致国库空虚，怨声载道。而今，先帝刚刚驾崩，陛下刚刚继位，洛阳、兖州、豫州、徐州等地又接连出现了百年一遇的旱情，朝廷赈济灾民尚且捉襟见肘，实在无暇西顾。"

见自己最倚重的托孤老臣在朝廷危难时刻束手无策，刘炟有些失望，遂将目光投向了另一位托孤大臣太尉牟融身上："太尉牟融，你主管天下兵事，此事究竟如何是好？"

牟融上前一步道："臣以为，我汉军将士被匈奴围困，理应相救，只是陈睦、耿恭、关宠所部共计两千余众，至今已被匈奴两万大军围困半年有余，恐怕早已凶多吉少，即使派遣大军前往，恐怕去了也是白去。"

见朝中两位重量级人物表态雷同，群臣嘀嘀咕咕，多有附和："司空大人和太尉大人说的有道理啊……"

刘炟暗自骂道，朝廷白养了你们一帮饭桶，危难时刻，竟无一人替朕分忧。但为了显示自己的涵养，刘炟还是尽量克制自己的情绪，用近乎翘首企盼的目光环视群臣："哪位大臣还有不同意见？"见朝堂鸦雀无声，群臣面面相觑，刘炟又把声音提高了很多，重复道："还有没有哪位大臣有不同意见？"

也许是为了缓解冷场尴尬，也许是觉得司空大人和太尉大人阐释得还不够明确，校书郎杨终复奏曰："陛下，兵者，自古乃不详之器，圣人不得已而用之。兴师动众，远征万里，百姓之费，公家之俸，日费万金，将士浴血，百姓颠沛，而胜负难料也。西域诸国，戎狄蛮夷，与中原鲜有往来，着实无足轻重，而今，大军远屯车师、楼兰、乌孙等地，运输繁费，将士思乡、百姓怨愤，不可不察也！陛下当效仿先祖，以黄老之术为治国之道，以体恤民情为兴邦之本，切不可妄动干戈也。"

听完杨终这位腐儒的陈词滥调，司徒鲍昱实在抑制不住对这群鼠目寸光之辈的愤懑，厉声道："校书郎所言差矣。自高皇帝立国，匈奴即为我大汉边患，昔日，冒顿单于困高皇帝于白登山，欺吕太后于庙堂间，文帝、景帝时，为积蓄国力，继续秉承和亲国策，怎奈，树欲静，而风不止！匈奴依旧不断袭扰我大汉边关。及孝武皇帝继位，终不堪虏辱，励精图治，与匈奴鏖战数十年，方才换来我塞北百年平安。可惜，王莽篡汉，朝野动荡，匈奴伺机卷土重来，扰我边境，奴役属国，如不荡除敌寇，恐将国无宁日啊！"

司空第五伦辩道："司徒大人意气用事，实属误国误民轻率之举，为了生死不明的区区千百军士，劳烦上万带甲王师长途奔袭，闻所未闻！"

见第五伦冷漠薄情，鲍昱有些激动，据理力争："西域乃战略要地，诸藩国臣服于我大汉，称大汉为父母，如今，子女落难，父母不管，情何以堪？朝廷派遣精壮勇士，经营西域，而今将士身陷绝境，外受胡虏攻困，内遭朝廷遗弃，如若胡虏再次大举来犯，谁人还肯为朝廷奔赴前线？"

司空第五伦亦有些激动："为一群生死不明之人，让数万大军冒死前往荒芜之地，若再遇匈奴主力，岂不白白送死？"

情到深处，鲍昱再也无法抑制自己体内沸腾的热血："陛下，诸位同僚，匈奴自高皇帝时就是我大汉宿敌。想当年，我们把自己的公主打扮得漂漂亮亮，还陪上丰厚的嫁妆，恭恭敬敬送到单于身旁。可是，我们的和亲、我们的虔诚、我们的善良、我们对和平一厢情愿的向往。换来的是什么？换来的是匈奴人永无休止的掠抢，换来的是匈奴人对怯懦者鄙夷的目光，换来的是匈人奴更加肆无忌惮的猖狂……只有不怕开战，才能减免战端。假如我们不发兵，等来的将是昔日藩属盟友的失望，等来的将是我大汉子民任人欺凌的下场……"

听完司徒鲍昱的激情辩论，群臣皆被深深感染，少年天子的激情也被点燃，刘炟欣慰地说道："还是司徒高瞻远瞩，能从长远着眼，能从战略着眼，三军将士们不负朝廷，朝廷也绝不负三军将士！陈睦、耿恭、关宠等皆忠勇之士，为朝廷浴血奋战，而今身陷危境，如若朝廷置若罔闻，匈奴人如何看待寡人？三军将士如何看待寡人？我大汉子民如何看待寡人？匈奴人欺软怕硬，必须严惩。朕意已决，出兵西域！拟旨：征西将军耿秉，进屯酒泉，行太守事。骑都尉秦彭、谒者王蒙、皇甫援火速征发张掖、酒泉、敦煌三郡及鄯善兵马，星夜驰援！不得有误！"

群臣对新天子的胆识，以及张弛有度的朝堂驾驭能力无不拜服："吾皇万岁、万岁、万万岁……"

二十八

公元 76 年正月，救援部队昼夜兼程，奔赴西域，可大军赶到柳中城时，关宠及所部早已全部战死，耿秉一声长叹："唉，没想到，我们昼夜兼程，还是来晚了。"

骑都尉秦彭倡议："耿将军，咱们总不能白跑一趟，必须让匈奴人血债血偿。"

谒者皇甫援亦附和："对，血债血偿，要为死去的兄弟报仇。"

谒者王蒙补充道："听耿恭手下的军吏范羌说，距此不远的交河城是匈奴人的据点，驻扎有数千兵马，还有大量军需物资。"

见大家都有教训一下匈奴人的想法，耿秉便顺势而为："好，传我军令，大军火速开拔，攻打交河城。"

群情激愤的汉军很来到交河城下，匈奴人做梦也没想到，汉朝大军会在寒冬季节兵临城下，猝不及防的守军哪经得起装备精良的汉军猛攻，不到半天工夫，交河城沦陷，汉军斩首、俘获三千余众，缴获骆驼、牛羊不计其数……

交河城大捷，救援行动取得了阶段性成果，给朝廷有了交代，给死去的兄弟也算有了交代，接下来何去何从？救援部队内部产生了严重分歧，耿秉决意领兵北上，前往疏勒城，但其余将领均不赞同。

秦彭率先劝阻："耿将军，眼下，大雪封山，寸步难行，关宠所部已全部战死，陈睦、耿恭他们恐怕也是凶多吉少。"

耿秉反驳道："刚从俘获的匈人口中探得，虽然陈睦和关宠已全军覆没，但疏勒城的守军仍在坚守。"

耿秉说的是实情，但秦彭的担忧也不无道理，谒者王蒙更倾向于秦彭的主张："耿将军，交河城大捷，已经对朝廷有所交代，也算给死去的兄弟有所交代。如果再冒险北上，翻越茫茫雪山，不知要冻死多少兄弟？"

谒者皇甫援也不敢苟同主帅想法："是啊，为了几百个生死不明守军，让将士们冒死前往，绝非明智之举……"

正当军事会议吵得不可开交之际，范羌吵着嚷着欲闯入军帐，却被侍卫拦下。

听帐外吵闹，耿秉问道："何人帐外喧嚣？"

侍卫禀报："启禀将军，有一个自称范羌的军吏吵着嚷着要见将军。"

耿秉示意："让他进来。"

侍卫："诺。"

范羌进账跪拜："启禀将军，末将范羌，受耿恭将军令，特来请求援兵。"

堂堂的征西将军都不能说服皇帝钦定的三名军事统领，不知堂弟手下这个小小的军吏有何神通？耿秉心里也没底。既然形势不太明朗，那就坐观其变，于是，对范羌的请求装作置若罔闻。

整个军帐鸦雀无声，心急如焚的范羌复奏："请将军速发援兵！"

见主帅无语，秦彭瞥了一眼长跪不起的范羌："范羌啊，我们也想救耿恭，可是让大军穿越冰天雪地，你可知前程有多凶险？"

范羌道："启禀将军，疏勒城的将士正在以血肉之躯抵挡匈奴人的疯狂进攻，他们击溃了数十倍于己的敌人，使得我大汉军旗仍在西域上空高高飘扬，难道将军忍心抛弃大汉浴血奋战的将士？"

见范羌言辞越礼，皇甫援勃然大怒："放肆！你一个小小军吏，竟然当堂质问将军，你可知罪？"

见将军们畏首畏尾，范羌已经做好了最坏的打算，索性豁出去了，起身诉道："末将人微言轻，但末将以为，耿将军是我大汉朝的英雄，没有英雄，撑不起大汉的强大！没有英雄，照不亮大汉的未来！诸位将军只顾讨论能不能救的问题，值不值得救的问题，但末将以为，我们更应该讨论一下要不要抛弃我们大汉朝英雄的问题！既然将军不愿发兵，末将愿意只身前往，就此别过！"

说罢就转身告辞，却被耿秉拦下："范羌，且慢！"

也许只有经历过这种患难与共的人，才能明白生死兄弟情义之所在。也许是大家彻底被这个血性的汉子给感动了。耿秉拍案而起："范羌说得对，这不是能不能救援的问题，更不是值与不值得救援的问题，而是要不要抛弃我们大汉朝英雄的问题！无论付出多大的代价，哪怕只救回一名战士，就是胜利！诸位将军谁还有异议？"

众将也被范羌的激情演说彻底折服了，齐声应道："谨遵将军命令。"

耿秉拿起令箭："范羌听命，命你领两千兵马，即日启程，务必将我们的英雄迎接回家！"

范羌欣然领命："诺！"

二十九

通往疏勒城的道路极其艰难，前面隔着雄伟的天山，严冬季节，山风呼啸，大雪纷飞，寒彻骨髓，虽说行军十分困难，但每个人心里都很清楚，只要往前迈进一步，便离疏勒城又近了一步。

夜幕降临，举着火把的两千汉军正排成一字长蛇阵在皑皑白雪的山谷中蜿蜒穿行，甚为壮观……

及至深夜，昼夜兼程的救援部队终于逼近了疏勒城下，突然从城墙上观察哨所传来一声高呼："匈奴人来了！"这喊声打破了死一般的寂静，耿恭也从浅浅的睡梦中惊醒，放眼一望，远处星星点点的火把，正冲着疏勒城迎面而来，难不成匈奴人要搞夜袭？耿恭抽出精钢宝剑激励士卒："兄弟们，准备战斗，跟匈奴人拼了！"仅有的二十六名将士个个悲情慷慨，严阵以待……

城外的火把越来越近了，城里的将士已经做好了以身殉国的准备。突然，为首的一人跳下马来，手中挥舞着火把，朝城中大呼："耿将军，我是范羌，我是范羌，朝廷派援军来接咱们回家了！"

日复一日的等待！望穿秋水的等待！没想到，终于在这风雪之夜把祖国的亲人给盼来了！所有的人都听清了范羌那熟悉而又响亮的喊声。来了，终于来了，朝廷的援兵终于来了！所有的人都扔掉武器，在城头上欢呼雀跃，高呼万岁，耿恭亲自率众打开城门，与远方的亲人抱成一团，激动的眼泪夺眶而出……

三十

第二天天亮，猛吃一顿，耿恭便率众返回玉门，但很快就被匈奴派出的斥候发觉，大单于立即派左鹿蠡王亲自率领三千骑兵追击，得到补给的耿恭满血复活，用强弓硬弩压制追兵，汉军且战且退。傍晚时分，来到天山脚下，左鹿蠡王下令停止追击："停，都给我停。"

一同前来的呼伦大为不解："大王，为何不再继续追击？"

左鹿蠡王的解释是："前面就是雪山，战马难以行进，没法再追了。"

呼伦一声长叹："唉，没想到，还是让耿恭给逃了。"

左鹿蠡王也很无奈："逃就逃了吧。"

呼伦很纳闷："大王不是一直很想亲手宰了耿恭吗？"

提起耿恭，左鹿蠡王就恨得牙根疼："本王恨不得寝其皮！食其肉！可是，你知道大单于给我下的命令是什么？是活捉耿恭！是活捉！务必活捉！少一根毫毛都不行！要不然，本王早就把他灭了！"

呼伦很好奇："为什么？"

左鹿蠡王苦笑道："为什么？还不是因为大单于的心肝宝贝若雅公主。唉！不过，要是真活捉了耿恭，让他做了大单于的女婿，我还有何面目苟活于世上？撤，都给我撤……"

追兵退去，耿恭率众冒着严寒，翻越雪山，最终克服千辛万苦，顺利抵达关内。到家了！终于到家了！安全了！终于安全了！祖国给予了英雄们最高的礼遇，中郎将郑众亲自给英雄沐浴更衣，各地请求给英雄褒奖的奏书更是铺天盖地。可是，清点一下自己部下，活着回来的只有十三人而已，而且个个衣衫褴褛，形销骨立……

尾　声

这是一段激情燃烧的岁月，这是一段荡气回肠的历史，这更是一段展示中华民族血性和气节的佳话。

大汉耿恭，血性男儿，铮铮铁骨，孤军奋战，抗击匈奴，凿山取水，煮弩为粮，忠贞不屈，矢志不渝……及洛阳后，司徒鲍昱等上奏天子，力请褒奖，以励将帅，最终朝廷下诏：任命耿恭为骑都尉，石修为洛阳丞，张封为雍营司马，范羌为共丞，其余幸存者均授予羽林之职……

大汉雄风，以英雄为荣！大汉雄风，以爱国为荣！大汉雄风，以气节为荣……在这个精神健硕而又生机盎然的国度，正是因为一个个像耿恭一样的侠骨硬汉，正是因为一个个像鲍煜一样的热血男儿，正是因为一个个像小桃儿一样的爱国志士……才塑造了我大中华永远不屈不挠的民族脊梁！

后 记

　　创作的过程是一个耗时的过程，创作的过程是一个费神的过程，创作的过程也是一个享受的过程。本书已近杀青，此时此刻，可以用当下比较时髦的一句流行语"累并快乐着"来表达自己的心情。在这漫长的六年创作过程中，经历了做好本职工作、陪伴教育孩子、搜集斟酌资料等很多事情。在此，非常感谢我的母亲和爱人，是她们帮我分担了家中大量琐碎事情；非常感谢知识产权出版社崔玲老师和李婧老师的精心审阅和编辑；非常感谢好友孙伟伟（《豫法阳光》特约编辑）、乔良（《豫法阳光》特约编辑）、郭彦明（《法官日记》作者）、安庆丰（《基层法官》主编）、薛雪（中国书协会员）、李鹏宇（《静静的沙颍河》《宛如平常一段歌》《东篱微语》作者）、刘煜伟（资深法律从业者）、赵增明（中国社科院博士），谢谢亲友们的鼓励、支持和一路伴行。

2019年9月1日